Piedras
EN MI CAMINO

Esperanza es poder ver la luz a pesar de la oscuridad

Mª Esperanza Pinzón

La historia de María Esperanza es el reflejo de lo difícil que es ser mujer en Colombia. Y lo digo no solo por nacer ahí, me refiero a las pocas posibilidades que existen para vivir dignamente, progresar y generar bienestar en todo sentido. La narrativa de este manuscrito captó mucho mi atención, pues describe claramente lo que el ser humano está dispuesto a hacer y soportar con tal de ayudar a los suyos y a sí mismo. Otro punto interesante a destacar es la relación espiritual que se forma entre la protagonista y Dios. Al comienzo —como en muchos casos—, todo es débil y no se entiende, sin embargo, a medida que transcurre el tiempo, Dios responde de manera sorpresiva y bondadosa. Aunque el 'sueño americano' ya no es como antes, María lo describe como un nuevo renacer. A veces, en nuestro territorio, no nos valoran como lo merecemos, hay pocas oportunidades y todo se ve con un panorama gris. Así que, si en otro lugar nos abren las puertas, bienvenidas sean, lo importante es resurgir de las cenizas como el ave fénix. El matrimonio, el divorcio, la importancia de mantener una buena relación con los hijos, el ser independiente, las ventajas de emprender un negocio o crear una empresa, la muerte de un familiar, el duelo, las injusticias en los trabajos, el mal trato de los jefes, la relación madre e hija, hermanos con hermanas y, renacer de nuevo aunque todo parezca perdido, otros temas a destacar de esta historia.

Jair Sanabria. Colombia.

Copyright © 2025 by María Esperanza Pinzón

All rights reserved.

Published by Red Penguin Books

Bellerose Village, New York

Library of Congress Control Number: 2025901594

ISBN

Digital 978-1-63777-697-1

Print 978-1-63777-698-8 | 978-1-63777-699-5

No part of this book may be reproduced in any form or by any electronic or mechanical means, including information storage and retrieval systems, without written permission from the author, except for the use of brief quotations in a book review.

Este libro se lo dedico a mi madre, la mujer más auténtica y leal que conocí. Tocaste mi corazón de muchas maneras; incluso en los días más oscuros, fuiste mi heroína, mi fuerza y mi inspiración. Tu amor incondicional y tu devoción es algo que siempre llevo dentro de mí, te extraño mucho, pues nada es ni será lo mismo sin ti.

Aunque ya no estás físicamente en este mundo, todos los días te siento en mi corazón. Te amo y amaré hasta el último día de mi existencia. Gracias por todo lo que me enseñaste y diste, madre amada.

CAPÍTULO I

Es un día como cualquier otro, pero en esta ocasión llueve y hace mucho viento afuera. Me doy cuenta que nada es tan importante, cuando entiendo que el tiempo es lo más valioso que tenemos. En seguida, me pregunto: ¿acaso es cierto que nacemos con una historia que ya ha sido previamente escrita? Sé que no elegimos nacer ni mucho menos saber quiénes serán nuestros padres, hermanos o familiares. Sin embargo, lo que sí pude aprovechar fue la oportunidad de luchar por lo que quería y no descansar hasta lograrlo. Cada vez que aceptaba mi realidad, me liberaba del sufrimiento, este mismo era el que me fortalecía. Cuando entendí que mi única opción era —y lo ha sido siempre— ser fuerte, sin ninguna excusa me enfrento a diario a mis propios miedos, venciendo cada obstáculo que me impida lograr mis metas. Gracias a cada experiencia vivida, puedo moldear el ser humano que soy.

Cada vez que cierro los ojos y pienso en ella... veo la imagen de una mujer hermosa, fuerte, inteligente, que siempre se encontraba lista como un gran guerrero con su armadura para pelear en cualquier batalla. Esta mujer —en particular— no le importaba cuántas veces se cayera, lograba levantarse con más fuerza que la anterior, una y otra vez. ¿Cómo podría olvidar sus hermosos ojos azules, aquellos que siempre me miraron amorosamente y sin vacilar? Les hablo de Herminia del Tránsito Pinzón Rincón, mi madre.

Mi mamá creció en Soatá, Boyacá, Colombia, en la casa que habían comprado mis abuelos por allá en 1950, una época difícil, ellos tuvieron que huir de la persecución y la violencia que atravesaba el país. Rafaela, mi tía, para ese entonces, recordó que fue mi abuela la que le dio el nombre a sus tierras, llamándoles: «*La Esperanza*».

Y es que mis abuelos tenían la esperanza de haber encontrado finalmente un lugar estable para que su familia estuviera fuera de peligro y sus hijos crecieran sin miedo. La abuela estaba segura que esta sería la última vez que tendrían que huir de sus hogares, dejando todo atrás, con el terror de perder sus vidas en tan solo segundos.

Mis abuelos formaron una gran familia con diez hijos: Marcos, Isaías, Julio, Miguel, Elisa, Eva, Segunda, Socorro, Herminia y Abraham. Siendo sincera, recuerdo solo a cuatro de ellos.

Debo admitir que Soatá es un lugar hermoso, rodeado de muchas montañas, con un clima increíble —entre lo veraniego y fresco—, pero con un sistema de riego que está lejos de ser el adecuado. En aquel entonces no llovía con frecuencia, el agua escaseaba, por lo que se hacía difícil preparar alimentos; para poder cocinar, el agua tenía que ser traída del río. Por tal razón, hervir el agua era esencial para asegurarse que al consumirla nadie enfermara, especialmente los niños.

Para mí, los recuerdos son como tocar una vieja cicatriz, ya no hay una herida fresca que cautive el cuerpo y la mente en agonía. A pesar de ello, cuando paso mis dedos sobre ella, aún evoca el recuerdo del dolor que ocasionó en mí aquel momento. Recuerdo que los perros ladraban, mi familia y yo caminábamos en plena oscuridad, parecía como si todo el mundo estuviera en silencio absoluto. Mientras tanto, mi madre sostenía la mano de Sandra, mi hermana; al mismo tiempo, Joaquín, Julio —mis hermanos— y yo la seguíamos.

Julio estaba nervioso, cuando preguntó:

—Mamá, ¿estás segura de que vamos por el camino correcto?

—Sí, por supuesto, tenemos equipaje, así que debemos tomar el camino largo —respondió mi mamá sin pensarlo dos veces.

Gracias a Dios ella sabía a dónde íbamos. Si hubiésemos tomado la ruta habitual, que era la más corta, no habríamos podido cargar las maletas que contenían lo poco que teníamos a través del recorrido de kilómetros en las montañas. En realidad, se sintió como una eternidad, o tal vez eran nuestros pequeños pies que no nos permitían avanzar con rapidez.

—¡Ya llegamos! —exclamó mi madre con un suspiro de alivio —. ¿Pueden ver? —indagó y nos hizo un gesto para que miráramos hacia la colina—. Esa es la casa de mi hermano —concluyó.

Las luces de la casa aparecieron de la nada y, antes de que mis ojos pudieran ver, asomó repentinamente el tío Isaías. De repente, mis pies comenzaron a moverse antes de que mi cabeza pudiera darse cuenta y mis brazos se envolvieron con gran emoción a su alrededor.

—Estoy tan feliz de verte —expresé sobre la altura de su pecho, con una sonrisa de oreja a oreja.

En un par de segundos, mi tío me tomó de las manos y me levantó hasta el cielo, su sonrisa era igual de grande que la mía.

—Yo también, dulzura —contestó el tío Isaías.

Luego, caminó lentamente hacia mi madre y pronunció:

—Herminia, espero que sepas lo que estás haciendo... —sus ojos se llenaron de preocupación y mi madre permaneció en silencio.

Pasó una eternidad antes de que decidieran hablar de nuevo.

—Lamento venir aquí y así, será solo por una noche, lo prometo —hizo una pausa—. Mañana encontraré un lugar para nosotros —explicó.

—¿Un lugar, Herminia? ¿Dónde? —contestó Isaías al tiempo que su voz se llenó de preocupación.

—Todavía no lo sé —respondió mi madre, con su mirada al suelo, evitando más preguntas.

El tío Isaías pudo notar la profunda tristeza de mi madre.

—Está bien, hermana, no me hagas caso, olvida mis preguntas. Déjame alimentarlos —recapacitó Isaías en un tono de disculpa, mientras que a mi madre se le llenaban sus ojos de lágrimas.

Mi tía Rafaela ya estaba en la cocina, preparaba un té caliente. En verdad, sin alardear de mi familia, considero que mis tíos eran personas encantadoras. Rafaela gritó en voz alta desde la cocina:

—¡Niñas, dense prisa! Joaquín y Julio, ¿ya terminaron todo lo que les preparé? —mi tío se rio y nos invitó a sentarnos a la mesa.

—Siéntate, Herminia, te ves cansada —pronunció Rafaela a mi madre—. ¡Oh! ¿Estás embarazada? —preguntó, asombrada—. Mi madre movió su cabeza, asegurando que lo estaba.

El instinto de mi tía era servir a los demás...

—Tienes que cuidarte, así que come y descansa, mañana será otro día.

El tío Isaías y la tía Rafaela eran seres especiales, lo más sorprendente era que ellos siempre se las ingeniaban para compartir lo poco que tenían pese a los escasos recursos económicos. Tuvieron cinco hijos, los cuales se caracterizaban por tener varias de las cualidades de sus padres.

A la mañana siguiente, cuando todos despertamos, mis primos nos recibieron calurosamente; jugamos durante horas, trepando por los árboles de los alrededores y recolectando naranjas, papayas, limones y mangos. Todos estábamos muy felices, se sentía como vivir en el paraíso. Mi tío tenía infinidad de animales: vacas, ovejas, cabras, cerdos, gallinas, gallos, pájaros, perros y un caballo. Después de habernos divertido a más no poder con los primos, recorrí la finca y disfruté del olor verde del campo. Tan solo me detuve a pensar en lo maravilloso que sería vivir en aquel lugar con mi familia.

Cuando llegó la hora del almuerzo, todos nos sentamos a la mesa; recuerdo aquella mesa de madera: era muy larga, había mucha comida: arroz, fríjoles, papas, plátanos fritos, ensalada, aguacates y pollo; parecía que la comida nunca se acabaría. La tía Rafaela poseía grandes dotes culinarios, por lo que preparó sopa de maíz.

Todos estaban disfrutando de sus manjares. Mientras tanto, yo me encontraba perdida en mis pensamientos. Me quedé callada por un buen rato, no me fue difícil notar que mi madre no estaba con nosotros y eso me había hecho perder el apetito por completo.

Entonces, fue cuando la tía Rafaela se me acercó con preocupación y me preguntó al oído:

—¿Acaso no te gusta la comida, mi niña?

—Sí, tía, me encanta, solo que estoy guardando el resto para mi madre —respondí mientras la inocencia se apoderaba del sonido de mi voz.

Para ser una niña de tan solo siete años, era muy consciente de todo lo que me rodeaba. Aun viendo lo mucho que no teníamos, se generó en mí la necesidad de compartir y cuidar de mis hermanos, en especial de mi madre: ella siempre me dio todo lo que tuvo y no podía soportar la idea en ese instante de que ella no tuviera la oportunidad de disfrutar ese momento con nosotros.

—No te preocupes, cariño. Hay mucha comida en la cocina —expresó mi tía dándome un abrazo y señaló hacia el corredor de la casa apuntando a una hermosa figura que caminaba alrededor de nosotros.

—Mira, cariño, es tu madre. Ahora, puedes terminar de comer —aclaró Rafaela.

Mi madre se sentó a mi lado y, al instante, me sentí mucho mejor, tomé un trozo de pollo y comencé a comer nuevamente.

—Hermana, ¿registraste a tus hijos en la escuela? —indagó el tío Isaías antes de que mi madre empezara a comer.

—No —respondió mi madre.

—Herminia, los niños tienen que ir a la escuela —dijo el tío, frustrado.

—Lo sé, hermano, ¿pero no crees que primero necesito un trabajo?

Su actitud no podía ser ignorada…

—De hecho, ya encontré uno —informó mi madre, orgullosa.

Mi tío levantó la vista de su plato, sorprendido, ante aquella noticia.

—Empiezo el lunes —mencionó mi madre.

—¿Dónde? —preguntó Isaías con su voz llena de preocupación.

—«*Colombiana de Tabaco...*» —respondió mi mamá con indiferencia.

Después de una breve pausa, el tío Isaías murmuró para sí mismo: "No lo puedo creer, está loca...".

Minutos más tarde, le expresó a mi madre:

—Tú no sabes de lo que hablas, hermana. ¿Por qué crees que siempre está disponible ese trabajo? ¡Nadie puede con el ritmo! Es un trabajo muy demandante, deberías pensar en algo diferente...

—¡¡¡Suficiente!!! —exclamó la tía Rafaela, rompiendo su silencio—. ¿Podemos comer en paz? Déjala comer, después continúan su plática, no quiero oír una palabra más —sentenció.

Mi madre respiró hondo y, besándome en la frente, expresó:

—¿No es tu tío un dolor en el cuello?

Todos nos reímos a carcajadas. Nunca olvidaré aquel fin de semana en casa de mis queridos tíos.

CAPÍTULO 2

Aquel lunes despertamos muy temprano, mi madre ya se había ido a trabajar en su primer día, como nos lo había hecho saber con anterioridad. De inmediato, mi tío Isaías comenzó a sacar muchas cosas y las puso en bolsas plásticas. Yo lo observaba con preocupación, porque no lograba comprender lo que estaba a punto de ocurrir. Luego, con cuidado, colocó todo sobre el lomo de su caballo, almohadas, ollas, platos, hamacas, cobijas y demás víveres. En seguida, sin mediar ninguna explicación, en voz alta nos llamó y nos pidió a mis hermanos y a mí que nos despidiéramos de la tía Rafaela.

Obedeciendo sus órdenes, hicimos lo que él nos dijo. Después, continuamos por un largo camino. Durante el recorrido, me mantuve en silencio por un buen rato. No tenía ninguna intención de irme a otro lugar que no fuera donde había pasado ese maravilloso fin de semana. De repente, no pude evitar más mi descontento y pregunté a Julio, mi hermano:

—Pensé que nos íbamos a quedar a vivir con mis tíos. ¿A dónde vamos? — indagué, mientras su rostro pareció crecer con frustración mientras me miraba fijamente.

—¡Cállate!, no hagas más preguntas, no podemos quedarnos aquí —dijo de manera grotesca—. Luego, se alejó de mí y continuamos caminando hacia adelante.

Bajé la mirada enfocada en mis pies, tratando de concentrarme en seguir adelante. Me sentí mal por el caballo y por nosotros. La cantidad de tiempo que pasamos caminando se sintió como una eternidad. Cuando finalmente llegamos a nuestro destino, no pude evitar sentir una profunda desilusión.

Una casa abandonada estaba frente a mis ojos, un lugar totalmente diferente a la casa de mi tío. Cuando cruzamos el umbral de la puerta, no pude contenerme; sin que nadie lo notara, limpiaba las lágrimas que corrían por mis mejillas.

Mi tío le dijo a Joaquín y a Julio que limpiaran los rincones de la casa, para que cuando nuestra madre regresara del trabajo, su aspecto tuviera mejor apariencia. Después de un rato, el tío nos dijo que debía volver a su casa a traer más cosas para nosotros. Cuando él partió, aproveché la oportunidad para correr a esconderme. Julio, que solía llamarme por mi apodo, cuando notó mi ausencia, comenzó a gritar:

—«Pancha», ¿dónde estás? «Pancha», ¡respóndeme, por favor!

Yo lo escuchaba, pero preferí no responderle, sin embargo, él no tardó mucho en encontrarme. Al lado de la casa había un viejo horno que mis abuelos construyeron para asar el pan, allí fue donde me escondí. Cuando Julio me encontró, expresó:

—Si continúas dentro del horno, te cocinarán en cinco minutos.

Sin dudarlo, le contesté:

—Eso es lo que deseo, quiero que me cocinen...

—Deja de lloriquear y sal de ahí, te enseñaré lo bonito que es este lugar.

—Mentiroso, aquí no hay nada bonito.

Estaba tan molesta con la situación que estábamos pasando, pero a mi corta edad era demasiado pequeña para entender y expresar mis emociones correctamente. Mis temores resultaron inestables y no estaba de humor para comprender la realidad, solo recuerdo que no paraba de llorar.

Julio estaba frustrado con mi comportamiento.

—No seas malagradecida. Nuestra madre dijo que vamos a ser muy felices aquí —manifestó con mucha seguridad.

Cuando escuché sus palabras, me sentí muy mal por mi comportamiento. Entonces, salí de aquel horno que estaba completamente sucio. Julio no podía dejar de reír cuando me vio.

—Mírate. ¿Puedes ver cómo te ves?

—Deja de reírte de mí. No estoy de humor.

—Deberías limpiarte antes de que mamá llegue a casa. Déjame ayudarte.

En ese momento, Julio tomó mi mano y me ayudó a limpiar las cenizas del viejo horno que tenía en mi cara y mi atuendo. Después, él me pidió que observara alrededor.

—Mira, no es tan feo aquí, como tú crees. Podemos plantar árboles y pronto todo será tan verde como en la casa del tío Isaías.

Miramos a nuestro alrededor con detenimiento por un momento, pero yo no lograba ver nada que me agradara en ese lugar.

—Vamos, el tío Isaías estará de regreso con más cosas para nosotros —insistió Julio—. Ambos nos tomamos de la mano y corrimos juntos hacia la horrible casa.

Antes de que el tío Isaías partiera nuevamente, nos recalcó lo siguiente:

—Ustedes siempre serán bienvenidos a mi casa, pero por ahora, vivir aquí es la mejor opción. Ustedes están cerca de la escuela y su madre está más cerca del trabajo.

Mientras dejaba cosas para nosotros, comenzó a hablar de nuevo.

—Tu madre estará pronto en casa.

En seguida, se fue alejando en su caballo, dejándonos en ese desagradable lugar, que sería nuestro nuevo hogar.

La casa tenía una sala muy grande y solo una pequeña habitación —no entendí por qué la sala era tan grande y la única habitación de la casa era la más pequeña—. Una vez que mi madre se reunió nuevamente con nosotros, nos explicó que esta casa había sido una escuela y que la pequeña habitación era como la oficina del director. Solíamos dormir en la habitación pequeña, donde todos nos juntábamos los unos a los otros para no sentir el frío de la noche. Cuando mi madre me abrazaba, me sentía más protegida que nunca, especialmente cuando escuchaba el ruido de la quebrada. Siempre me inquietaba el pensamiento de que un día se podría desbordar la quebrada y nos arrastraría a todos por su cauce.

Al siguiente día, mi madre organizó mejor los espacios de la casa: ella, con tres piedras, armó una fogata para cocinar los alimentos. El horno, que se encontraba en la otra esquina de la casa, era donde nos preparaba el pan cada mañana.

En tal lugar aprendí a medir la hora de levantarme para ir a la escuela. Cuando el gallo cantaba, a la madrugada, debíamos empezar a prepararnos, con rapidez, pero en ese momento solo deseé que mi madre cocinara aquel gallo para la cena y así tendría un poco más de tiempo para dormir. En fin, debíamos apresurarnos para evitar que mi madre llegara tarde a su trabajo. Julio y yo íbamos juntos a estudiar. Joaquín, mi hermano, por decisión propia, no quiso acudir a la escuela, así que debía cuidar a Sandra, mi hermana menor, pero Joaquín no estaba feliz de ser responsable de ella.

Mi madre trabajaba en la *Fábrica Colombiana de Tabaco*, una factoría que procesaba hojas secas de tabaco para la exportación. Mi madre debía permanecer de pie durante diez horas diarias, asegurándose de que todas las hojas estuvieran en buen estado para luego empacarlas; de tener mala apariencia, había que volver a hacer nuevamente todo el proceso de inspección.

En varias ocasiones, al llegar a casa, vi a mi madre con los pies inflamados y las manos llenas de callos. Debido a la rutina del trabajo, tenía las uñas astilladas, pero su belleza seguía intocable: sus ojos azules, su hermoso cabello largo, su figura de guitarra, que le era difícil de ocultar ante los ojos de cualquier hombre. Ellos la acosaban constantemente, porque sabían que era una mujer que se encontraba sola, con sus hijos y ya no era un secreto para nadie: sabían que su esposo la había abandonado.

Lo más increíble de todo es que a mi madre nunca pareció importarle ningún comentario que se hiciera sobre ella, lo más importante éramos nosotros: sus hijos.

Cada día, cuando llegaba a casa, se aseguraba que hubiera un plato de comida caliente para todos. Aún recuerdo el sabor de la sopa de pasta hecha con guisantes, zanahorias y papas, olía delicioso; esperábamos ansiosamente hasta que la sopa estuviera lista, todos teníamos hambre, ella nos servía la sopa y esperaba por si uno de nosotros pedíamos un poco más; solo hasta ese momento, si sobraba algo, ella comería. En muchas ocasiones no vi que quedara nada para ella, sin embargo, siempre tenía una sonrisa en la cara y nunca se quejaba de nada. Es imposible explicarlo con palabras, pero su amor inquebrantable por nosotros siempre fue incondicional.

Después de la cena, mi madre preparaba una taza de café y se sentaba en un trozo de madera viejo, que solía ser antes un gran árbol. Ella se sentaba en el viejo tronco, sosteniendo un cigarrillo entre los dedos; sus ojos rozaban las nubes como si se tomara el tiempo de buscar y hablar con Dios. Yo siempre esperaba ese momento, sin perder la oportunidad de correr entre sus piernas, porque solo entonces, cuando estaba a su lado, me sentía verdaderamente feliz, segura y protegida; sentía que nadie me iba a lastimar. A pesar de esto, también percibía su tristeza, en el silencio que ella nunca expresaba con palabras. Un día le pregunté:

—Madre, ¿por qué siempre estás triste?

Ella respondió:

—Si tenemos fe, mañana nos espera un día mejor.

La verdad eso no respondió a mi pregunta, pero lo que sí entendí fue que no importa qué tan malo sea tu día hoy, mañana puede ser mucho mejor. También, pregunté a mi madre si había alguien en el mundo que pudiera contar todas las estrellas del cielo.

—No lo sé, cariño, pero si tú puedes encontrar tres estrellas que estén juntas, pide tres deseos.

Hasta el día de hoy, cada vez que encuentro tres estrellas

juntas pido tres deseos, aunque ahora sé que solo era un juego y mis deseos nunca se harán realidad. A su vez, entendí que esta era la única forma en que mi madre me mantenía callada por un rato, el tiempo suficiente para poder disfrutar de su cigarrillo y su taza de café.

El trabajo de mi madre era extenuante, sus supervisores tenían metas estipuladas para lograr sus ideales. Miles de hojas de tabaco pasaron por sus manos, completando largas jornadas laborales. Sus manos siempre terminaban inflamadas debido al calor del tabaco, ya no parecían tan delicadas como lucían antes de aquel oficio, sino que contaban una historia de trabajo duro. Sin duda alguna, su rostro siempre se veía agotado por el cansancio de permanecer largas horas de pie.

Recuerdo esa madrugada, cuando me desperté de mi sueño, con el sonido de los gritos de mi madre en agonía. Sabía que era más temprano que de costumbre, porque aún no se escuchaba el sonido del molesto gallo sacándome de mi sueño.

Mi madre suplicaba y lloraba por ayuda, pues yo, sin entender, mi madre estaría por dar a luz. Tan solo la observaba con preocupación. Mi hermano Joaquín estaba junto a ella y luego los dos se fueron al hospital, dejando a Julio al cuidado de Sandra y de mí.

Dos días después, nuestra madre llegó a casa junto con mi nuevo hermanito: Luis. Él era tan hermoso..., mi hermana y yo jugábamos con él como un juguete muy delicado.

Nuestra madre tuvo que regresar a trabajar de inmediato, nosotros volvimos a la escuela y Joaquín debía asumir la responsabilidad de cuidar a Sandra y a mi hermanito Luis.

Ahora entiendo que era una cantidad sustancial de trabajo y responsabilidad de adulto para un niño de solo trece años, esa era una razón justa para mantenerlo siempre tan malhumorado.

Joaquín sacaba toda su frustración en nosotros, sus hermanos menores: constantemente nos castigaba injustificadamente. Solía atar a Julio a un árbol durante horas; en ocasiones yo pude liberarlo. Cuando logramos escapar, nos refugiamos en los sembrados de nuestros vecinos. Acostumbramos a irnos a lo alto del cerro, a la casa de doña Mercedes, ella cocinaba arroz con perejil. Julio y yo nos deleitábamos con su aroma, que nos cautivaba los sentidos; ella sabía que nosotros estábamos detrás de su casa, nos ignoraba, pero nosotros nunca perdimos la esperanza de que un buen día nos invitara a pasar. Ese día nunca llegó. No obstante, los alrededores de su casa nos sirvieron como refugio mientras esperábamos a que mi madre llegara de nuevo a casa.

Cuando mi hermanito Luis cumplió dos años, estuvo muy enfermo por varios días, mi madre tuvo que llevarlo al hospital; cuando ella regresó de nuevo a casa, lo hizo sola. Todos pudimos notar su tristeza amarga, pero nadie se atrevió a preguntar, lo único que sé es que desde ese día todo fue diferente en casa.

Cada noche, después de la cena, sin darnos ninguna explicación, mi madre tomaba su chaqueta y salía nuevamente; después de varias horas, regresaba a casa, se sentaba en el viejo tronco y exhalaba el humo de un cigarrillo que dejaba entrever las lágrimas que corrían por su rostro, sin ni siquiera imaginar ella que, a la distancia, desde la pequeña ventana, yo la observaba en silencio y sin poder conciliar mi sueño cada noche, esperando por su regreso.

Hubo noches en que Joaquín me encontraba sentada junto a la ventana, él me tiraba de mis cabellos, exigiendo que regresara nuevamente a la cama; yo siempre obedecía, pero cuando tenía la oportunidad, nuevamente regresaba a la pequeña ventana a esperar por ella y me preguntaba: "¿Qué es lo que tanto hace sufrir a mi madre?".

Aunque sentía la necesidad de esperar a mi madre todas las noches, ella se molestaría mucho conmigo. Por esta razón, preferí no contarle acerca de los castigos de Joaquín cuando ella no estaba.

Nuestra infancia no fue nada fácil. Hubo momentos muy difíciles en donde la convivencia se volvió insoportable, las peleas entre Julio y Joaquín se hicieron intolerables, especialmente para mi madre. Nunca pude entender por qué mis hermanos no podían llevarse bien. La cantidad de discusiones que presencié, donde Joaquín le faltó al respeto a mi madre, fueron innumerables y cada vez me hacían sentir impotente ante ellas.

Joaquín estaba muy molesto con mi madre, ella siempre lo justificó por haberle dado tanta responsabilidad al tener que cuidar de mis hermanos menores. Recuerdo lo que mi hermano Joaquín le decía a mi madre cuando estaba enfadado:

—¡No soy el padre de tus malditos hijos! ¡Ya no quiero cocinar más para ellos! Además, ¡todo lo que comemos en esta casa es una mierda: sopa con fideos una y otra vez! ¡Yo tengo que hacer todo el trabajo aquí y Julio va a la escuela como un rey! ¡Estoy harto de todo esto! ¡Juro que un día quemaré este lugar!

Las lágrimas de mi madre brotaron de sus ojos desconsoladamente, mientras desahogaba sus penas en respuesta a la angustia de mi hermano. Sin más por hacer en aquellos momentos, Julio y yo sabíamos que sería solo cuestión de tiempo antes de que Joaquín descargara nuevamente toda su frustración con nosotros en el momento que nuestra madre no estuviera. Todos entendíamos que Joaquín tenía razón de estar molesto, pero nada de eso justificaba la crueldad del maltrato físico y mental que recibíamos por parte de él.

Joaquín, a menudo, nos golpeaba con el cinturón. Yo me escondía debajo de la cama y Julio corría hacia el río, porque si lograba alcanzarlo, lo ataría nuevamente al árbol más cercano durante horas. Y si me sorprendía ayudándolo a escapar, me golpearía nuevamente con el cinturón.

Él estaba fuera de control, mi madre sabía de su comportamiento y de los castigos que nos infligió; con sorpresa, fue esto lo que la obligó a tomar una decisión que le dolió mucho hacer y, por primera vez en varios años, le pidió ayuda a mi padre.

CAPÍTULO 3

Angel López, oriundo de Macaravita, Santander, conocía a mi madre, ambos crecieron juntos, desde muy pequeños se distinguían. Cuando mis abuelos abandonaron sus tierras, mi madre y Angel se separaron por unos años, pero por cosas del destino se encontraron nuevamente. Mi padre siempre tuvo atracción por mi madre. Cuando él tuvo la oportunidad de volver a reencontrarse con ella, supo entonces que mi mamá era viuda y tenía un hijo de cuatro años: Edgar Pinzón, mi hermano.

Mi madre había perdido a su primer esposo en una guerra entre Liberales y Conservadores: lo mataron cuando ella estaba embarazada (de siete meses), lo que esencialmente marcó el inicio de las muchas pérdidas que sufriría en su vida.

Edgar, hace pocos años, me contó la historia de su padre y mi madre: me alegró mucho saber que mi mamá amó y se sintió amada, así hubiese sido por poco tiempo. Me entristeció saber que ella tal vez sufrió mucho por la pérdida de su primer esposo, pero al mismo tiempo me consolaba saber que alguna vez estuvo enamorada.

Durante la década de 1950, los actos de violencia eran comunes, especialmente entre Liberales y Conservadores. Un día normal, de repente, se convirtió en horror, cuando recibió la noticia de que su esposo había sido asesinado.

La familia sabía que no había forma de conocer quién era el responsable de su muerte. *"Lo único que se sabía era que había una guerra entre partidos políticos"*, recordó Edgar. En seguida, sentí nostalgia al saber que mi hermano nunca tuvo la oportunidad de conocer a su padre, pero mi corazón estaba feliz al saber que mi madre experimentó el amor verdadero en su vida. Quedó claro que este era el mejor momento para que mi padre se aprovechara de la situación de mi madre. Fue entonces cuando pidió permiso a mis abuelos para casarse con ella, pero con la condición de que dejara a Edgar, su primer hijo, al cuidado de mis abuelos.

Mi abuelo estaba muy feliz con la idea de que su hija se casara nuevamente. Él no quería que ella fuera madre soltera y criara a un hijo sola, sin el respaldo de un hombre a su lado. Mi abuelo pensó que nadie quería casarse con mi madre, considerando sus circunstancias, así que aceptó las condiciones de mi padre y aprobó el matrimonio.

Aunque mi abuelo dio su bendición, mi abuela no podría haber estado más en desacuerdo, pues siempre tuvo un mal presentimiento.

Para mi madre, la pérdida de su primer esposo había sido una agonía interminable y la abuela no deseaba que su hija volviera a sufrir una vez más. Con la esperanza de un futuro mejor para la familia y para ella misma, mi madre accedió a casarse.

El domingo 11 de enero de 1958, en Bogotá, Colombia, se llevó a cabo la boda, en una iglesia católica, que unió a mi madre y a mi padre en uno solo ser. Los invitados a la boda solo fueron sus padres.

De inmediato, los recién casados comenzaron su nueva vida en la capital. Lamentablemente, debido a la falta de estabilidad económica y laboral de mi padre, la inestabilidad financiera era notable en el hogar. Pasando por alto dicha situación, el abuelo no lo creyó importante; casar a su hija era primordial, sin considerar que por lo menos fuese un hombre estable que proporcionara los cuidados y sustentos básicos para su nueva familia.

Las características de mi padre eran extremadamente dominantes y fuertes, las cuales no beneficiaban en nada la relación matrimonial. Mis padres vivían en una habitación que alquilaron en Bogotá. Pasaron pocos meses antes de que los recién casados se enteraran que esperaban su primer hijo, pues mi madre estaba embarazada.

A medida que mi madre avanzaba en su estado de embarazo, el comportamiento abusivo de mi padre empeoró progresivamente. Aunque mi padre sabía sobre el estado de mi madre, eso no le impidió abusar de ella de todas formas. Mi madre no solo experimentó tales abusos, sino que también fue humillada cuando descubrió que él tenía una amante.

Con el temor de perder a su hijo por nacer, mi madre, con valentía, decidió escapar del abuso de mi padre y regresar a la casa de mis abuelos, pidiendo ayuda. Mi abuelo no estaba contento con el regreso de su hija a casa. Mi abuela, en cambio, la recibió con los brazos abiertos y cuidó de ella hasta que nació el bebé. Mi mamá estaba muy feliz de estar de vuelta con su familia, extrañaba terriblemente a su primogénito: Edgar. *"Yo siempre he creído en mi corazón que Edgar fue quien le dio la fuerza para escapar de la vida triste a la que estaba siendo sometida"*.

Poco tiempo después del nacimiento de su hijo, mi padre fue a buscar a mi madre y le exigió que regresara a casa.

Después de bautizar a su hijo, a quien llamaron Heli Joaquín López Pinzón, el abuelo, sin más alternativa, le ordenó a mi madre regresar con su abusivo esposo. Ella se vio obligada a someterse a las órdenes de su esposo y, con su hijo recién nacido, dolorosamente, entre lágrimas y sollozos, se despidió de su primogénito —Edgar— y de mi abuela.

Mi abuela sufrió mucho por lo que pasó, fue entonces cuando Miguel, mi tío, enfureció y culpó a mi madre por todo el dolor y sufrimiento causado a mi abuela. Por desgracia, estas circunstancias fueron las que provocaron resentimiento y odio entre mi madre y su hermano Miguel, que con el tiempo se esparció como una enfermedad contagiosa entre sus descendientes, afectándonos particularmente a nosotros —los hijos de mi madre—.

Mi padre, con promesas falsas, le prometió a mi madre que las cosas mejorarían, pero nada de esto fue cierto, su comportamiento hostil empeoraba. Muy pronto, mi madre se dio cuenta que estaba embarazada nuevamente, soportando el abuso de mi padre durante todo su embarazo. Durante ese tiempo, permaneció en silencio y vivió un total infierno sin poder pedir ayuda a nadie. Cada día recordaba el dolor que sin querer ella le había causado a mi abuela. Además, perdería el poco contacto con Edgar, así fuese solo por unas horas. Con todo esto, mi madre se vio obligada a permanecer en silencio.

Cuando mi madre y mi padre tuvieron su segundo hijo, lo llamaron Julio César López Pinzón. Curiosamente, por alguna razón, él siempre fue el favorito de mi padre; en ocasiones llegué a pensar que esta era la razón por la que Joaquín y Julio nunca lograron llevarse bien. Por su parte, mi madre permaneció sin ninguna esperanza en un matrimonio que no deseaba, aferrándose al amor de sus hijos para seguir adelante.

Fue aquel sábado en la tarde cuando recibieron la fatal noticia del fallecimiento de mi abuelo, a pocas horas de que mi mamá se enterara de que nuevamente estaba en embarazo. Su situación se volvió angustiosa, deprimente, se sentía sola y desesperada; sabía que debía permanecer en silencio, puesto que sus familiares le habían negado su apoyo absoluto, ella nunca más debía volver a quejarse de su vida personal con la abuela.

Si mi memoria no me falla, mi madre me contó cómo logró, por segunda vez, escapar de los maltratos de mi padre: fue gracias a la ayuda de la hermana mayor.

Para aquel entonces, la hermana de mi madre vivía en Venezuela, las dos planearon cómo hacerlo. Mi madre, estando embarazada, en compañía de Joaquín y Julio, sus dos pequeños hijos, logró escapar de su hogar y se fue a vivir —con total precaución— a Ureña, Venezuela.

Sin pensar en las consecuencias que tuviera más adelante, mi madre se arriesgó a buscar una mejor vida para todos. De inmediato, con la ayuda de su hermana, comenzó a trabajar como cocinera en un restaurante. Pese a la situación no tan fácil, nada era comparado al infierno que vivía a diario junto a mi padre; ella se sentía en paz y eso era lo más importante. Mi madre y su hermana se ayudaban mutuamente, por ende, la situación era mucho más llevadera. Sin embargo, debido a las difíciles circunstancias por las que había pasado, su embarazo no fue nada fácil: con tan solo siete meses, me tuvo a mí, en Ureña, Venezuela. Mi nombre es María Esperanza López Pinzón.

Por desgracia, de alguna manera, dos años después, mi padre encontró a mi madre. En aquellos tiempos, el abandono de hogar era un delito. Fue entonces cuando mi padre, usando la ley a su favor, acusó a mi madre de «abandono de hogar y secuestro de sus hijos».

El tribunal pasó a emitir una advertencia amenazante a mi madre. Le notificó que, si optaba por no regresar a su país de origen, o repetir los mismos delitos cometidos —abandono de hogar y robo de hijos—, perdería la custodia total de los menores, que sería otorgada de inmediato al padre. Por si fuera poco, si se rehusaba a hacerlo, ella iría a prisión por cinco años.

Una vez más, mi madre se vio penosamente obligada a regresar a Colombia y permanecer en un matrimonio no deseado. A su regreso, se enteró de una pésima noticia: mi abuela había fallecido seis meses antes de su regreso; para entonces, no había muchos medios de comunicación, se usaban telegramas y se escribían cartas a larga distancia con la esperanza de que el mensaje fuera entregado.

Tal momento fue muy doloroso para mi madre. La única persona que la había apoyado se había ido para siempre, dejándola más sola que nunca y no había podido despedirse de ella.

—En verdad fueron días muy oscuros para mí —dijo mi madre en una oportunidad...

Al tiempo, mientras mi madre seguía soportando la existencia de mi padre, se dio cuenta que estaba embarazada de nuevo. Esta vez el turno fue para Sandra López Pinzón, mi hermana.

Con el temor de perder la custodia de sus hijos, mi madre resistió toda tentación de escapar de nuevo; el tiempo pasaba y no había ninguna esperanza de un cambio, mi madre estaba resignada a vivir entre humillaciones y pobreza.

Milagrosamente, después de que mi madre anunciara que estaba embarazada, mi padre la abandonó, como resultado de un interés amoroso que había surgido entre mi padre y su amante.

Mi mamá sabía que no podíamos mantenernos en la capital por mucho tiempo sin la ayuda financiera de mi padre. Por ello, tomó la decisión de regresar a Soatá, su ciudad natal. Aunque ella era consciente de que no tenía el apoyo de nadie, tenía la esperanza de recibir cualquier tipo de ayuda y compasión por parte de sus demás familiares…

Por fortuna, el tío Isaías y su familia nos apoyó a todos, se convirtió en un padre para mí y mis hermanos. La familia del tío Isaías nos trató con amor y respeto; contrario al tío Miguel y su familia, que sin ningún motivo justificaron sus acciones, fueron crueles y despiadados con nosotros.

Para entonces, Edgar, mi hermano mayor, se había unido al Ejército de forma indefinida. Por su parte, Julio y Joaquín vivían con mi padre. Mis hermanos, por lo general, se portaban mal y mi madre ya no podía controlarlos. La única solución razonable era que mi padre se hiciera cargo por un tiempo…, pues para ese entonces, él vivía abiertamente con su amante. Pocos meses después, mi padre le ofreció a mi madre una insignificante manutención para nosotros y regresó a mis hermanos.

Pasó más de un año, nada había cambiado en casa, mis hermanos continuaban llevándose mal entre ellos, sus peleas cada vez eran más agresivas. La situación se tornó imposible para todos.

Recuerdo una vez que Joaquín nos puso a Sandra y a mí en una hamaca, la retorció continuamente y después la dejaba girar en círculos; cuando la hamaca se detenía, nos obligaba a caminar en frente de él. En ocasiones esto nos causaba un vómito inesperado, mi hermana y yo sentíamos que todo nos daba vueltas y nos era difícil permanecer de pie; cuando caímos al suelo,

Joaquín tan solo reía, parecía disfrutar lo que estaba sucediendo. Cualquier cosa que se le ocurriera a Joaquín la desmentía fácilmente a todos. La situación entre mis hermanos llegó a ser tan vil que, finalmente, mi hermano Julio fue quien le pidió a mi madre que lo dejara ir a Duitama a trabajar con nuestro primo, vendiendo zapatos en los pueblos. A mi madre le tomó tiempo tomar esa decisión. No queríamos que se fuera otra vez, pero en el fondo ella sabía que las peleas entre mis hermanos seguían empeorando y lo mejor era que Julio se fuera con el primo, con la esperanza de que la situación mejorara en casa. Cuando mi madre accedió a dejar ir a Julio, fue ella misma quien puso en una pequeña bolsa plástica un cepillo de dientes, una barra de jabón y una muda de ropa; luego, lo acompañó al autobús, le dio la bendición y lo dejó partir.

Sin entender lo sucedido, y en total desacuerdo, corrí al río desconsoladamente y me tiré en la hierba, llorando amargamente. Por un momento llegué a pensar que tal vez era mi culpa que Julio se hubiera marchado. Recordé que la semana anterior nos habíamos metido en problemas, pues mi madre nos tenía prohibido acercarnos a la casa del tío Miguel; ella sabía —con certeza— que no éramos bienvenidos; ellos ignoraban que éramos familia, quizás por eso nos consideraban «insignificantes» para todos en su casa, pero nosotros aún éramos muy niños para entender. Aun así, desobedeciendo a mi madre, nos metimos en problemas.

A Julio y a mí nos encantaba ver televisión a través de las rejas de metal que cruzaban la puerta de la casa de mi tío Miguel. Lo recuerdo como si hubiera sucedido ayer. Julio y yo disfrutamos viendo un programa de televisión llamado *El llanero solitario*. El programa trataba sobre un caballo que se convirtió en mi héroe. Estaba dispuesta a hacer todo lo que estuviera a mi alcance con tal de ver aquel programa. A mi hermano también le gustaba, los dos íbamos juntos a ver el espectáculo; nunca se nos permitió entrar a la casa para mirar televisión, pero todo lo que necesitábamos era ese pequeño espacio desde la ventana para disfrutar del programa. Siempre me sorprendió cómo *Scout* pudo ayudar a tanta gente. Quería ser como él, quería ayudar a quien necesitara de mi ayuda. En realidad, yo amaba a *El llanero solitario*, aunque para nuestra sorpresa, cuando fuimos nuevamente esa tarde, notamos que la posición del televisor había cambiado. La pantalla del TV ya no estaba a la vista nuestra y solo podíamos ver la parte trasera del aparato; mis familiares cambiaron la posición del televisor solo para que nosotros no regresáramos a incomodarlos con nuestra presencia, que para ellos era en verdad muy desagradable. Así pues, entendimos que ya no podríamos volver a ver nunca más nuestro programa favorito.

Mi madre supo lo que había pasado y nos castigó a los dos por haberla desobedecido. Para mí ya nada de eso importaba. Sin mi hermano Julio, no tenía sentido ir al restaurante de la familia de mi tío Miguel, o tratar de ver *El llanero solitario*. No podía entender por qué mi hermano se tuvo que ir de la casa y ahora yo era la única que tenía que enfrentarme a la persona que más temía: mi hermano Joaquín.

Mi tío Miguel también era el dueño del restaurante del pueblo; en muchas ocasiones, Julio y yo nos quedamos en la puerta, deleitando el aroma que salía de él, especialmente cuando teníamos hambre. Por orden de la esposa de mi tío, los empleados nos pedían alejarnos de la puerta, porque incomodábamos; nosotros los obedecimos. Pero al día siguiente volvíamos nuevamente; quizás éramos aún muy niños para entender la humillación y el rechazo constante de nuestros familiares. Y justo en esa tarde, la esposa de mi tío estaba furiosa, su actitud expresaba que estaba harta de vernos de pie en el umbral de la puerta de su negocio todos los días, entonces ordenó a uno de sus empleados que recogiera las sobras que habían dejado los turistas en los platos y que nos las dieran en una bolsa plástica para que nos retiráramos de su propiedad. Julio y yo tomamos la bolsa y corrimos a escondernos al río, juntos comimos hasta el último grano de arroz. Este fue nuestro gran secreto; si mi madre se hubiera enterado, estoy segura de que hubiera ido personalmente al restaurante a quemarlo todo.

CAPÍTULO 4

Cada vez que regresaba de la escuela corría a esconderme debajo de la cama para que Joaquín no pudiera encontrarme. Recuerdo una vez que mi hermana estaba llorando mucho y no pude hacer más que taparme los oídos. Estaba temblando, deseaba ver a mi hermana, pero no quería que Joaquín supiera que me encontraba escondida en casa. Siempre traté de hacer todo lo posible para evitar que se enojara conmigo, aunque nada funcionó. Sus castigos fueron constantes y en muchas ocasiones evité contarle a mi madre sobre el abuso, porque ella ya tenía bastante con qué lidiar y no era justo que me quejara con ella. La ira de Joaquín siguió creciendo... No olvido su mal genio irascible, le temía tanto que evitaba cualquier confrontación con él, sabía —por ocasiones anteriores— que todo conduciría a disputas físicas. La furia de Joaquín no tenía límite y esta se volvió tan cruel que incluso nos amenazaba diciendo que quemaría toda la casa. Yo solo deseaba crecer rápido para así poder enfrentarme a él, sin miedo. Por fortuna, estar en la escuela era mi única fuente de felicidad, mi refugio seguro. Siempre fui la mejor de la clase y eso me hizo muy popular. Solía hacer la tarea para mis compañeros de clase y, a cambio, ellos me daban comida. Me gustó cómo podía ayudar a mis compañeros y a parte recibir algo a cambio, no me parecía tan mal; sin embargo, no me atreví a contárselo a mi madre, sé que ella no hubiera aprobado mi comportamiento.

Mi hermano Julio se había ido hacía algún tiempo y yo lo extrañaba mucho. Él era mi mejor amigo, compartimos muchos momentos y siempre nos apoyamos mutuamente; me sentía triste y melancólica, entonces recordé cuando mi madre castigó a Julio por mi culpa... Yo encontré un sacapuntas en el piso de la escuela y me lo traje a casa, lo escondí debajo de mi almohada, porque sabía que mi madre se enfadaría conmigo; ella solo quería que tuviéramos cosas que personalmente pudiera proporcionarnos, de lo contrario, no había ninguna razón para que las tuviéramos en nuestro poder. Mi madre —todas las noches, después de hacer nuestras tareas— solía afilar nuestros lápices con el cuchillo de cocina que usaba para pelar las papas. La noche que traje a casa el sacapuntas se dio cuenta que mi lápiz tenía la punta perfectamente afilada, ella no podía entender por qué mi lápiz parecía recién comprado, mientras que los lápices de Julio y Sandra no lucían igual. A mi madre no le tomó mucho tiempo descubrir la verdad. Cuando se dio cuenta dónde escondía el sacapuntas, se enfadó muchísimo, su rostro se llenó de ira hacia mí...

—¡Eres una ladrona! —exclamó minutos antes de la golpiza...

Sin ninguna explicación, empezó a castigarme. Mi hermano Julio trató de intervenir, explicando por qué yo tenía el sacapuntas, pero mi madre no deseaba escuchar nada, ella estaba muy enojada.

—Se atrevió a traer a casa algo que no es nuestro. ¿Y tú la justificas? —aseveró mi madre a Julio y lo castigó a él también.

Entre sollozos, nos fuimos a la cama. Al siguiente día, me preparé para ir a la escuela, sin imaginar que mi madre tenía otros planes para mí... No había sido suficiente el castigo de la noche anterior, ella me ordenó devolver lo que me había llevado a casa y personalmente me acompañó a la escuela para asegurarse de que lo hiciera. Yo estaba completamente avergonzada.

Agarré la mano de mi madre y le supliqué que no me obligara a hacerlo, le juré que no lo había robado, que lo había encontrado en el piso de la escuela. Ella me miró con decepción y me dijo:

—Hoy tomaste un sacapuntas; mañana, robarás algo más grande.

Mi corazón se trasladó hasta el centro de mi estómago cuando ella manifestó lo siguiente:

—No quiero una ladrona en mi casa.

Aunque yo no creía que lo que hice fuera robar, sabía que mi madre tenía razón, nunca debí llevar a casa algo que no era mío, así que tomé fuerzas, me paré frente a mis compañeros de clase y pedí disculpas por haber tomado el sacapuntas y no haberlo devuelto a mi profesor. Este episodio marcó mi vida para siempre, no existe la posibilidad de que vuelva a tomar algo que no me pertenezca.

El comportamiento de mi hermano Joaquín le causaba mucho estrés a mi madre. No solo provocó problemas dentro de nuestro hogar, sino que también los vecinos se quejaron —en reiteradas ocasiones— de su mal comportamiento. En muchas ocasiones mi madre tuvo que viajar a la penitenciaría del Estado y pagar una multa, pues a Joaquín lo arrestaron por mala conducta. Sucediera lo que sucediera, mi madre siempre estuvo ahí para rescatarlo.

Esa mañana, cuando me levanté para ir a la escuela, mi madre parecía preocupada, mientras un torrente de lágrimas brotaba de sus ojos, me di cuenta de que Joaquín no había regresado a casa durante un día completo, incluida esa noche. Vivíamos en un pueblo pequeño donde todos se conocían. No pasó mucho tiempo antes de que supiéramos que los militares habían tomado la custodia de mi hermano. De acuerdo con la Ley en Colombia, cada ciudadano varón que tuviera dieciséis años o más debía prestar el servicio militar obligatorio por dos años, con la opción de continuar sirviendo en la región, si era su deseo.

Mi madre estuvo muy angustiada los primeros días, pero debo confesar que yo me sentí aliviada y feliz cuando se llevaron a Joaquín. Aunque mi mamá sabía que, bajo la guía y el entrenamiento de los militares, Joaquín tendría la oportunidad de crecer y convertirse en una persona de bien, eso no le impidió sufrir por su ausencia; cada vez que tenía la oportunidad de visitarlo, lo hacía; cuando regresaba a casa, se notaba preocupada y triste.

Solía hacerla sonreír, contándole cualquier historia que se me ocurriera. Pensé en mí misma como una mininovelista, como si estuviera leyendo un libro real. Mi madre me frotaba la cabeza y siempre decía:

—¿Cómo se le ocurren tantas cosas a mi niña?

Sabía que no podía hacer mucho, pero ver una pequeña sonrisa en su rostro, devolverle un poco de paz a su corazón y un brillo de alegría a sus bellos y profundos ojos me hacía sentir feliz.

Siempre que tenía la oportunidad le preguntaba a mi madre por Julio, deseaba que volviera a casa con nosotros, pero ella me decía:

—Julio se encuentra bien, él trabaja en el día y estudia en la noche; debes alegrarte por él.

Aunque me entristecía que no estuviera conmigo, me alegraba por él. Julio era muy inteligente: sin una calculadora, podía hacer cualquier ecuación matemática en su cabeza y en segundos; ¡era increíble! Él siempre sabía cada respuesta. Los números siempre tenían sentido para él. De seguro, lo habría hecho muy bien si hubiera tenido la oportunidad de asistir a la universidad. Solían llamarlo «una enciclopedia», porque tenía respuesta para todo; él me decía con frecuencia «bruja», porque todo lo que predecía que sucedería, pasaba...

Recuerdo sentirme muy sola esa tarde; por lo general, me recostaba en la hierba fresca, cerca al río, así podía disfrutar de la soledad y ver los aviones volar sobre mí, sin esfuerzo alguno. Me encantaba verlos pasar sobre mi cabeza. Pensaba que, si alguna vez uno de ellos aterrizara en mi pueblo, yo sería la primera en subirse, pues así podría ir a cualquier parte que no fuese donde me encontraba en ese momento.

Nada había cambiado desde mis primeros recuerdos: aún no

teníamos dinero suficiente, por ende, no veía un futuro prometedor para mí y mucho menos para mi familia; esto era lo que más me molestaba. Después de horas de reflexionar sobre mi futuro, perdí toda noción del tiempo. *"Se está haciendo tarde. Tengo que volver a casa. Estaré en muchos problemas si mi madre regresa antes que yo. Ella estará muy molesta conmigo"*, me repetía a mí misma. Era como si tuviera un sexto sentido. Una vez que entré a casa, escuché su voz, ya había llegado. Mi corazón comenzó a latir muy rápido, como si estuviera fuera de mi pecho. No sabía si debía devolverme al río o simplemente morir. Sabía que mi madre me iba a castigar.

Y allí estaba ella, a solo unos metros delante de mí, gritando...

—¡¡¡Cómo te atreves a dejar sola a tu hermana en casa!!! ¡¡¡Eres una irresponsable!!! —gritó mientras yo empecé a temblar.

—¿Acaso crees que no tengo suficientes problemas? —enfatizó mi madre.

En seguida, la culpa se apoderó de todo mi ser.

—Tus hermanos se han ido, solo cuento contigo. ¿Así es como piensas colaborar? —continuó mi mamá con los reclamos.

En realidad, me sentí muy mal. Sabía cuánta ayuda y el apoyo que necesitaba mi madre. Al mismo tiempo, decidí pensar en mi futuro, tendida sobre la hierba fresca.

—Lo único que quiero de ti es que me ayudes con tu hermana. ¿Es mucho pedirte? —recalcó mi madre una vez más...

Sabía lo que estaba haciendo y consiguiendo. Comencé a sentirme culpable por mi irresponsabilidad al haber dejado sola a mi hermanita en casa.

—Déjame preguntarte de nuevo —indagó mi madre.

Bajé mi cabeza y permanecí en silencio...

—¡Respóndeme!

Mi madre levantó la voz con la fuerza de un trueno en medio de una tempestad y me agarró por los hombros; en seguida, los sacudió como si yo fuera una marioneta, creyendo que eso haría que yo respondiera al instante, cosa que no sucedió. Estaba aterrorizada y sin palabras. Entonces, fue ahí cuando empezó a castigarme una y otra vez. Mi madre fue muy estricta conmigo, mientras yo crecía. Ella me decía en varias ocasiones:

—Tú eres el ejemplo para tus hermanos menores; tu comportamiento debe ser siempre ejemplar.

Pero yo estaba haciendo todo lo contrario...

Me encontraba muy molesta conmigo misma, lloré amargamente, y no porque mi madre me hubiese castigado, sino porque yo la decepcioné al no ayudarla; ese día solo estaba siendo una niña que soñaba despierta, aunque mi intención no fue defraudarla. Nunca le dije a mi madre dónde había estado, pues me encantaba acostarme en el césped y esperar a que ese gran pájaro —el avión— pasara por encima de mí, cual ave rauda que hipnotizaba mis ojos y pensamientos. Aquellos instantes fugaces dejaron en mí la esperanza de que había un mejor lugar allí afuera, yo sostenía mis deseos más profundos de que todo cambiaría para mí algún día.

Cuando terminamos de cenar, yo esperaba a que mi madre se pusiera su chaqueta para salir nuevamente de casa, como solía siempre hacerlo. Con una voz inocente pero curiosa, le pregunté antes de que se fuera:

—Madre, ¿puedo ir contigo?

Ella me miró fijamente. Yo estaba familiarizada con esa mirada, que automáticamente sentía escalofríos por toda mi espina dorsal. Pero para mi sorpresa, tomó mi mano sin decir una sola palabra y con el movimiento de su cabeza me dijo que «sí». Antes de irnos, tuvimos que llevar a mi hermana a la casa de un vecino para que cuidaran de ella. Recuerdo que tomamos el autobús al pueblo. Una vez que llegamos, caminamos rápidamente hacia el hospital. Mi madre estaba sosteniendo mi mano muy fuerte, podía sentir su angustia; al llegar, todos en el hospital la saludaron como si la conocieran de toda la vida. Una de las enfermeras pronunció:

—Hola, Herminia, ¿cómo estás?

Yo no lograba entender por qué todos hablaban como si fueran tan cercanos. Mi madre respondió con desdén:

—He tenido días peores —dijo, encogiéndose de hombros.

Aparté sus manos para interrogarla una vez más.

—Madre, ¿usted trabaja aquí?

La dulzura y la inocencia se apoderaron de mi comportamiento.

—Sí, cariño, soy médico.

De inmediato, arrugué la nariz y la confusión se apoderó de mi rostro. Mi madre se rio y luego yo me reí con ella, porque ambas sabíamos que era una broma. Tan solo escuchar el sonido de la risa de mi madre derramarse de sus labios creaba un mundo de felicidad dentro de mí.

Nos sentamos en un sofá y esperamos alrededor de veinte minutos. Puse todo de mí para no hablar. Tenía tantas preguntas, pero sabía que sería mejor para todos quedarme callada. Entonces, apareció una enfermera, ella llamó a mi madre:

—Herminia, solo diez minutos, por favor; él no tuvo una buena noche.

Después de hablar con la enfermera, noté que mi madre estaba molesta. No entendía nada de lo que estaban hablando, yo estaba muy confundida, mi madre me haló de un tirón la mano. Observé a mi madre caminar hacia una pequeña ventana, miraba al interior de la habitación; segundos después, ella lloró, sin consuelo. Yo sentía curiosidad por saber qué tanto miraba…

—Madre, ¿puedo ver? —pregunté con mucha intriga.

Ella me levantó, sin hablar y acercó mi cara a la ventana. Yo no lo podía creer… Allí estaba mi hermano Luis. Me había olvidado de él en los últimos años. En ese momento, aquella imagen quedó grabada en mis recuerdos para siempre.

A mi hermanito Luis le salían tubos de su cuerpecito. Estaba conectado a una máquina. Abracé con temor a mi madre y empecé a llorar, al tiempo que le pedía que me bajara.

—Madre, ¿qué le pasa?

—Luis está enfermo —me contestó con lágrimas en los ojos.

Yo quería más detalles.

—Cuando mejore, lo traeremos a casa con nosotros —afirmó mi mamá.

—¿Cuánto tiempo más estará Luis en el hospital? —pregunté.

En seguida, los hombros de mi madre se hundieron, antes de que pudiera hablar de nuevo.

—No lo sé, cariño.

Mi madre estaba tan triste, que era casi como si oliera la melancolía del dolor y la depresión en su piel. ¿Cómo fue posible que me olvidara de mi hermano? Yo misma me lo preguntaba una y otra vez... Creo que, al ser tan joven, no me di cuenta.

Desde aquel día pude entender por qué mi madre se iba cada noche después de la cena: no solo luchaba contra sus propias luchas internas, estaba lidiando con problemas que eran demasiado complejos para que yo lo entendiera. Ahora podía entenderlo todo. Este no era un lugar para mí, por eso siempre evitó que la acompañara cuando le pedía que me llevara con ella.

En esos momentos, mi madre necesitaba tiempo para lidiar con sus emociones. A pesar de eso, yo continuaba preguntando...

—¿Por qué no puede moverse?

—¡Tiene que sanar! —contestó con algo de impotencia.

Seguí haciendo preguntas, porque nada tenía sentido para mí.

—¿Por qué no podemos tocarlo?

Aunque no podía entender, deseaba saber más... Justo en ese momento, mi madre se dirigió a mí, con sutileza.

—Te lo explicaré todo en algún momento, pero no hoy, cariño —expresó, triste y rompió en llanto mientras caminábamos de regreso a casa.

Yo permanecí en silencio. Después de ese día, cada vez que visitaba a mi hermanito en el hospital me propuse ir con ella, quería ser un apoyo, ser parte de lo que atravesaba: como si una espada atravesara el corazón de una madre. A veces, llevábamos a mi hermana Sandra con nosotros. Cuando escuchaba malas noticias acerca del estado de salud de Luis, mi madre lloraba mucho, yo solo esperaba que mi compañía ayudara en algo y no la hiciera sentir sola.

En muchas ocasiones sentía que todo se paralizaba a mi alrededor, era como si todos los que vivían en mi pequeño pueblo se conformaran con lo poco que tenían, pero yo nunca perdí la esperanza de que un día me pudiera ir muy lejos.

No importaba cuántas piedras encontrara en mi camino, una pequeña voz dentro de mí me repetía con determinación que debía ser persistente y no rendirme.

Cuando mi madre notaba mi tristeza, me daba la noticia que iríamos a visitar a mi tío Isaías y a la tía Rafaela. El compartir con nuestros primos nos hacía muy felices y siempre salíamos de su casa con muchas ganas de regresar. Aunque en la casa de los tíos siempre fuimos muy bien recibidos, mi madre siempre se aseguraba de que no fuéramos muy a menudo, porque no era justo abusar de su generosidad.

Esa tarde fuimos juntas al hospital. Mi madre recibió buenas noticias. El doctor le dijo que, debido a la positiva evolución de Luis, lo iban a desconectar de la máquina que lo mantenía inmóvil.

En seguida, tomé la mano de mi madre y le di unas palabras de aliento...

—Madre, te ves muy feliz.

—Sí, cariño. Hoy es el mejor día de mi vida, por fin me permitirán entrar a la habitación de tu hermano Luis.

La emoción brotó de ella como nunca antes.

—Han sido tres largos años y finalmente podré tenerlo en mis brazos nuevamente —expresó mi madre después de un suspiro.

En mi corazón sentí que aquel momento era agridulce. Fue un momento feliz, porque mi madre finalmente abrazaría a su hijo; no obstante, también fue desgarrador, pues durante los últimos tres años, mi madre sufrió mucho con su ausencia, sintiendo que no había podido ser una buena madre para él.

—Madre... —comencé a preguntar—. ¿Por qué ha estado en el hospital tanto tiempo?

Mi madre dejó escapar un largo suspiro, que no tenía idea que estaba conteniendo.

—¿Recuerdas cuando tu hermanito tenía bronquitis y fiebre

muy alta? —asentí afirmativamente—. Pues bien, estaba muy enfermo. Aquella noche, cuando llegamos al hospital, me dieron la terrible noticia: Luis tenía un pulmón roto, así que tuvieron que removerlo.

Al escuchar tal suceso, me avergoncé de mí misma al haberlo ignorado. Sabía que mi madre visitaba el hospital todos los días, pero no había ningún vínculo con la pérdida de mi hermano pequeño en nuestra casa. No murió, así que no fue como si lo perdiéramos por la muerte, pero sí perdimos su espíritu y, sin saberlo, me olvidé de él.

Mi madre continuó con su narración...

—Lo tuvieron que apartar de mí para que su recuperación fuera exitosa; su pulmón debía sanar lentamente. El médico dijo que no debía tener ningún contacto físico con él. No era recomendable que el bebé se apegara a nadie, especialmente a mí como madre, pues si el pequeño se movía, esto atrasaría su recuperación. Tu hermano podrá vivir con un solo pulmón, pero el otro tiene que sanar por sí mismo. ¿Comprendes, cariño?

Era demasiada información, con mucha carga emocional, para que yo la entendiera. Lo único que me preguntaba una y otra vez era: "*¿Cómo pude olvidarme de mi hermano pequeño?*".

Entonces, le contesté a mi madre:

—Creo que entiendo, es como cuando alguien se rompe las costillas, ¿verdad?

—Sí, cariño, algo así...

—Madre, ¿podré entrar a la habitación contigo? —propuse, pues quería estar segura de que ella no cambiara de opinión.

Después de una larga espera, nos llevaron a la habitación de mi hermano Luis. La enfermera lo levantó con mucho cuidado y lo puso en los brazos de mi madre; yo estaba completamente inmóvil en la esquina de la habitación. Perdí todo sentimiento en mi cuerpo, no podía moverme. Mi madre, con mucha cautela, tomó a su hijo en sus brazos; él lucía tan frágil y todo lo que podía pensar era en lo delgado y vulnerable que se veía. Mi madre le aplicaba crema a su cuerpecito, cubierto de llagas, por estar tanto tiempo en cama. Apenas podía hablar, mientras sus lágrimas caían sobre el frágil cuerpo.

Mientras mi madre le masajeaba las piernas, le preguntó a la enfermera:

—¿Va a volver a caminar?

La enfermera le entregó un pañuelo.

—Sí, Herminia, aprenderá a caminar de nuevo.

La enfermera abrazó a mi madre, pero su lenguaje corporal carecía de simpatía.

—Ya verás, en poco tiempo nadie impedirá que corra por toda la casa.

La enfermera le dio a mi madre un golpecito en el hombro, diciéndole:

—Estoy segura de que, con amor y paciencia, tu hijo volverá a caminar.

Mi madre estaba tan cautivada por la presencia de Luis, que olvidó que yo también estaba en la habitación. Me recordó cómo me olvidé de Luis todos estos años. Después de un buen rato, rompió el silencio.

—¿Qué haces en ese rincón? Acércate a tu hermano para que puedas tocarlo.

Con miedo de lastimarlo, caminé hacia su lado y besé sus delgadas piernas. Le sonreí y acaricié su cabello; sus hermosos ojos marrones no me miraban; le sonreí, pero él nunca lo hizo; lo besé de nuevo y rompí a llorar. Minutos más tarde, la enfermera regresó a la habitación y nos dijo que la visita había terminado, debíamos abandonar la habitación.

Mi madre rogó...

—¡¿Por favor, puedo pasar un poco más de tiempo con él?!

A lo que la enfermera respondió, sin vacilar.

—No, lo siento, Herminia. Además, te informo que un representante del departamento de facturación quiere hablar contigo.

Mi madre ignoró en ese momento a la enfermera.

—¿Puedo llevarlo a casa hoy? —preguntó mi madre.

—No sé, pero mis superiores pueden responder a sus preguntas. Acércate a las oficinas.

La enfermera se tornó antipática. Mi madre dejó cuidadosamente a mi hermanito en su cama, tomó mi mano y siguió a la enfermera. Caminamos por un pasillo muy largo y, en medio de su evidente angustia, ella apretaba mi mano con la suya, sin darse cuenta de que me lastimaba.

—Madre, me estás lastimando…

—Lo siento, cariño, no fue mi intención.

Me di cuenta de que mi madre tenía miedo; prácticamente podía ver las ruedas girando en su cabeza, mientras ella pensaba en las diversas formas de cómo podría pagar los tratamientos de mi hermano durante los últimos tres años.

—¿Vamos a llevar a mi hermano a casa hoy? —pregunté—. Si lo llevamos a casa, podríamos enseñarle a caminar.

Sin reconocer mi respuesta, se inclinó ante mí y me miró directamente a los ojos.

—Quiero que me hagas un favor: Dios siempre escucha a los niños buenos como tú. Quiero que le pidas a Dios que nos ayude a llevar a tu hermano a casa.

Mi madre estaba desesperada…

—Está bien, madre, lo haré —contesté, asentí y comencé a orar.

Al tocar la puerta de la oficina de facturación, una mujer nos dio la bienvenida y nos dijo que nos sentáramos. Ella me ofreció una galleta. Incapaz de comerla, sabiendo que algo no se sentía bien a mi alrededor, le agradecí su amable gesto y sostuve la galleta en mi mano. Si alguien más me hubiera ofrecido una galleta, cualquier otro día, me la hubiese comido en segundos. Sentía que las intenciones de esta mujer eran insensatas y su motivo era terminar esta reunión rápidamente, ya que solo éramos uno más de sus casos por resolver y no necesitaba perder tiempo con nosotros.

De alguna manera, sentí todas las emociones que mi madre albergaba en su interior. La mujer, de inmediato, tomó una carpeta con muchos papeles y la puso en las manos de mi madre. Mi mamá los miró y empezó a llorar.

—Comprenda, no dispongo de esa cantidad de dinero.

—Lo sé, Herminia. Entiendo. Por eso estoy aquí, para ayudarte.

Mi madre estaba muy asustada, sus manos temblaban, nunca la había visto así.

—Lo primero que quiero que entienda es que este es un hospital, no una organización benéfica; sin embargo, podemos resolver esto de muchas maneras —afirmó la funcionaria.

Mi madre era como una bomba de relojería justo antes de una explosión...

—No tienes que llorar y, por favor, no finjas que pensabas que era posible venir aquí con la intención de llevar a tu hijo a casa hoy.

La mujer se comportó como si mi madre estuviera actuando como víctima...

—Sin liquidar las cuentas, no puedes llevarlo a casa. Y lo sabes perfectamente. Mi sugerencia para ti, en este momento, es que hables con las *Damas Rosadas*, las monjas que trabajan en el hospital, ellas ayudan a las personas a resolver estos casos.

Una mirada de esperanza iluminó el rostro de mi madre. La mujer continuó hablando.

—Ve a la habitación 3B y pregunta por la madre Teresa, ella te ayudará. Te veré mañana a la misma hora.

—¿Entonces esto significa que no puedo llevar a Luis a casa hoy? —preguntó mi madre con insistencia.

El tono de voz de la mujer cambió. De una manera antipática, se dirigió a mi madre.

—Ya he tenido suficiente paciencia, Herminia. Ha tenido más de tres años para ahorrar dinero. Sabías que llegaría este día, así que hazme el favor de resolver la situación financiera con el hospital.

Sin palabras, las emociones de mi madre comenzaron a cambiar drásticamente hacia la ira... Por su parte, la funcionaria seguía siendo descortés.

—Le daré autorización para llevarse a su hijo, una vez que se saldes la cuenta. Hasta entonces, no tenemos nada que discutir. Ahora, si no le importa, me dirijo a una reunión —

sentenció y nos hizo un gesto para que saliéramos de su oficina.

Todavía con la galleta en la mano, pensé que lo mejor sería devolverla.

—Gracias… —dije, devolviéndole la galleta.

La mujer levantó sus lentes mientras me miraba confundida, al notar lo que hice.

Luego, mi madre y yo nos dirigimos a la habitación 3B, donde estaba la madre Teresa.

—Hola, Herminia. Quiero que sepas que estoy al tanto de tu situación y entiendo lo que estás pasando. Por esta razón, te vamos a solucionar tu problema. Sabemos que eres una mujer de Dios y quiero que sepas que un buen futuro le espera a tu hijo.

Mi madre escuchó a la madre Teresa como si sus palabras entraran por un oído y salieran por el otro. Ella sabía que era pura palabrería y que no había sinceridad en la religiosa.

—El problema es que a veces cerramos nuestros corazones y le prohibimos a Dios que nos ayude —continuó con su sermón…

Yo sabía que mi madre no escuchaba nada de lo que le decía la monja.

—¿Me estás escuchando, Herminia? Siento que no estás presente aquí, nosotras hemos tenido esta conversación antes.

—Madre Teresa, disculpe, quiero que me entienda mi posición como madre, mi situación económica no es la mejor. Quiero que trate de entender, de comprender mi angustia…

—Herminia, por favor, no pretenda nada, que esta no es la primera vez que hablamos sobre tal situación. Lo que tengo entendido es que tienes cinco hijos esperando por ti en casa. Si amas a este niño como dices, harás lo correcto por él, que es firmar los papeles y darlo en adopción.

Antes de ese momento, nunca antes había escuchado la palabra «adopción». No tenía ni idea de qué estaba hablando la madre Teresa.

—Hay una pareja interesada, agradable y que está muy bien económicamente. Es más, está dispuesta a pagar las cuentas médicas de Luis y cuidarlo como si fuera propio. Piensa por un momento: lo más probable es que este niño esté enfermo por el resto de su vida. ¿No crees que es mejor seguir adelante con la adopción?

La madre Teresa continuaba hablándole a mi madre como si ella careciera de conocimientos básicos y no comprendiera lo que se estaba discutiendo.

—En lugar de hacer un gran escándalo al respecto, firme los papeles y todos seguiremos adelante —ratificó la religiosa con determinación.

Mi madre exhaló una vez más, como si la respiración le llegara como gotas de agua a un sediento en el desierto.

—Está bien. ¿Podría, por favor, darme una semana más con él? Luego, firmaré los papeles que ustedes quieren.

Si realmente conocías a mi madre, sabías que ella tenía un plan en mente. No iba a darse por vencida tan fácilmente hasta que probara todas las opciones que eran físicamente posibles. Siguió actuando como si estuviera derrotada y hubiera perdido toda esperanza.

—¡Perdón, Herminia, tuviste tres años! —profirió la madre Teresa.

—Vine aquí porque pensé que usted me podría ayudar realmente —apeló mi madre.

—Te estoy ayudando, simplemente no lo ves… —explicó la madre Teresa.

—¿Hay alguna manera de que pueda trabajar en el hospital de forma gratuita? ¡Haré cualquier cosa! —rogó mi madre—. Puedo venir por la noche después de alimentar a los niños. ¡Por favor, ayúdame, quiero quedarme con mi bebé!

Podías escuchar el dolor, que se convertía en el tono de su voz desesperada ante tanto infortunio de nuestras vidas.

—Herminia —dijo con beneplácito—, aunque trabajaras aquí durante veinte años, no reunirás el dinero suficiente para pagar la cuenta. Su hijo estará en muy buenas manos. Ve a casa, cuida a tus otros hijos y, cuando estés lista para firmar los papeles, te estaremos esperando. Solo recuerda que ya no tienes mucho tiempo... —sentenció y despidió a mi madre tal como lo hizo la mujer de la oficina de facturación.

Mi madre se puso de pie y, con toda la dignidad del mundo, expresó:

—Gracias por permitirme sostener al bebé en mis brazos...

El nivel de sarcasmo y orgullo que emanaba de mi madre era increíble. Incluso, en las peores situaciones, mi madre encontró una manera de ejercer su dominio y mantener un nivel de respeto y dignidad como todo gran gladiador que se pone tan firme como el árbol que da buena sombra.

CAPÍTULO 5

Después del encuentro con la directora del hospital, mi madre estaba actuando de manera muy extraña. La funcionaria había dado instrucciones muy claras: mi madre no podía regresar al hospital, a menos que mi madre firmara los papeles de adopción. Aquel fin de semana, tomó una bolsa de la lavandería y empezó a colocar nuestra ropa en ella. Me quedé mirándola con total sorpresa e incredulidad.

—Tenemos que movernos rápido —susurró a mi oído...

Mi confusión creció.

—¿Estamos huyendo de nuevo? —pregunté.

Ella gritó con frustración.

—¡¡¡No me hagas preguntas ahora, por favor!!! ¡Estoy harta de que me hagas preguntas!

El miedo se apoderó de mí como cubo de hielo que recorre la espalda. Su tono de voz era contundente...

—Ven aquí y ayúdame, date prisa. Tenemos que movernos rápido. Va a oscurecer pronto. Sostén la mano de tu hermana, sin preguntas.

Sin pronunciar palabra, la obedecí y me moví lo más rápido que pude. Después, nos entregó a Sandra y a mí una bolsa de ropa, esta era pesada, pero permanecí en silencio porque sabía que no era un buen momento para quejarse.

Posteriormente, tomamos el autobús, rumbo directo al pueblo. Luego de bajarnos en la parada, caminamos hacia el parque central, cerca del hospital. Al mismo tiempo, oscurecía y hacía frío. Mi madre me dejó en la silla del viejo parque, con Sandra, tres bolsas de ropa y me pidió que la esperara y no hablara con extraños.

Mi mirada fue cautivada por el reloj de la iglesia, las manecillas cambiaban de un momento a otro, pese a que se viera que el tiempo transcurría lento. La hora había cambiado tres veces desde que mi madre nos había dejado allí:

"¿Dónde estará mi madre?", pensé dentro de mí. Sandra comenzó a llorar y yo estaba asustada. La mirada solitaria de la oscuridad alimentó mis miedos y, cuando Sandra comenzó a llorar, me sentí aún más impotente y no tenía idea de lo que debía hacer en ese instante. De repente, un hombre se nos acercó. Llevaba sombrero, ruana y anteojos, tenía un bigote espeso que le asomaba sobre el labio.

—Hola —nos dijo.

—Por favor, vete. No hablo con extraños. Mi madre regresará pronto —respondí de inmediato.

—¿Extraños? —escuché una carcajada enorme que reconocí al instante—. En seguida, se quitó el bigote y allí estaba ella... —¿Madre? —pregunté.

Inmediatamente, se arrodilló frente a mí.

—Estoy tan orgullosa de ti, cariño. Eres una buena niña. Ahora, ¡levántate, vamos!

Tenemos que tomar el próximo autobús. Ya no estamos seguros aquí.

No podía entender por qué mi madre pensaba eso. Sostenía la mano de Sandra, cuando de repente escuché una leve tos. Era mi hermano pequeño Luis, quien estaba debajo de la ruana de mi madre. ¡Yo no lo podía creer, era mi hermano!

Por fin estábamos todos juntos.

—Ahora..., ¿vamos a recoger a Julio?

Mi madre me observó con una mirada profunda, dulce, que

destellaba sus bellos ojos; en seguida, acarició mi rostro y murmuró.

—No más preguntas.

Sus labios mostraban una pequeña sonrisa que me decía que ya no estaba enfadada. Después de una caminata, finalmente llegamos a la parada de transporte. Los cuatro subimos al autobús, me sentí aliviada tan pronto pudimos sentarnos. Mi hermana y yo comenzamos a jugar con las manos de nuestro hermanito, pero todavía ese pequeñín no sonreía.

—Acomódense bien, este viaje va a ser largo, así que tratemos de dormir un poco —comentó mi madre.

Traté de conciliar el sueño, pero para mí era imposible, estaba demasiado emocionada, todo lo que había querido durante tanto tiempo ahora se hacía realidad: nos íbamos lejos de este lugar. Yo no tenía idea hacia dónde nos deparaba el destino. Y aunque no estaba segura de nuestro futuro, estaba feliz con la idea de dejar el pueblo. Mientras el camino se oscurecía cada vez más, no tenía miedo, ya que mi felicidad anuló toda la oscuridad del ocaso que se colaba a través de la ventana donde me encontraba sentada junto a mi madre.

—¿A donde nos dirigimos hay aviones? —pregunté a mi madre.

—Sí, cariño —respondió.

Fue justo allí cuando empecé a planificar mi futuro. Primero, tenía que encontrar un trabajo para ganar mucho dinero. Esto me permitiría comprar una hermosa casa para mi madre, con una nevera llena de comida, donde todos fuesen bienvenidos. A medida que me imaginaba mi nueva casa, sentía mucho ruido en el estómago, tenía hambre, llevábamos varias horas de camino.

Mi madre, con gran ternura, nos abrazó y besó a todos, como si ese gesto de afecto nos sellara en una burbuja de amor, que ni los obstáculos más fuertes podrían romper. A su vez, por la ventana abierta del autobús, disfrutaba el aire frío en mi cara. Mis pensamientos comenzaron a moverse tan rápido como el vehículo.

Tenía muchas ganas de volver a tener un hogar, volver a la

escuela y tener la oportunidad de ir a la universidad. Sabía que quería ser abogada. Siempre pensé que iba a ser yo quien defendería a aquellos que no habían tenido el apoyo de nadie y definitivamente los malos irían a prisión de por vida.

Mi madre me llamó la atención cuando saqué mi brazo por la ventana.

—¡Suficiente, cerraré la ventana, puedes lastimar tu brazo!

De inmediato, recordé la última vez que fui a la casa del tío Miguel. Estaba parada en la puerta del restaurante, mi prima cerró la reja muy fuerte y me rompió mi brazo. ¡Fue muy doloroso! Cuando mi madre se enteró de lo sucedido, se puso furiosa por haber desobedecido sus órdenes.

—¡Te dije que NO te acercaras a ellos!

Al enterarse de todo, mi madre decidió ir a la casa del tío Miguel y hacer una escena bastante desagradable...

—¡Sal, maldita! ¡Ven y hazme daño a mí, que puedo defenderme, pero no a mi hija! ¡¡¡La próxima vez que te atrevas a tocar a uno de mis hijos, así sea un solo cabello, yo misma te mataré con mis propias manos!!! —sentenció mi madre.

Gracias a Dios la puerta estaba cerrada, porque de lo contrario, no tengo duda de que mi madre hubiera hecho algo drástico y funesto.

De igual manera, mi tía gritó desde el interior de su casa:

—Herminia, fue un accidente...

Tal respuesta colmó más el coraje de mi madre.

—¡Ja! ¿Un accidente? ¿Llamas a esto un accidente? —gritó mi madre como una leona que defiende a sus crías—. Ustedes son despreciables. ¿Cerraste la puerta en el brazo de mi hija porque quería ver televisión y dices que fue un accidente? ¿Dónde está mi hermano? ¡Oh, lo olvidaba! Es un cobarde, porque solo un inútil permitiría que algo así sucediera en su propia casa y aún más con sus propios familiares —concluyó mi madre con mucha rabia.

Se podía escuchar el dolor e impotencia en su voz. Mi madre estaba desilusionada ante la ignorancia de las acciones de su hermano y sus familiares; estaba tan molesta ese día, que se le olvidó el dolor en el que yo me encontraba.

Desde adentro de la casa, la esposa de mi tío respondió…

—¡No llames cobarde a mi esposo, pedazo de mierda! ¡Puta! ¡Bien sabes que nadie desea tu presencia en este lugar! ¿Por qué no te vas de este pueblo y nos dejas en paz?

—¡No es nuestra culpa que tu esposo ya no te quiera!

Mi madre estaba iracundamente furiosa. Mientras tanto, yo solo pensaba en lo mucho que me dolía mi brazo. Sentía tanto dolor, que a la vez tenía miedo de quejarme, pues al decirle a mi madre, me rompería el otro brazo como castigo por haberme acercado a la casa del tío Miguel.

—Me siento mal por ti. Tu lengua es afilada como una flecha llena de veneno —manifestó mi madre con un tono de voz de aborrecimiento—. Recuerda, tú también tienes hijos y a Dios no le gustan las injusticias. Nunca olvidaré el dolor que le causaste a mis hijos todo este tiempo —advirtió mi madre.

Posteriormente, con firmeza, me tomó de la otra mano y me llevó al hospital. Estando allí, nos enteramos de que tenía el brazo roto y hubo que enyesar. Me gustó tener un yeso, pues este servía de lienzo para mi imaginación, dibujando aviones en él, siempre con la esperanza de que algún día pudiera volar en uno de ellos.

Entonces, la fuerte brisa me golpeó en la cara y me devolvió a la realidad. Se me revolvió el estómago de arriba hacia abajo y no me sentía bien.

—¿Madre? —llamé, pero era demasiado tarde. Vomité por todo el asiento. Yo estaba temblando. La gente del autobús no estaba nada contenta con nosotros. Mi madre me limpió lo mejor que pudo. Acariciando mi cabeza, me dijo:

—Deja de mirar por la ventana y cierra los ojos, trata de dormir. Llegaremos pronto.

—¿A dónde vamos?

—Duitama.

No tenía ni idea dónde se encontraba ese lugar. Todo lo que sabía era que por fin nos habíamos ido del pueblo.

—¿Ese lugar es bonito? —pregunté con curiosidad.

—Muy bonito.

Minutos más tarde, comencé a quedarme dormida, no sé por cuánto tiempo, porque solo recuerdo cuando mi madre acarició mi cabeza y me despertó. Luego, todos nos bajamos del autobús. Sandra y yo nos sentamos encima de las bolsas de ropa. Mi madre nunca se apartó de Luis, lo sostuvo muy cerca de ella, como si tuviera miedo de perderlo de nuevo.

Llegamos a Duitama, aún era muy temprano. Mi madre caminó hacia la cabina del teléfono público, trató de hacer una llamada. A lo lejos, yo la observaba, ella insistió varias veces, sin ningún éxito a que le contestaran. Después, volvió a nosotros con una mirada de preocupación en su rostro, nos pidió que la esperáramos hasta su regreso. Tiempo después, nos trajo pan y refrescos, llevábamos muchas horas sin comer. El pan olía a cielo, estaba fresco y reconfortante. Luego de darnos de comer, volvió al teléfono, insistió nuevamente en hacer la llamada, pero nadie le contestó. A su regreso, se sentó a mi lado. Mi madre estaba vulnerable, ella me abrazó con tanta fuerza que podía percibir nuevamente su angustia y, mientras sollozaba con eminente desconsuelo, hablaba.

—Espero que puedan perdonarme por lo que les estoy haciendo pasar.

Al escucharla, mi corazón se desplomó de tristeza.

—Por favor, madre, no llores. No has hecho nada malo, eres la madre más buena del mundo —la abracé con fuerza y le pregunté—: ¿a quién estás llamando?

—A Lastenia, mi amiga, pero no contesta, parece que aún es muy temprano.

Mi madre y yo nos tomamos de la mano. Hacía tanto frío que el único calor que sentí fue el de ella agarrando mis dedos. Estaba asustada y nerviosa. Con angustia, caminamos juntas nuevamente hacia el teléfono público, esperando que con suerte su amiga contestara el llamado. Finalmente, pudo ponerse en contacto con su amiga, sacó un pedazo de papel y escribió una dirección. Al terminar la llamada, mi madre,

Sandra, Luis y yo tomamos nuevamente el autobús para llegar a nuestro destino final: una casa en medio de la nada, sin ventanas y con el piso sin terminar. Evidentemente, la casa todavía estaba en construcción. Con sorpresa, encontramos una vaca dentro de la vivienda, como si esto fuera normal. Mi madre sacó al animal y limpió la casa con el objetivo de mejorar su aspecto.

La noche de nuestra llegada no trajo más que miseria. A la mañana siguiente, todo estaba empapado de agua debido a la lluvia incesante que caía.

—Madre, ¿cómo vamos a vivir aquí?

—Estamos juntos y eso es lo importante. Mucha gente tiene menos que nosotros, así que sean agradecidos.

Preferí permanecer en silencio, no podía comprender cómo alguien podía tener menos que nosotros.

Al siguiente día, llegó la amiga de mi madre, la señora Lastenia; ella nos trajo muchas cosas: ollas, sartenes, comida y frazadas; no teníamos nada en ese momento, así que todo fue de gran ayuda.

Lastenia era una persona agradable, pero no podía dejar de mirarla. Su pelo negro y sus ojos grises con aire misterioso me asustaban, mi madre nos dijo con anterioridad que su amiga era una buena persona, por lo que me sentí horrible por juzgarla. Sus acciones e intenciones hacia mí y mi familia fueron generosas y, sin embargo, no pude abrazarla, porque su aspecto me inspiraba miedo.

Después de un rato, mi madre me pidió que me retirara, así que me desplacé al interior de la casa junto con mis hermanitos mientras mi madre y Lastenia fumaban cigarrillos. Sabía que mi madre no quería que escuchara su conversación, pero por supuesto, tenía curiosidad por escuchar.

—Te pagaré el arriendo de tu casa, lavando y planchando —propuso mi madre a su amiga.

Lastenia estuvo de acuerdo.

—Está bien, creo que es justo. Solo quiero que sepas que este arreglo solo puede ser por un corto tiempo.

—Lo sé, amiga. Tan pronto encuentre un trabajo, nos iremos. No causaremos ningún problema. Lo prometo.

—¿Estás segura de que la policía no te está buscando?

La desesperación salió de los labios de mi madre, la conversación se tornó inquisitiva.

—Probablemente lo estén..., por eso estamos aquí, para que no me encuentren —respondió mi madre con sarcasmo—. No le robé nada a nadie, Luis es mi hijo. No tuve elección, no me dieron a elegir. Si tú también vas a juzgarme, me llevaré a mis hijos y me iré ahora mismo. Si de algo estoy segura en esta vida es que yo no le regalo mis hijos a nadie —concluyó.

—Herminia, yo no soy tu enemiga; por favor, no grites, vas a asustar a tus hijos. Cálmate. Claro que puedes quedarte aquí, mira a tu alrededor, este tampoco es un buen lugar seguro para tus hijos. Entiéndeme.

Luego, mi madre rompió en llanto, contando a su amiga en detalle lo que había pasado en el hospital.

—Estoy muy preocupada por ti, Herminia. Entiendo por todo lo que has pasado —consoló Lastenia, como quien alienta con delicadeza un corazón afligido.

Mi madre tan solo asintió y siguió escuchando las palabras de su amiga.

—Solo ten cuidado, ya no estás en los campos de donde viniste. No es fácil encontrar empleo en esta ciudad. Por ahora, toma, te anoté las direcciones de tres de mis amigas, ellas necesitan ayuda para limpiar sus casas, te esperan mañana, solo diles que vas de mi parte.

—¡Gracias! Estaremos bien. ¡Mil gracias por lo que estás haciendo por mí en estos momentos!

—¿Quién va a cuidar a los niños? —indagó Lastenia con sensibilidad.

—Mi hija, Esperanza —respondió con serenidad—. Ella es lo suficientemente responsable como para cuidarlos —corroboró.

—¿No van a ir a la escuela? —indagó Lastenia con asombro.

El tono de mi madre cambió...

—¿Tienes alguna otra pregunta para mí? —respondió con malicia, evitando la pregunta anterior de Lastenia.

—Herminia, este no es el pueblo del que vienes. Aquí hay gente malvada. Por favor, tenga cuidado.

Mi madre respiraba con dificultad, como si no pudiera esperar a que Lastenia terminara de hablar. Luego, extendió los brazos para abrazar a Lastenia y terminar la conversación. En seguida, se despidieron de beso en la mejilla y su amiga partió de nuevo.

—No te preocupes, mañana estaré temprano en tu casa para limpiar —reiteró mi madre una vez más, tratando de terminar la conversación en buenos términos.

Después de que su amiga se fue, mi madre en poco tiempo logró hacer que el lugar pareciera acogedor para de una vez por todas preparar comida decente para todos.

Fue bueno saber que teníamos un techo sobre nuestras cabezas y una comida caliente en nuestros estómagos, incluso si era solo temporal.

De esta manera pasamos el primer mes, lejos del pueblo, hasta esa tarde donde mi madre nos sorprendió cuando cruzó el umbral de la puerta donde vivíamos con Julio. Estaba tan feliz cuando lo vi, que mis ojos brillaron de alegría. Mi madre se sintió a gusto al ver a sus hijos bajo un mismo techo. Julio nos trajo pan y mi mamá no dudó en preparar una taza de café. Luego, empezó a contarle a Julio la pequeña aventura que tuvo que vivir para traer a nuestro hermanito Luis a casa.

"Ahora estamos juntos de nuevo", pensé; no se me vino nada más a la cabeza. Julio le preguntó a mi madre:

—El tío Abraham quiere saber dónde vives. ¿Está bien si le digo dónde encontrarte?

—Sí —respondió alegremente—. Me encantaría verlo —complementó.

El tío Abraham y mi madre eran los hermanos menores, de ahí su vínculo tan fuerte entre ellos, nunca los vi pelear, siempre tuvieron una relación amorosa y respetuosa. Abraham trabajaba como conductor de un camión de combustible de gasolina sin plomo, viajaba a varias ciudades dentro de la capital. Sus viajes le tomaban a veces tres o cuatro semanas, antes de que pudiera regresar a casa, pero cada vez que llegaba de sus viajes, tenía como prioridad ver a mi madre. El tío Abraham siempre nos traía comida y le dejaba dinero a mi madre para ayudarnos, todos lo amábamos, él era el tío más guapo. Su atractiva apariencia física se asemejaba a la de un modelo, las mujeres le admiraban mucho.

Mientras tanto, Julio tuvo que regresar al trabajo, pero nos prometió que nos visitaría con más frecuencia. Mi madre me abrazó con fuerza, anticipando mis sentimientos de angustia por la partida de mi hermano.

Ya habían pasado varios meses y mi madre todavía no podía encontrar trabajo de tiempo completo, así que siguió lavando y planchando ropa para gente rica de la zona; el dinero que ganaba no era suficiente, solo sobrevivíamos día a día.

Obedeciendo las órdenes de mi madre, yo cuidaba de Luis y Sandra, imaginándome siempre si alguna vez tendría la oportunidad de volver a la escuela. Tenía miedo de preguntarle, porque ya sabía la respuesta de antemano. Si hubiera tenido la oportunidad de volver a la escuela, mi madre sin duda lo habría hecho, ella más que nadie sabía cuánto amaba estudiar.

Por el momento, tenía que ocupar el lugar de Joaquín: cuidar de mis hermanos menores; sin quererlo, estaba en la misma situación que él estuvo años atrás.

Cada vez que Julio venía de visita se quejaba de las humillaciones que tenía que soportar por parte de nuestros familiares y compañeros de trabajo: le exigían más de lo que él podía dar; cuando nos visitaba, se desahogaba y le contaba todo a mi madre.

—Sé que no es fácil, pero recuerda que tienes comida y un techo sobre tu cabeza. Siempre agradece a Dios por lo que tienes y, sobre todo, trabaja duro por lo que sí quieres —reflexionó mi madre con su hijo.

Julio estuvo de acuerdo con mi madre, pero yo no podría estar más en desacuerdo. Mi madre continuó...

—Siempre habrá alguien por ahí que tenga más necesidad que nosotros. Ten un poco más de paciencia, vendrán tiempos mejores. Si Dios nos da lo que tenemos hoy, entonces es todo lo que necesitamos para sobrevivir. Deben fijarse metas y luchar por ellas.

Mi madre siempre se aseguró de que nunca nos victimizáramos ante las adversidades de la vida. Yo, sentada en la esquina de la casa, escuchaba atentamente su discurso. Al tiempo, se me venían muchos interrogantes en mi mente: *¿Cómo hacía mi madre para ver todo bien a su alrededor, cuando cada día que pasaba era más difícil que el anterior?*

Aquella semana en particular, las lluvias fueron tan fuertes que ningún lugar de la casa estaba seco, la casa aún no tenía ventanas, todo estaba empapado, las cajas de cartón, que alguna vez usábamos como protección, se habían desintegrado cuando el agua las saturó. Una vez más mi mente se desvió a pensar cómo mi madre podía mantenerse tan positiva, mientras todo para mí estaba lejos de lo normal, simplemente no podía comprender por qué nosotros teníamos que vivir de esta manera. Ante tal panorama, me atreví a hablar.

—¿En serio, madre? ¿Tú crees que tu Dios nos da lo que necesitamos?

Hablé con sarcasmo y frustración, buscaba descargar mis emociones amargas con mi madre. Ella se acercó a mí, llena de determinación.

—¡No sé! ¿De qué te quejas, mi niña hermosa? ¡Eres una atrevida! ¿Y tienes la osadía de cuestionar a Dios?

En realidad, esperaba que mi madre encontrara algo para golpearme. Para mi sorpresa, habló con mucha calma.

—¡Muy bien! Noto que estás molesta y no estás conforme, eso es bueno; te recomiendo que uses el enojo que tienes hacia Dios para hacer una diferencia en ti. Tal vez hacer algo positivo con tu vida. ¿No crees?

En ese instante, ella me golpeó con sus sabias palabras y continuó.

—Mírate, te quejas como una víctima. ¿Por qué no trabajas en tus objetivos, si tienes alguno? Porque tú eres la única persona que puede cambiar las cosas que no te gustan. ¡Esfuérzate más! Te aseguro que quejarse y victimizarse no es un buen comienzo.

Las palabras de mi madre fueron notables y se convirtieron en la brújula que me ha orientado siempre hacia el norte de mi vida. En su momento, sus palabras me lastimaron, porque afectaron mi susceptibilidad; sin embargo, causaron un gran impacto positivo en mí. A pesar de lo dura que había sido, me dieron el coraje que necesitaba para fijar mis propias metas y luchar por ellas. Al mismo tiempo, su discurso me generó varios interrogantes: ¿cuánto más positiva podría ser? ¿De qué manera debía ver las oportunidades ocultas bajo tantas adversidades? No hallé respuestas, pero sus palabras siempre resonaban en mi cabeza, especialmente en momentos donde quería desfallecer, pues fueron mi fuerza para nunca darme por vencida. Las piedras en mi camino me impedían avanzar a la velocidad que yo quería y las encontraba muy pesadas para removerlas yo sola.

Con el pasar de los meses, se nos hacía costumbre permanecer en ese lugar y yo seguía cuidando a Sandra y Luis. Mi hermanito aún no podía caminar, así que Sandra y yo le ayudamos con la terapia diaria: envolvimos su delgado cuerpo con una manta para poder sostenerlo y que él pudiese por sí solo mantener el equilibrio sobre sus piernas, mientras Sandra y yo llevábamos su peso a través del corredor de la casa. A mi madre se le ocurrió esta idea, porque Luis era demasiado frágil para sostenerse por sí mismo. Esta terapia la hicimos dos veces al día. De esta forma, volvió a caminar sin que nadie lo sostuviera. Aquel día le dimos la sorpresa a mi madre. Cuando llegó a casa, le dijimos que cerrara los ojos, que una gran sorpresa aguardaba por ella. Llamamos a Luis. Cuando ella abrió los ojos, lo agarró antes de que pudiera caminar más, mientras las lágrimas de felicidad brotaban de sus ojos llenos de sorpresa y encanto al ver a Luis dar sus primeros pasos.

CAPÍTULO 6

Mi madre se levantó más temprano que de costumbre, ese día fue a casa de Lastenia a lavar y planchar; ella acostumbraba a limpiar la casa de Socorro, su sobrina, que también vivía en Duitama. Socorro le regalaba ropa y zapatos usados de sus hijos. Mi madre siempre tuvo una actitud agradecida con su sobrina. A su vez, llegaba exhausta a casa trayendo a sus espaldas ropa y comida para nosotros. Después de un largo día de trabajo, yo no sabía cómo ayudarla, solía masajear sus pies y ponerlos en agua caliente para aliviar un poco su cansancio.

Durante septiembre, tuvimos tormentas muy fuertes, llovía a diario, el agua arruinó todo en casa, era casi imposible seguir viviendo en ese lugar.

—Creo que tenemos que irnos de aquí —le dije a mi madre.

—Lo sé, cariño, es horrible; hoy iré a ver a mi amiga Carmen, quedó de ayudarme con un nuevo trabajo.

Al escuchar a mi madre, me alegré mucho por ella, ya que hacía casi un año que no tenía un trabajo estable.

—Carmen me dijo que ese trabajo sería una buena oportunidad para mí.

Con su afirmación, ella me dio esperanza, esa que yo atesoraba en el fondo de mi corazón, de poder irnos a un lugar mejor.

Por lo general, yo, intuitivamente, cuando algo malo está a punto de suceder, tengo presentimientos que me hacen sentir presión en el pecho. Esto me pasó con frecuencia. Debido a esto, una vez mi madre me llevó a donde un sacerdote para que me pusiera agua bendita en la cabeza. El religioso aseguró que algo andaba mal conmigo, pero yo sabía que no era verdad. Aunque siendo sincera, admito que en ocasiones sentía como una sensación de ardor debajo de mi piel, que luego comenzaba en el centro de mi estómago enviando inmediatamente un mensaje instantáneo a mi cerebro de que algo iba a suceder. También pasaba en mis sueños, pero nada de esto significaba que tuviera una enfermedad incurable. Debido a mi experiencia con el sacerdote, preferí no volver a hablar de este asunto con mi madre, pues sabía que, si le contaba de mis sueños, ella me llevaría de regreso a la iglesia y el sacerdote me pondría agua bendita sobre mi cabeza una vez más y rezaría por mí una y otra vez... Yo no sentía que fuera necesario, por eso preferí ocultarlo; además, no quería que mi madre se preocupara por mí, pero realmente los sueños se habían vuelto tan frecuentes que comencé a cuestionarme si en verdad algo andaba mal conmigo. Asimismo, me despertaba con dolores en el cuerpo y un mal presentimiento que evitaba que descansara en mi sueño. Es más, incluso soñé que un hombre vendría a casa y me alejaría de mi familia.

Los domingos íbamos a la iglesia como de costumbre. Mientras tanto, yo no encontraba la manera de decirle a mi madre que no quería volver a ir. A ella le encantaba cuando yo cantaba en el coro, pero el sacerdote me hacía sentir muy mal: cuando me tocaba de una manera inadecuada, siempre me pedía a mí que me parara cerca del piano donde él tocaba; realmente amaba cantar en el coro, pero odiaba la forma en que el sacerdote me frotaba la parte posterior de los muslos, las nalgas y la cintura. Yo sabía que estaba mal y él también era consciente de ello, pero nadie más lo vio. Me sentía muy incómoda y no sabía cómo decírselo a mi madre. Por esa razón, no quería volver a cantar en coro de la iglesia. Ese preciso domingo, para mi sorpresa, no fuimos a la iglesia, porque mi madre estaba esperando a alguien en la puerta.

Un hombre y su mula tiraban de su carruaje de madera, se acercaban lentamente a la casa. *"Es el hombre de mis sueños, pensé"*. De inmediato, mi madre comenzó a colocar nuestras cosas en el carruaje. Después, todos subimos en él. El hombre empezó a tirar de la mula, dejando así atrás el lugar donde habíamos vivido por más de un año. Más adelante, me sentía muy incómoda, ya no quería quedarme arriba del carruaje, así que decidí saltar.

—¿Qué estás haciendo? —cuestionó mi madre en tono de reclamo.

—Le estamos haciendo daño a la mula. ¿No crees que es demasiado pesado para ese pobre animal? —le expresé a mi madre.

El dueño de la mula se rio con frialdad.

—Mi mula puede llevar diez veces más que eso, jovencita.

El hombre no entendió mi razonamiento, pero mi madre, sí. Al instante, ella también se bajó del carruaje y caminó junto a mí y la pobre mula. Fue una caminata bastante larga, mi madre aún me miraba y de alguna manera sonreía.

—¿Estás segura de que no quieres ir encima de la mula?

En verdad me dolían los pies, pero me mantuve firme a mí misma y a mi creencia de no lastimar a un caballo más pobre.

Y bien, de esta forma estábamos otra vez viajando con mi familia sin saber a dónde nos dirigíamos, como errantes de la vida o por suerte del destino. Sin embargo, estaba feliz, principalmente porque no tenía que volver a aquella iglesia, dejando así atrás la mala experiencia con el sacerdote.

Cuando llegamos a nuestro destino, lo primero que vi fue una puerta de garaje verde. Después de pagarle la renta a nuestro nuevo casero, supuse que este lugar iba a ser nuestro nuevo hogar.

Mi madre estaba muy callada y yo sabía lo que significaba: estaba preocupada o enojada por algo; lo que fuese, era mejor —para mí— no hacer preguntas. Desempacamos nuestras pertenencias, que no eran muchas después del daño causado por la lluvia. Mi madre nos dio de comer leche y pan, rezamos y nos fuimos a dormir.

Al día siguiente, nos levantamos temprano, mi madre se fue a trabajar y yo debía cuidar a Sandra y a Luis, como de costumbre. Estaba frustrada y sentí que no había salida. Por primera vez pensé en mi hermano Joaquín. Así que, sin querer, empecé a empatizar con él, porque finalmente logré entender por qué llegó a estar tan enojado y resentido con nosotros. Tener que cuidarnos a una edad temprana nos obligó a él y a mí a olvidarnos de nosotros mismos y de todo lo que queríamos lograr en nuestras propias vidas, con la diferencia de que yo sí quería estudiar.

Mi madre nos hacía pensar en lo que queríamos cambiar en nuestras vidas, que era importante fijarnos metas, pero me preguntaba muchas veces: en mis circunstancias, ¿era acaso posible pensar en algo semejante? Quería ayudar, pero no sabía cómo; miraba a mi alrededor y pensaba: *"Este lugar no está tan mal, por lo menos tiene ventanas y una puerta"*. Yo era demasiado joven para encontrar un trabajo, por el momento solo podía cuidar a mis hermanos menores y esperar por el regreso de mi madre a casa. De repente, alguien llamó a la puerta y se presentó como Martha. La mujer nos trajo comida y nos dijo:

—Soy la niñera de la casa donde trabaja tu madre. Ella me contó la situación en la que se encontraban por motivos de la lluvia, así que hablé con mi tía y ella les dejó quedarse aquí solo por un tiempo. Si necesitan algo, déjenme saber. Tu madre es una muy buena persona. Si puedo ayudarles, lo haré con gusto.

—¡Gracias! —le dije antes de que se marchara.

Cada vez que nos mudábamos de un lugar a otro, tenía sueños. Algunos eran hermosos, mientras que otros, horribles. De cualquier manera, todos se hicieron realidad. Como todavía no teníamos televisión, escuchaba música en una pequeña radio negra, donde mi madre se enteraba de las noticias de las mañanas.

Tenía tanto tiempo libre que me la pasaba pensando en cada cosa que decía mi madre: *"Todo individuo tiene un propósito en la vida"*. Todavía me cuestionaba mi propósito. Lo único en lo que podía pensar era en lo mucho que deseaba regresar a la escuela y cada vez lo veía más imposible.

Mi infancia llegaba a su fin y aún recuerdo el momento en que mi cuerpo experimentó un cambio. Ese día fue uno de los peores días en mi vida. Estaba aterrorizada porque no sabía lo que estaba pasando conmigo. En mi mente ingenua sentía como si estuviera sangrando por todas partes, la sangre corría por mis piernas, me limpiaba, pero volvía a salir, mojando toda mi ropa interior. ¡Me asusté tanto!, pensé que iba a morir. Entonces, decidí que sería mejor si me quedaba quieta en el baño. Pensé que, si no me movía, viviría más tiempo y evitaría desangrarme. Después de un buen rato, escuché la voz de mi madre —afuera en el baño—. Yo estaba desesperada.

—¡Hija, abre la puerta! —golpeó con firmeza—. Comencé a llorar histéricamente. Mi madre entró al baño y notó que estaba temblando. Cuando se dio cuenta de lo que estaba pasando, se sintió más tranquila.

—No te preocupes, cariño, acabas de tener tu primer período...

No entendía nada. Ella me explicó en muy pocas palabras lo que me estaba ocurriendo. Lo que nunca imaginé fue que mi período cambiaría mi vida de una manera tan drástica: no solo mi cuerpo empezó a tener más cambios, si no que mi madre ya no era la misma conmigo, se volvió extremadamente dura y estricta; yo estaba muy triste, siempre me porté bien, jamás le di problemas, no podía entender por qué mi madre actuaba de una forma tan dura e injusta conmigo. Cuando ella se iba a trabajar, me quedaba sentada, afuera, llorando durante horas, creo que esos sentimientos se debieron —en parte— al cambio de mis hormonas, pero lo que más me dolía era la indiferencia de mi madre hacia mí. Ella ya no era cariñosa y amable como antes, su comportamiento solo me hizo sentir más miserable que nunca. Una tarde, mi madre me encontró llorando, se sentó a mi lado y sorprendentemente me dijo:

—Sé que he sido muy dura contigo últimamente...

—¿Hice algo mal, madre? —pregunté—. Quiero saber por qué estás tan molesta conmigo —insistí.

—Cariño, no has hecho nada malo, sucede que ahora eres una mujer..., esto te pone en una situación muy peligrosa...

Sus palabras me aterrorizaban a medida que pasaban los segundos.

—Es decir, hija, significa que si te acercas a un hombre y dejas que te toque, no podrás evitar que tenga sexo contigo. Si te toca, no se detendrá y quedarás embarazada. Los chicos de tu edad son un peligro para ti, las hormonas los tienen actuando como locos. Los jovencitos son animales. Tú nunca puedes confiar en ninguno de ellos y, si lo haces, saldrás lastimada.

No podía entender por qué mi madre hablaba de esa manera, yo no recuerdo haber pensado siquiera hablar con uno de ellos.

—Tenlo muy presente: si pasa algo, tú serás la única responsable. Toma esto como una advertencia.

¿Acaso mi madre trataba de protegerme de su pasado?

—Ten cuidado. Lo único que puedo decirte es que cualquier señal que les des la tomarán por el camino equivocado. Así que mi sugerencia es que te mantengas alejada de ellos.

No dije una sola palabra, no hice una sola pregunta, solo sé que estaba tan aterrorizada de tener mi período cada mes. Llegué a pensar que cualquier niño u hombre cerca de mí podría captar el olor de mi sangre. Por eso, cuando tenía mi período, caminaba rápidamente para pasar inadvertida frente a ellos.

Después de la conversación con mi madre, pensé que habría algunos cambios en nuestra relación. Tenía muchas esperanzas de que las cosas volvieran a ser como eran antes de que me desarrollara, pero no fue así. Me costaba entender por qué a veces mi madre era amable y otras veces era muy injusta conmigo: cociné, limpié y cuidé a mis hermanitos, pero nada parecía complacerla, sentía que siempre estaba enfadada conmigo, sin una razón justificable.

De repente, mis pesadillas regresaron e indicaban que algo malo iba a pasar. Recuerdo esa horrible tarde: mi madre llegó a casa y, sin ningún motivo, me agarró de mis cabellos y tiró de él con fuerza. Luego, empezó a expresar su frustración porque el lugar donde vivíamos no estaba limpio; para mí no tenía ningún sentido, no había nada malo, todo estaba impecable. Por ello, decidí que mi mejor opción era aceptar el enojo de mi madre, porque sabía que estaba estresada por algo.

En este contexto, fui testigo de cómo mi madre —a diario— se esforzaba por encontrarnos otro lugar para vivir. Su amiga le había dado solo un mes más para quedarse en su casa, pero cada vez que mi madre encontraba una vivienda asequible para nosotros, nos rechazaban debido a la cantidad de personas que conformaban nuestra familia. Los arrendatarios no le querían alquilar a nadie que tuviera muchos hijos. Esta era la razón de todo el estrés y el enojo de mi madre. Además, cada vez que salíamos a la calle, ella me tomaba de la mano, me sostenía muy fuerte y me pedía que caminara rápido, especialmente cuando notaba la atención que yo despertaba en la calle cuando los muchachos me veían pasar; era obvio que le preocupaba que algo malo me pasara, sobre todo cuando ella no estaba conmigo. A pesar de esto, mi madre no entendía que eso era lo que menos debía preocuparle: primero, porque ya les tenía terror; y segundo, porque estaba ocupada en los oficios de la casa, cocinando, limpiando y cuidando a mis hermanos, así que no tenía tiempo para estar pensando en otras cosas que no fuera estar en casa.

Nada podía ser peor para mí. Aquel día, mi madre llegó a casa y, sin ninguna explicación, el sonido de su voz atravesó mis oídos mientras me daba órdenes.

—Toma una bolsa de plástico, pon tu ropa y ven conmigo.

Tan pronto esas palabras salieron de sus labios, sentí que iba a morir…

—¡Y no empieces con tus preguntas!

Antes de darme cuenta, ya no tenía aire en mis pulmones y no podía respirar. Mis pies comenzaron a moverse antes de que mi mente pudiera ponerse al día y corrí a esconderme debajo de la cama.

Mi madre agarró un palo de escoba y me persiguió, no para

lastimarme sino para que saliera de mi escondite. Después de mi negativa durante aproximadamente media hora, ella se derrumbó en el suelo y comenzó a llorar. Yo no podía soportar ver a mi madre con tanto dolor, así que salí poco a poco de debajo de la cama. Ella abrió sus piernas y yo me arrastré entre ellas, las dos yacíamos juntas, exhaustas, lloramos por un buen rato; las dos desahogamos todo el dolor que en ese momento la vida nos estaba haciendo pasar. Finalmente, mi madre rompió el silencio.

—Cariño, sabes que me estoy esforzando mucho por encontrar un lugar para que vivamos todos, pero nadie ha querido alquilarnos.

A pesar de entender lo que mi madre decía, seguí llorando. Ella continuó con su desahogo:

—Nunca me perdonaría si te pasara algo mientras yo esté en el trabajo; además, sé lo mucho que quieres ir a la escuela. Mi sobrina Socorro me ofreció la oportunidad de que te quedes con ella un tiempo, ella te cuidará bien y podrás ir a la escuela nocturna, solo tendrás que ayudarle con los quehaceres en la casa. ¿Qué te parece?

Después de escucharla, me quedé sin palabras, solo entendí que podría ir a la escuela de nuevo. No pude hablar.

—Esto sería por un corto tiempo. ¿No es esto lo que querías, ir a la escuela?

Parecía como si mi madre estuviera tratando de convencerme de estar de acuerdo con una decisión que ya había sido tomada con anterioridad y no había necesidad de preguntar. Yo no quería escuchar una palabra más, estaba claro para mí que nos íbamos a separar, solo buscaba una forma para que no me doliera tanto.

—Tan pronto regrese tu hermano mayor —Edgar— del Ejército, vamos a buscar una casa y todos estaremos juntos de nuevo.

Yo estaba decepcionada, enfadada.

—Lo prometo —manifestó mi madre.

En ese momento, supe que nada iba a cambiar la opinión de

mi madre. Por ello, tomé una bolsa de plástico, la llené de ropa y guardé mi cepillo para el cabello.

—Madre, estoy lista —expresé sin titubear y sin decir una sola palabra caminé junto a ella hasta que llegamos a la casa de su sobrina, ella nos estaba esperando y amablemente nos invitó a pasar.

Todo sucedió muy rápido, sabía que mi madre no quería prolongar más la situación; tomar una decisión así no había sido nada fácil para ella. Las dos estábamos sufriendo. Mi madre me besó en la frente y me dijo que volvería el próximo domingo a visitarme. Entonces, sin más protocolos, nos despedimos.

En ese momento, lo único que deseaba era morir. Corrí hacia la ventana pensando que ella cambiaría de opinión y volvería por mí, pero eso nunca sucedió.

La voz de Socorro me sacó de mis pensamientos mientras anhelaba el regreso de mi madre. Allí estaba ella con mi bolsa de plástico en las manos, me pidió que la siguiera. Luego, señaló el área donde iba a dormir. Sin perder tiempo, comenzó a explicarme cómo quería que se le hicieran las cosas en su casa. Ella me dio una lista de trabajos que debía realizar a diario, agregó que solo dependía de mí si realmente merecía ir a la escuela nocturna.

—Mis hijos se levantan muy temprano en la mañana para ir a la escuela. Espero les prepares el desayuno —estableció Socorro con un tono de voz muy exigente, completamente diferente a la mujer que nos abrió la puerta cuando llegamos—. Los niños tienen que salir de casa cinco minutos antes de las siete porque el autobús los recoge a las siete en punto. Después, quiero que limpies la cocina —agregó.

Una vez más el miedo se apoderó de mi comportamiento. Mientras tanto, la 'nueva patrona' continuaba con su interminable lista de cosas por hacer…

—Debes mantener la casa en perfectas condiciones. No me gustaría escuchar ninguna queja de mi esposo. Si te mueves rápido, puedes terminar todo a tiempo —expresó nuevamente mientras yo la escuchaba, de pie, en la esquina de la pequeña habitación que se convertiría en mi hogar durante los próximos dos años.

Mi cabeza estaba ida..., tan solo escuchaba el taconeo de los zapatos de esta mujer, quien no paraba de darme órdenes.

—¿Sabes cocinar? No importa, te supervisaré los primeros días hasta que sepas cómo nos gusta que se hagan las cosas aquí en casa. Una vez que aprendas, te dejaré hacerlas sola, sin supervisión.

Estaba abrumada, mi cabeza me daba vueltas. Aun así, 'la jefa' no paraba de hablar.

—Después del almuerzo, debes limpiar la cocina nuevamente. Los viernes debes lavar la ropa y los sábados planchar todo lo que lavaste el viernes.

"¿Planchar?", pensé. No teníamos una plancha en casa, así que sus palabras me parecieron extrañas, nunca había usado una plancha en mi vida, pero no podía preguntar porque ella no se callaba ni un minuto...

—Lo más importante es que los uniformes de los niños estén listos para el lunes...

Eran tantas cosas, que tenía miedo de preguntar, por ejemplo: ¿qué era una plancha? Recién dejó de hablar..., le hice una pregunta:

—¿Y a qué hora podré ir a la escuela?

Socorro ignoró mi pregunta y continuó hablando.

—Sé que parece mucho, pero en verdad es muy fácil, créeme...

Me sentí tan perdida, que me cuestioné por un instante si en realidad mi madre tenía idea a dónde me habría traído.

—No te preocupes..., escribiré todo en un papel para que no tengas ninguna excusa de olvidarte de nada —mencionó, se pasó los dedos por el cabello y me miró a los ojos—. ¡Oh, y sobre la escuela... —mi corazón comenzó a acelerarse, estaba lleno de anticipación—, si no te apuras y completas todas tus tareas a tiempo, no creo que puedas ir a la escuela! Y una cosa más: mañana, cuando te levantes, debes usar este uniforme... —aquel pedazo de tela era la cosa más fea que había visto en mi vida: era una bata azul marino, demasiado grande para mi talla; ella seguía hablando—. Tu cabello debe estar recogido, porque no quiero que se caiga en la comida, a mi esposo no le gustaría eso.

Iba a seguir cada orden que me diera, solo quería que se callara por un momento. Cuando terminó su discurso, me dijo que podía irme a dormir. Hice lo que me ordenó. La habitación estaba en la parte detrás del patio, junto a la lavadora de ropa; en la pequeña habitación había una colchoneta en el piso, nada era diferente para mí, porque solía dormir en las mismas condiciones con mi familia, todo lo que sabía era lo mucho que deseaba estar con mi madre. Me tiré en el frío colchón y, con lágrimas en los ojos, me quedé dormida.

Transcurrió la noche. Recuerdo despertarme con el sonido de alguien llamando a mi puerta. Todavía parecía ser muy temprano, estaba oscuro afuera. Por un momento, pensé que estaba teniendo una de mis pesadillas, pero no era así. Era la prima Socorro, asegurándose de que estuviera despierta y lista para iniciar mis labores. Ella repasó mi lista de tareas una vez más, yo traté de seguir todas sus reglas lo mejor que pude. Estaba dispuesta a hacer cualquier cosa que me pidiera. Lo único que me mantenía en marcha era la idea de que, si completaba todo lo que me pedía, finalmente podría ir a la escuela y ver a mi madre nuevamente.

La escuela a la que iba asistir estaba muy cerca de la casa de Socorro. Podía verla a lo lejos cuando llevaba a sus hijos a la parada del autobús en las mañanas. Cuando pasó la primera semana, ese domingo esperé ansiosamente a mi madre, el día fue muy largo y triste; cuando llegó la noche, entendí que mi madre no vendría. Pasaron tres largas semanas sin que mi madre viniera a visitarme como lo había prometido, ya nada tenía sentido en mi vida, entonces comencé a creer que ella ya no me amaba, me sentí realmente abandonada.

El trabajo que debía realizar diariamente era demasiado para una sola persona. Socorro era exigente y demandante. Yo nunca me quejé, creo que ella se olvidaba que yo solo tenía trece años.

Yo estaba muy enojada con Dios y con mi madre. Me sentí

desamparada por todos. El día que salí de casa para venir aquí, ni siquiera pude darles un abrazo o despedirme de Sandra ni de Luis. No tenía idea de dónde estaban, quizás nunca más volvería a verlos.

Transcurrieron dos largos meses después de ese día. Limpiando la cocina, escuché la voz de mi madre, estaba hablando con Socorro. Al oírla, corrí a mi habitación y cerré la puerta. Me quedé en mi habitación hasta que mi madre se fue nuevamente. No quería verla. Aunque la echaba mucho de menos, recordaba que me había mentido, quería estar sola. Cuando mi madre se fue, lloré desconsoladamente. Mi madre pensó que, por yo tener comida y un techo sobre mi cabeza, estaría bien. Ella creyó que esa era la mejor opción para mí; si no había hombres a mi alrededor, nadie podría lastimarme. Sin querer, ella, mi madre, me estaba lastimando más que nadie. Después de la visita de mi mamá, mágicamente Socorro me matriculó en la escuela nocturna. La próxima vez que mi madre vino a visitarme ya no pude resistir más: corrí a sus brazos y lloramos juntas de alegría. La extrañaba tanto que olvidé todo por un momento. Desde entonces, ella y mis hermanos —Sandra y Luis— me visitaban cada mes: íbamos al parque, jugábamos y disfrutábamos de un rico helado, pero cuando el cielo se oscurecía, una fuerte sensación de dolor se apoderaba de la boca de mi estómago porque sabía que nos íbamos a separar nuevamente, tenía que volver a la pesadilla que vivía cada día en casa de Socorro. Lo único positivo de todo era que estaba acudiendo a la escuela nocturna.

Cada vez que mi madre me preguntaba si me trataban bien en casa de Socorro, yo respondía que «sí». Conocía perfectamente la situación actual de mi madre. Ella no podía ayudarme en nada y yo no quería preocuparla aún más por mí. Le preocupaba la pérdida de peso, pero yo le expliqué que el trabajo y equilibrar los deberes de la escuela era aún más difícil. Le dije que estaba cansada pero feliz de asistir a la escuela como tanto lo había anhelado. Preferí guardar silencio durante dos largos años.

CAPÍTULO 7

Mi cumpleaños es el 8 de noviembre. Pocos días antes de cumplir los quince años, mi madre regresó de Paz de Río (Boyacá). Ella fue a buscarme a la casa de Socorro y me dio la buena noticia de que íbamos a vivir juntos nuevamente en Duitama. Fue el mejor regalo de cumpleaños que pude haber recibido. Cuando mi madre me llevó a casa ese domingo, estaba muy emocionada, feliz; fue tanta mi alegría de saber que por fin íbamos a estar juntos nuevamente, que olvidé preguntarle por qué había decidido regresar a vivir a Duitama. Por un momento pensé que todo era solo un sueño.

Mientras yo vivía con Socorro y trabajaba como su empleada de servicio, mi madre, Sandra y Luis vivían en Paz de Río. Carmen —la amiga— ayudó a mi madre a encontrar trabajo en una fábrica para que atendiera la cafetería. Mi mamá tenía derecho a la vivienda en una habitación dentro de la cafetería, pero mis hermanos menores no podían estar con ella. Carmen sabía que el jefe nunca venía por la fábrica, a menos que hubiera un problema; si mi madre mantenía todo en orden, nadie se daría cuenta que ella y los niños vivían juntos. No sé cómo lograron hacerlo, pero con la ayuda de Carmen todos vivieron juntos por dos años.

Todo marchaba bien, hasta que un día mi madre me contó algo inesperado:

—Joaquín apareció inesperadamente en mi trabajo. Traté de explicarle que era imposible que viviera conmigo en ese momento, pero esto solo lo enfureció.

Desafortunadamente, Joaquín no escuchó las explicaciones de mi madre y con frecuencia aparecía en la cafetería, pidiendo ayuda. Mi madre se preocupó mucho por esta situación: si Joaquín continuaba con su comportamiento inapropiado, ella perdería su empleo al igual que su amiga.

Carmen había ayudado mucho a mi madre y ella no podía permitir que su amiga perdiera el empleo por su culpa. Por esta razón, con los ahorros que ya tenía, mi madre decidió regresar a Duitama, con el propósito de hallar un lugar para vivir todos juntos.

Y así fue cómo otra vez las circunstancias nos obligaron a volver a comenzar. Por fortuna, nuestro nuevo hogar no estaba tan mal como los anteriores. Teníamos un baño que funcionaba moderadamente y una puerta que se cerraba. A su vez, nuevamente gracias a la ayuda de Carmen, mi madre consiguió trabajo en otra fábrica, esta vez empacando granos secos en bolsas plásticas.

Aunque el comportamiento de Joaquín le causó problemas a mi madre, de cierta forma me benefició a mí, porque pude estar con mi familia nuevamente.

Mi mamá trabajaba de lunes a sábado, durante largas horas, sellando a temperaturas controladas miles de bolsas con granos secos; le daban una hora de almuerzo, pero nunca la tomaba porque quería terminar sus jornadas de trabajo a tiempo. Este trabajo también le proporcionó beneficios para la salud, lo cual era muy importante para ella. Yo también pude encontrar un trabajo vendiendo productos de limpieza de puerta a puerta, así mis hermanos menores y yo pudimos volver a la escuela.

Un año después, desperté de una terrible pesadilla. Mi madre tocó mi frente, creyendo que tenía fiebre. No podía esperar a que saliera el sol, había sido una noche larga para mí; cuando todos despertamos, supe que algo muy malo iba a pasar. No podía explicarlo, solo tenía esa sensación horrible, no podía aguantar más y comencé a llorar.

—¿Qué ocurre? —preguntó mi madre.

—Algo malo va a pasar —afirmé mientras las lágrimas salían sin cesar de mis ojos.

Ella me abrazó fuerte.

—¡*Stop*! No va a pasar nada malo.

Ella era mi fuerza y la única persona que necesitaba. Sus palabras me reconfortaron y siempre me hacía sentir mejor.

Mi madre se fue a trabajar como siempre y yo llevé a mis hermanos a la escuela —como lo hacía a diario—. Después, me fui a trabajar y, en las horas de la tarde, recogí a mis hermanos. Aquel día no dejé que ninguno de ellos jugara afuera, tenía miedo de que les pasara algo. No podía esperar a que mi madre regresara a casa para la cena, yo acostumbraba a preparar el arroz, porque mi madre traería huevos y plátanos para freír. Después de esperar lo suficiente por mi madre, tuve que alimentar a mis hermanitos, ellos debían ir a dormir y a mí se me estaba haciendo tarde para asistir a mis clases nocturnas.

Para mi sorpresa, esa noche, cuando regresé de la escuela, mi madre aún no estaba en casa. Todo lo malo pasaba por mi mente, no sabía qué hacer, ya era demasiado tarde, empecé a angustiarme, no tenía la opción de llamar a nadie, nosotros ni siquiera teníamos un teléfono, lo único que podía hacer era esperar. Sin darme cuenta, después de horas de esperarla, me quedé dormida; cuando desperté, en compañía del aire frío que entraba por la pequeña ventana de la habitación donde vivíamos, busqué por todas partes, con la esperanza de que mi madre hubiera llegado a casa en algún momento mientras yo dormía, pero me di cuenta que no había sido así, mi mamá simplemente no había llegado a casa.

Después de alimentar a mis hermanos, los llevé a la escuela y de inmediato fui a buscar a mi madre a la fábrica donde ella trabajaba. Cuando llegué, aún no estaba abierto. Tuve que esperar alrededor de media hora, que parecía una eternidad;

sentía que iba a enloquecer. Tan pronto abrieron las puertas del edificio, corrí directamente a la recepcionista para averiguar algo sobre mi madre. Sin duda alguna, la recepcionista me informó que mi madre había sufrido un derrame cerebral y había sido trasladada al hospital más cercano. No podía respirar y ni siquiera podía llorar. Experimenté cada emoción, me sentía entumecida. Sentí que podía ver las partículas en el aire. Estaba aturdida, confundida e insegura ante lo que se suponía que debía hacer. Me dolía el corazón y lo único que sabía era que necesitaba ver a mi madre, no sabía a dónde ir. Empecé a correr hasta llegar al hospital, le pedí ayuda a la primera enfermera que vi.

—¿Cuál es el nombre completo de tu madre? —preguntó amablemente. Se lo di, esperé un rato. Luego, ella misma me pidió que la siguiera.

Cuando tuve la oportunidad de ver a mi madre, supe que las noticias no eran buenas: había sido internada en la unidad de Cuidados Intensivos. Mis músculos se pusieron rígidos, me sentía paralizada de la angustia. No pude hacer nada por ella. Necesitaba a mi madre más que nunca, no podía soportar la idea de perderla. Mi madre estaba frente a mis ojos, tenía la cara torcida, uno de sus brazos estaba inmóvil y dormía como si ya no estuviera en este mundo.

Mi madre siempre creyó en Dios, yo no podía perder la fe, era lo único que me quedaba: creer, tener fe. Lo que no podía comprender era por qué estaba tan molesta con Dios. No pude soportar más el estrés de esta situación y tuve que ir al baño. Vomité sin control, me tiré al piso y lloré sin consuelo. Pensé en Sandra y Luis, mis hermanitos menores, me necesitaban más que nunca. Ahora me tocaba cuidar aún más de ellos. Me limpié la cara con la manga de mi suéter, me levanté y salí del baño sin que nadie notara mi tristeza.

Mi madre estaba en una cama, inconsciente, frágil, indefensa, pero ella era una mujer fuerte y saldríamos adelante como siempre lo habíamos hecho. En seguida, besé sus manos y me fui del hospital. Antes de irme, fui a la casa de Arcelia, mi prima, ella era la esposa del hombre para el que trabajaba Julio, mi hermano. Le pedí que, por favor, le hiciera saber a él que nuestra madre había sufrido un derrame cerebral y estaba hospitalizada. Dado que Arcelia era familia, me sorprendió mucho cuando no se molestó en preguntar si necesitábamos algo.

Pasó una semana y mi madre continuó hospitalizada. Aquel domingo me levanté muy temprano para alistar a Sandra y Luis, todos fuimos a la iglesia, como nos enseñó mi madre, nuestra única intención era orar por su salud, la necesitábamos con nosotros.

Nunca antes me había sentido tan sola, ni siquiera cuando trabajaba para Socorro, estaba asustada y enojada; la vida empezó a ser demasiado dura para mí y por primera vez me pregunté: *"¿dónde están mis hermanos mayores?"*. Nunca estuvieron ahí cuando más los necesité. ¿Cómo podría afrontar todo esto yo sola? Necesitaba orientación y apoyo. Yo era muy joven para ser el sostén de la familia. No solo estaba molesta con la situación, sino también con mis hermanos.

Después de la iglesia, fuimos al hospital. El médico que la estaba atendiendo me explicó que mi madre había tenido mucha suerte: el haber sangrado por los oídos y la boca había salvado su vida, el flujo de sangre nunca se detuvo en su cerebro, lo que mejoró sus posibilidades de sobrevivir al derrame cerebral. El médico también fue muy sincero: aunque había tenido suerte de estar viva, su recuperación sería muy lenta, recomendó asistir a fisioterapia para recuperar el movimiento de su brazo; también le recetaron medicamentos para la presión arterial alta, medicina que debería haber estado tomando desde hacía mucho tiempo.

Salimos del hospital, mis hermanos menores y yo regresamos a casa. Sufrimos mucho por su ausencia durante tres largas semanas. Necesitábamos que nuestra madre regresara a casa lo antes posible, debíamos pagar el arriendo y lo que yo tenía no era suficiente para su pago total, nuestro arrendador estaba al tanto de las circunstancias que estábamos pasando, pero no fue muy comprensivo con la situación. Al contrario, estaba muy molesto con nosotros, por lo que nos pidió que nos fuéramos. Yo no sabía qué hacer, pero cada vez que veíamos al propietario, mis hermanos y yo lo evitábamos y, cuando él tocaba a nuestra puerta, nunca respondíamos por miedo a que nos echara; en verdad era una situación muy estresante para mí.

Para saber el estado de salud de mi madre, iba todos los días al hospital. Gracias a Dios estaba progresando: comenzó a recuperar su fuerza, pudo volver a caminar lento y hablar de nuevo. Me alegré cuando vi lo bien que lo estaba haciendo.

A mi madre le angustiaba mucho saber que estábamos solos, yo trataba de tranquilizarla, no quería que ella se preocupara por nada. Cada vez que la visitaba, acostumbraba a llevar a mi hermano Luis; sabía que, si ella lo veía, tendría más ganas de recuperarse.

Cada vez que nos preparábamos para salir del hospital, mi madre insistía en decirnos que nunca abriéramos la puerta a nadie.

—Les prometo que pronto estaré en casa.

—Está bien, madre, no te preocupes, estamos bien —respondí a sus consejos mientras sonreía y movía su cabeza.

Pero la realidad era que solo Dios y yo sabíamos de mis miedos y mi tristeza. Mis noches se sentían como una eternidad, tenía pesadillas espantosas. Cada vez que intentaba dormir, un grupo de sonidos inexistentes interrumpían mi sueño. Era evidente que la situación no era nada fácil para nadie y necesitábamos más que nunca a mi madre junto a nosotros.

CAPÍTULO 8

En la década de los ochenta, la economía en Colombia era aterradora. Los guerrilleros, más conocidos como terroristas, se habían vuelto más activos ante las situaciones de orden social, generando violencia, inseguridad e inestabilidad laboral y de índole económico. Muchas personas demandaban trabajo, pero era casi imposible encontrar uno. Recuerdo escuchar los gritos de las víctimas que fueron bombardeadas por los terroristas. Era una situación intolerable para el país en su conjunto. Y lo fue para mi familia también, pues fuimos víctimas de esa guerra sin tregua. No sabíamos si nos íbamos a quedar atrapados en medio de fuegos cruzados entre los gorilas o qué nos depararía el día siguiente. En medio de esta inseguridad, yo debía ingeniármelas para ver a mi madre en el hospital las veces que fuera necesario.

El domingo, después de ir a la iglesia, mis hermanos menores y yo fuimos a visitarla al hospital, pero fue ella quien nos sorprendió a nosotros: estaba levantada y lista para irse a casa.

—¡Herminia! —gritó la enfermera—. Tienes que regresar a la cama. No puedes ir a casa —advirtió.

Mi madre continuó haciendo la maleta. Con una sola mano, recogió sus pocas cosas, porque su otro brazo aún no tenía la fuerza suficiente para hacer nada.

La enfermera estaba muy preocupada.

—¡Herminia, debes quedarte por lo menos una semana más! ¡Son órdenes del médico! —exclamó la profesional de la salud.

—Lo sé, pero lo que el médico no sabe es que mis hijos están solos en casa. Gracias por todo, pero me iré a casa ahora mismo.

Me alegró saber que mi madre quería volver a casa, pero estaba preocupada porque no se veía saludable. La conocía bien y sabía que nadie la haría cambiar de opinión.

Esa misma noche, los tres estábamos juntos nuevamente: Luis, Sandra y yo dormimos abrazados a mi madre. Al otro día, por la mañana, desperté con el olor a café recién hecho, lo que me dio a entender que mi madre ya estaba despierta. Me acerqué a darle los buenos días. Me di cuenta el gran esfuerzo que hacía al masajear su rostro, intentando que el movimiento volviera a ser el mismo.

—Madre, ¿qué estás haciendo? —pregunté.

—Me estoy preparando para ir a la fábrica. No quiero perder mi trabajo.

Cuando trató de abrir la puerta, no pasaron ni dos segundos cuando se desvaneció lentamente hacia el piso. De inmediato, grité, pedí ayuda y corrí hacia ella; le rogué que volviera a la cama.

—Mañana será un nuevo día y verás cómo te sentirás mejor —le murmuré a ella al oído.

Al expresar tales palabras, con una plena actitud optimista y esperanzadora, me di cuenta de que me parecía mucho a mi madre. La propietaria vio lo que había sucedido desde la ventana de arriba, bajó corriendo para ayudarme y la acostamos nuevamente en la cama. Me aterrorizaba ver a mi mamá tan débil e indefensa. La propietaria no perdió tiempo antes de hablar de nuevo.

—Herminia, lamento mucho lo que está pasando, pero no ha pagado el alquiler y mi esposo no está contento con que esté aquí; yo no puedo seguir peleando con él por esto. Espero que usted entienda…

—«Entiendo» —manifestó mi madre—. Gracias por todo lo

que has hecho por mis hijos. Tan pronto como me recupere, prometo que nos iremos —puntualizó.

—Lamento no poder ayudar más. Mi esposo es un hombre terco —la mujer comenzó a llorar, creo que sintió pena por nuestra situación—. Tan pronto como mi esposo se vaya al trabajo, les traeré un poco de sopa de pollo —concluyó.

—Le agradecemos nuevamente —respondimos mis hermanitos y yo.

Mi madre trató de cuidarse sola: se masajeaba constantemente la cara y yo la ayudaba limpiando la saliva que goteaba de las comisuras de su boca. Sabía que no iba a poder ir a terapia, así que trataba de dárselas ella misma.

Pasaron dos semanas. Para entonces, ese domingo, cuando regresamos de la iglesia, encontramos todas nuestras cosas afuera de la casa donde rentábamos. Mi madre trató de abrir la puerta, pero habían cambiado la cerradura. Mis hermanos y yo comenzamos a llorar, aunque mi madre estaba tranquila y actuó como si todo estuviera bien.

—¿Por qué están llorando? —preguntó—. Este lugar es demasiado pequeño para nosotros, de todos modos, teníamos que mudarnos —excusó mi madre.

En seguida, negué con la cabeza, solo a mi madre se le ocurriría decir algo así. Y continuó, dirigiéndose esta vez a mí.

—Quédate con tus hermanos y siéntate sobre las cosas para que nadie se lleve nada.

—¿A dónde vas? —indagué con preocupación.

—Iré a llamar a mi «Ángel de la Guarda»…

Sabía a quién se refería, iba a llamar a la señora de los ojos grises: Lastenia. Me pude dar cuenta de que cuando la gente pasaba junto a nosotros, nos miraban con lástima, pero en realidad a nadie le importaba. La realidad de nosotros era simple: estábamos solos y ahora ya no teníamos un lugar para vivir. Después de varias horas de espera, mi madre regresó.

—¡Prepárense! ¡Vamos!

—¿Nos vamos? —pregunté.

—Tenemos hambre —lamentó Sandra.

—Comeremos algo pronto, lo prometo.

Mi madre tenía tres paletas para darnos a cada uno, pero yo no quería la mía. Yo me resistía a aceptar lo que estábamos pasando de nuevo. Cuántas piedras más tendríamos en el camino... antes de encontrar tan solo un poco de tranquilidad... Sentía un millón de veces más coraje, impotencia y frustración por lo injusta que era la vida con nosotros.

Una vez más, mi madre hizo los arreglos para que el hombre y la pobre mula vinieran a nuestro rescate. Cada vez que veía la mula, sabía que íbamos a tener que movernos de nuevo. Una hora más tarde, llegamos a una casa grande con una puerta de madera roja. Mi madre entró y preguntó por Alberto, un hombre de aspecto desagradable, quien preguntó cuántas personas éramos.

—Yo y mis tres hijos —dijo mi madre sin vacilar.

—Está bien, tengo una habitación grande y una pequeña. ¿Cuál? —preguntó de manera cortante.

—La habitación pequeña está bien —contestó mi madre.

El hombre le entregó una llave y añadió:

—Si sigues las reglas, puedes vivir feliz y por mucho tiempo aquí, la gente es pacífica y todos se llevan bien. Son cinco familias, una cocina, un baño; todos tienen un horario para cocinar, mañana te diré la hora cuando puedas usar la cocina y el baño.

Mi madre agradeció al hombre. Ella tomó la llave, abrió la puerta y metimos todas nuestras cosas dentro de la habitación. La alcoba olía a hierbas secas y tenía un aspecto desagradable.

—Mañana será un mejor día para todos —aseguró mi madre. No parecía estar segura esta vez. Yo preferí guardar silencio, todos estábamos agotados, lo mejor sería tratar de descansar.

La parte más difícil era la de usar el baño: orinar según un horario era complicado, por lo que nuestra madre nos dio un recipiente para que no tuviéramos que aguantar si el baño estaba ocupado por otra persona. Era casi imposible vivir allí. Yo me repetía a mí misma: *"Esto será solo temporal"*. Recuerdo que un día, tratando de usar el baño, alguien no dejaba de tocar la puerta. Dada la cantidad de residentes que compartían las instalaciones de aquella pensión, un solo baño era insuficiente, pero la necesidad de la clase baja era tanta que no había otra forma. No podía esperar más tiempo a que llegara el día que nos pudiéramos ir de ese lugar.

Un par de meses después, mi madre volvió con el hombre del carruaje y la mula. Sabía que era hora de mudarnos nuevamente, solo que esta vez yo estaba feliz de ver al caballo. Efectivamente, nos dijo que nos íbamos a mudar, así que tomamos lo poco que teníamos y partimos de ese desagradable lugar.

El nuevo sitio era una casa pequeña, parecía como si nadie hubiera vivido allí durante mucho tiempo. Carmen, la amiga de mi madre, la había ayudado a encontrar tal lugar. Esta casa me trae desagradables recuerdos. El olor a humedad era insoportable. Mi madre trató de eliminar los olores, hirviendo agua con canela, pero no sirvió de mucho.

Recuperándose aún de su derrame cerebral, mi madre intentaba hacer su propia fisioterapia, masajeando su brazo con una botella de vidrio; tenía mucha fe en recuperar sus movimientos y así poder volver a trabajar a tiempo completo. Desafortunadamente, debido a su enfermedad, ya no calificaba para seguir trabajando en la fábrica. Había perdido su empleo anterior. Mi madre tuvo que volver a lavar y planchar ropas ajenas e incluso limpiar casas. Mi hermano Julio volvió a vivir con nosotros y trabajaba en una panadería, pero aun así no era suficiente para todos. Para colmo, mi hermano Joaquín apareció de la nada y esta vez había regresado para quedarse. Joaquín también encontró trabajo en una fábrica como guardia de seguridad. Aparentemente las cosas podían ser mejor para todos si uníamos fuerzas, pero no fue así. Otra vez nuestras vidas se convirtieron en una pesadilla. Era imposible que Joaquín y Julio vivieran bajo el mismo techo. Tan pronto volvieron a estar juntos, comenzaron las peleas. Joaquín no había cambiado en absoluto mientras estuvo en el Ejército, al contrario, estaba más arrogante que nunca. Debido al comportamiento de Joaquín, no pasó mucho tiempo antes de que Julio hiciera las maletas y desapareciera de nuestras vidas, no volvimos a saber de él durante mucho tiempo.

Mi mamá se puso triste al saber que Julio se iba otra vez de la casa. Intentó hablar con Joaquín, pero nada lo hizo entrar en razón. Su comportamiento era mezquino y ya no podíamos soportar su abuso, al punto que fue mi madre quien le pidió a Abraham, su hermano, que nos ayudara a mudarnos de nuevo para estar lejos de Joaquín. El tío Abraham encontró una habitación y nos ayudó a mudarnos. Teníamos que compartir la cocina y el baño con otros inquilinos, situación similar a la que teníamos en la casa de Alberto. Sin embargo, era mucho mejor que vivir en una casa donde Joaquín y Julio pelearan todo el tiempo. Estaba claro cuánto estaba sufriendo mi madre. Ella no podía controlar la situación entre mis hermanos, así que no le importaba dónde viviéramos o si teníamos que mudarnos una y otra vez. Recuerdo que ese día me llené de valor y le dije a mi madre que yo no estaba dispuesta a huir más de Joaquín.

—Madre, me enfrentaré a él si es necesario; quiero que sepas que ya no le temo. ¿Cuándo va a parar?

Mi madre empezó a llorar como una niña…

—Madre, te prometo que encontraré un trabajo de tiempo completo y te compraré una casa para que nunca más tengamos que mudarnos. Además, no volverás a trabajar, lo prometo.

Mi madre me abrazó con tal fuerza como si mis palabras fueran la esperanza de encontrar un poco de paz y felicidad que se merecía tanto.

Seis meses más tarde, recibimos noticias de mi hermano mayor; mi madre estaba feliz, parecía como si se hubiera ganado la lotería. Edgar volvería del Ejército para quedarse a vivir con nosotros. En una carta escrita con su puño y letra, nos pidió que buscáramos una casa en arriendo. De inmediato, comenzamos a buscar un lugar para vivir. Con suerte, pudimos encontrar la casa, estaba en lo alto de una colina, así que tuvimos que caminar un poco más de lo habitual; la vivienda era perfecta para nosotros.

Mi madre y Edgar se comunicaban a través de cartas, las cuales ella nos leía en voz alta. A mi madre le ilusionaba la idea de que un día todos volviéramos a estar juntos y por fin ese día había llegado.

Cuando fuimos al encuentro de mi hermano, fue él quien nos sorprendió a todos. Edgar se había casado y su esposa estaba embarazada. Mi madre se veía feliz, pero creo que fue la más sorprendida de todos al saber que sería abuela por primera vez.

La esposa de mi hermano era una persona agradable y siempre fue muy respetuosa con nosotros, especialmente con mi madre; ellas tuvieron una relación muy especial, tanto que cada vez que mi madre enfermaba o teníamos que hospitalizarla debido a su presión arterial, siempre pedía hablar con su nuera. Mi mamá le tenía un gran aprecio.

Cuando Julio se enteró del regreso de Edgar, regresó a casa para quedarse a vivir con nosotros. Julio trabajaba como mesero en un restaurante. Yo continuaba asistiendo a la escuela nocturna y en el día vendía productos de limpieza puerta a puerta. Todo en nuestras vidas volvió a la normalidad, hasta parecíamos una familia «perfecta». Tengo que admitir que fue un buen tiempo para todos, guardo buenas memorias de esa época.

Todos esperábamos con ansías que mi cuñada diera a luz, conocer a mi primer sobrino. Por desgracia, el bebé nació dos meses antes de lo esperado, por lo que necesitó cuidados especiales; su madre fue excepcional, cuidó de él día y noche; su nacimiento nos trajo mucha alegría, todos lo consentimos, sobre todo mi madre, ella amó mucho a este pequeño.

Todos estábamos en casa, cuando de pronto se escuchó algo raro…

—Toc, toc, toc.

—¡Alguien está llamando a la puerta! —gritó mi madre.

Yo abrí la puerta y, cuando vi detrás de ella, me quedé paralizada: ¡era mi hermano Joaquín! Nadie en casa parecía complacido de que hubiera regresado, excepto mi madre, que corrió a sus brazos y lo abrazó dándole la bienvenida. Ella estaba muy feliz por su regreso, le preparó una cena especial solo para él. Ese mismo día se quedó a vivir con nosotros.

Joaquín tuvo mucha suerte para los empleos, no sé cómo se

las ingeniaba, pero siempre encontraba un trabajo en cuestión de poco tiempo. Como ya lo he dicho antes, fue evidente que desde su regreso la convivencia no volvió a ser igual. Mi madre siempre quedaba en la mitad, intervenía para que mis hermanos no se pelearan, guardaba la esperanza de que se llevaran mejor, pero eso nunca fue posible.

Nada podía ser peor. A mi hermano Edgar le ofrecieron una muy buena oportunidad de empleo en Bogotá. Él aceptó de inmediato.

Cómo olvidar esa tarde que Edgar partió con su esposa y mi sobrino... El rostro de tristeza de mi madre me es difícil de olvidar, ella lloró mucho aquella noche.

—Madre, no entiendo por qué no le pides a Joaquín que se vaya.

—Mírame las manos —expresó mientras yo secaba sus lágrimas—. ¿Ves mis dedos? Todos son diferentes. Así es como veo a todos mis hijos. No importa cuán diferente sea uno del otro, yo los necesito y los amaré igual, pase lo que pase. Un día tú serás madre y me comprenderás.

Ipso facto, me senté junto a ella, le ofrecí apoyo, sin decir una palabra más.

Al otro día, me desperté muy temprano, estaba dispuesta a todo, quería un cambio en mi vida, me sentía paralizada, ya era hora de hacer algo por mí. Tenía la necesidad de encontrar un trabajo de verdad. Para lograrlo, todos los días iba a supermercados, restaurantes y cafeterías, pero nadie me contrataba porque aún era menor de edad. Aun así, no pensaba darme por vencida tan fácilmente.

CAPÍTULO 9

Aquel día me levanté muy temprano, salí a la calle y vi un cartel que decía: *"Persona con experiencia en instalación de vidrio".* Se leía bien, así que entré y pregunté sobre el trabajo. El dueño de la tienda levantó la cabeza de su escritorio y comenzó a reírse.

—Caballero, ¿qué tiene de divertido? —pregunté seriamente.

—Mucho —contestó—. Estoy buscando un niño, no una niña —se burló nuevamente—. Ve a casa y encuentra algo qué hacer en la cocina o ayuda a tu madre a lavar la ropa —concluyó con un tono de voz burlesco.

—Tengo hermanos mayores. Por favor, dígame qué tienen que hacer y los traeré mañana.

—Bueno. Tu hermano tendría que ir a las casas donde tengan los vidrios rotos en las ventanas, ofrecer nuestros servicios, obtener el número de teléfono de la persona interesada y traerme la información aquí. Yo haría el resto.

—Eso es muy fácil —contesté al dueño del negocio.

—Sí, tienes razón. Es muy fácil... —respondió él con sarcasmo.

—Está bien, gracias —contesté mientras salía de la tienda—. Te veré pronto, el trabajo es mío —expresé y me fui del sitio.

Regresé a casa e hice un plan: empezar mi trabajo sin haber

sido contratada todavía. Tenía que lograr que funcionara, mi madre necesitaba el dinero para pagar el alquiler del próximo mes y yo no quería volver a mudarme nunca más. Mi hermano Edgar ya no estaba con nosotros y yo tenía que ayudar a mi madre con los gastos de la casa ahora más que nunca. De ahí la idea de mi plan. Practiqué varias veces mi presentación.

—Buenas tardes. ¿Eres el dueño de esta casa? Mi nombre es Esperanza, mi padre y yo empezamos una pequeña empresa de vidrios. Somos nuevos en el mercado y nos gustaría darnos la oportunidad de que la comunidad nos conozca mejor. Veo que tu ventana está rota. Si quieres, puedo tomar las medidas del vidrio y mi padre te contactará por teléfono para comunicarte el precio de la reparación. ¡La instalación es gratis!

Cuando me sentí lista, fui en busca de mi primer cliente. Al principio no fue nada fácil. Muchos no abrían la puerta, pero hubo personas que sí me permitieron entrar y hablar con ellos; en otras palabras, unas puertas se cerraban y otras se abrían, era cuestión de no renunciar, fue una experiencia increíble. Es más, en ocasiones hasta me ofrecieron un refresco. Sentía que podía vender cualquier cosa que yo quisiera. Estaba entusiasmada con todo el trabajo que estaba haciendo y fascinada por los resultados de mi nuevo proyecto. Mi madre estaba molesta conmigo, no estaba actuando normal y para ella le era muy fácil notarlo.

—¿Puedo saber en qué estás metida esta vez? —preguntó mi madre.

No quería mentir, así que permanecí en silencio. Mi madre ya sabía que yo no había ido a la escuela por más de una semana, cosa que la enfadó aún más.

—¿Por qué me estás haciendo esto precisamente ahora? Dime, ¿dónde has estado todo este tiempo? ¡Respóndeme, Esperanza! No me digas que todavía sales con esa amiga que tienes, ella no es una buena influencia para ti, esa señorita es una coqueta. La veo siempre en el parque hablando con los muchachos todo el tiempo.

Necesitaba romper mi silencio…

—Por favor, madre, no digas eso de Olga, ella es mi amiga y

es muy amable conmigo. Siempre has dicho que no podemos juzgar a las personas y ahora tú lo estás haciendo. Siento mucho haber llegado tan tarde, no volverá a pasar, lo prometo. ¿Quieres saber dónde estaba? Está bien, te lo diré: estaba buscando un trabajo de verdad y no pienso volver a la escuela.

Al terminar mi discurso, salí de inmediato, antes de que mi madre pudiera decir otra palabra o quizás dar un grito, el cual no deseaba escuchar.

Bien. Continué con mi proyecto, recolecté suficientes clientes, me sentí preparada para enfrentar a mi nuevo jefe, así que fui a darle una visita. Allí estaba el caballero de la vidriera, sin hacer nada, sentado en la misma silla en que lo había visto dos semanas antes.

—Buenos días, caballero.

El hombre levantó la cabeza de su escritorio y me dirigió la palabra.

—¡Oh, eres tú otra vez! —manifestó con aire de superioridad—. ¿No tienes nada mejor que hacer en tu casa? ¡No me hagas perder mi tiempo! —exclamó con tono burlesco.

—Lamento molestarle de nuevo, me iré, pero no sin antes hacerle una propuesta que nos convendría a los dos... —mis ojos estaban llenos de poder y confianza, cuál asesor en ventas con gran bagaje en asuntos comerciales—. En mis manos, en este mismo papel, tengo veinticinco clientes potenciales que necesitan de su servicio. ¿Le interesa?

El hombre me miró y sonrió con incredulidad.

—¡No te creo nada! Déjame ver lo que tienes ahí...

—Lo siento, pero esa no es la respuesta que busco. Primero, quiero saber cuánto dinero voy a ganar —ratifiqué.

—¿Cómo podemos resolver esto? ¿Qué te parece si compras mi negocio?

—Si no estás interesado en mi oferta, supongo que hay más tiendas de vidrio en esta ciudad. Lo intentaré en otro lugar.

Al escucharme, el sujeto no habló ni se movió de su viejo escritorio.

—Gracias —declaré y comencé a caminar hacia la salida.

El hombre finalmente se levantó de su silla y me llamó.

—¡Espera! ¿Cuántas personas dijiste que tenías?

—Veinticinco. Y traeré más cada semana.

—Si lo que me acabas de decir no es cierto y me haces perder el tiempo, tendrás muchos problemas, jovencita —dijo con severidad—. ¿Dónde está tu madre? —indagó.

—¿Quieres a los clientes o no? —pregunté con insistencia.

—Sí, los quiero, pero no quiero problemas con tus padres.

—No tendrás ningún problema, te lo prometo, te doy mi palabra.

El caballero gruñón tomó la lista de clientes que había preparado para él, la miró y se dirigió a mí.

—Puedo darle el tres por ciento sobre la venta, después de que se haya instalado el vidrio.

—¡Tienes que estar bromeando, quiero el diez por ciento! —refuté con vehemencia.

—Le recuerdo, jovencita, que esta es mi tienda y yo pongo las reglas. ¡Cinco por ciento o puedes largarte de aquí de una vez por todas! —concluyó con fogosidad.

—Está bien. Pero después del primer mes, si demuestro que puedo hacerlo mejor, ¿me aumentará la comisión?

Al instante, negó con la cabeza. En un inicio no tuve más remedio que creer en sus palabras. En esos tiempos, tomar la palabra de alguien significaba todo. Podía tener más valor que cualquier documento en el comienzo de cualquier negociación.

A partir de ese día, trabajé por mucho tiempo para ese gruñón, que resultó ser una persona maravillosa. Me sentía feliz porque podía ayudar a mi madre con los gastos de la casa y retomar mis estudios en la jornada de la noche. Para mí lo más importante era que mi madre estuviera tranquila.

Por otro lado, Joaquín continuaba viviendo con nosotros, nada cambiaba, seguía con sus continuas peleas y su conducta delictiva, haciéndonos pasar malos ratos con su comportamiento. No obstante, esta vez la diferencia era que nadie estaba dispuesto a soportar su actitud, especialmente yo. Y precisamente aquella mañana tuvimos una pequeña discusión, donde por primera vez lo enfrenté a él, le pedí que se fuera de la casa y nos dejara vivir en paz; no me prestó mucha atención, pero se sintió bien hacerle saber que ya no le tenía miedo.

Los sábados, en la tarde, mi madre y yo íbamos al mercado a comprar la comida que necesitábamos para la semana. Tenía curiosidad por qué ella cambiaba mi lata de sardinas por una libra de harina más. Cuando le preguntaba por qué hacía eso, no me respondía; eso me molestaba mucho, no entendía el motivo, pues lo único que quería era comprar mi lata de sardinas —me encanta comerlas con arroz blanco—.

A la mañana siguiente, me desperté más temprano que de costumbre y encontré a mi madre en la puerta de nuestra casa con una olla de sopa caliente, le daba de comer a los pobres ancianos que dormían en la calle. En aquella ocasión me disgusté con ella.

—Madre, ¿qué haces? ¿No tenemos suficiente para nosotros y tú dando comida a otros?

Ella me miró a los ojos y me respondió:

—Cuando des algo a los demás, asegúrate que des de lo que tienes, no de lo que te sobra.

En seguida, me pidió que le sirviera la sopa a cada uno de ellos para que pudiera sentir el placer de dar sin esperar nada a cambio.

—Tus buenas acciones y tu generosidad siempre serán recompensadas.

Así quisiera olvidar la lección de vida que aprendí ese día, jamás volví a cuestionar a mi madre.

CAPÍTULO 10

Mi madre siempre creyó y confió en mí. Recuerdo un día, cuando yo tenía siete años. Ella preparaba el desayuno para nosotros y, como de costumbre, empecé a interrogarla.

—¿Por qué solo hay dos huevos, si somos cinco?

—Simplemente porque mis huevos son mágicos —contestó ella con una pequeña sonrisa.

La miré, confundida...

—Déjame mostrarte: dos huevos, harina blanca y un poco de agua. Pero no digas nada a tus hermanos, es nuestro secreto.

Con el tiempo, me di cuenta de la verdadera razón: económicamente no podía comprar más de dos huevos, por eso ella tenía que agregar agua y harina.

Siempre escuché a mi madre agradecer a Dios por cada día, nunca se quejó por lo duro que le había tocado en la vida. Sus enfermedades las padeció en silencio y, en muchas ocasiones, dejó de comprar sus medicamentos para su hipertensión arterial por comprarnos alimentos, su prioridad siempre fuimos nosotros, mi madre fue una mujer extraordinaria.

Sabía que necesitaba ganar más dinero, pues el negocio del vidrio comenzó a bajar drásticamente, era hora de empezar a buscar un nuevo trabajo.

Mi amiga Olga me contó que en la tienda de telas estaban contratando personal, así que fui de inmediato y llené un formulario. Dos días después, me llamaron a una entrevista y me contrataron.

Durante la semana trabajaba a tiempo completo, vendía telas para los uniformes de la escuela católica y ganaba un salario. A su vez, los fines de semana continué trabajando en la vidriería. El colaborar en casa era primordial para mí.

En poco tiempo comencé a familiarizarme más con el mundo de las telas: ya se me permitía cortarlas, mis jefes estaban satisfechos con mi desempeño y yo estaba feliz con el trabajo. Todo iba bien, hasta que comencé a tener problemas con el gerente de la tienda, quien comenzó a tener un comportamiento inadecuado conmigo... Cada vez que yo pasaba por el frente de su escritorio, con telas en mis manos para colocarlas en la parte trasera del almacén, el hombre aprovechaba la situación para tocar mi trasero. Este hombre siempre se las arreglaba para arruinar mi día y yo deseaba golpear su cara cada vez que lo hacía; esto pasó en varias ocasiones. A pesar de hacerle saber que me desagradaba su comportamiento, no le importó y continuó con su despreciable actitud. Estaba muy molesta con esta desagradable situación. En mi vida todo parecía ir muy bien y no me parecía justo que ese ser desagradable lo arruinara. Tomé la decisión de hablar con los dueños de la tienda y me sorprendió que no parecían sorprendidos con mi queja. Lo que sí me prometieron fue que no volvería a pasar, lo cual era suficiente para mí. El tiempo pasó y, desafortunadamente, después de denunciar su comportamiento inapropiado, nadie tomó ninguna medida contra él. Lo que yo desconocía era que él era hermano del dueño de la tienda. Este hombre continuó con su comportamiento abusivo hasta que un buen día no aguanté y finalmente llegué a mi punto de ruptura cuando se atrevió a empujarme contra las telas tratando de besarme. Le di una patada en los testículos tan fuerte como pude y salí corriendo sin mirar atrás.

De inmediato, busqué consuelo en Olga y le conté todo lo que me estaba pasando. Ella siempre me escuchaba, era todo lo que necesitaba en ese momento; también me aseguró que había tomado una buena decisión al irme de la tienda.

Me fui a casa, estaba muy molesta, me acosté en mi cama y pensé en qué era lo mejor que podía hacer. Cuando menos lo esperé, un nuevo obstáculo se presentó en mi camino. Mi madre, al llegar a casa, se sorprendió de verme allí.

—¿Por qué estás en casa tan temprano?

—Perdí mi trabajo, pero prometo que encontraré algo mejor.

Hice una pausa y me tomé un segundo para pensar.

—Hija, no te preocupes. Cuando pasa algo malo es porque algo bueno va a salir.

Las palabras de mi madre me consolaron. Cerré los ojos, fingiendo estar dormida, aunque en realidad me sentía molesta, abrumada y deseaba no hablar con nadie.

El hombre repugnante hizo que perdiera mi trabajo y, en ese momento, todo lo que podía pensar era que, si yo fuera un hombre, esto nunca sucedería. Quería lastimarlo de la manera en que él me lastimó. Si tuviera su poder, no habría abusado de él como él lo hizo conmigo. La ira se apoderó de mí, pero sabía que tenía que controlarme, no quería que mi madre comenzara a hacer preguntas o que se preocupara más de lo necesario, así que decidí que lo mejor sería escuchar música en la radio para tranquilizarme un poco.

De repente, escuché un comercial que llenó mi cuerpo de emoción. Sonaba muy interesante y necesitaba que mi madre lo escuchara conmigo.

—*Los sueños sí se hacen realidad, acérquese a nosotros y te enseñaremos cómo. No dejen pasar esta maravillosa oportunidad.*

—¿Escuchaste eso, madre?

Ella no me contestó, solo me miró como si estuviera loca. Aun así, tales palabras me transportaron a otro planeta. En seguida, escuché el comercial varias veces para así anotar la dirección. Al siguiente día, me levanté muy temprano, tenía que estar segura de llegar a tiempo a ese lugar «donde hacían los sueños realidad». Mi madre me dejó probarme algunos de sus vestidos, pero ninguno me quedaba bien, así que me decidí por vestir los pantalones negros de siempre y mi camisa favorita que lavé la noche anterior.

Cuando llegué al sitio, me di cuenta del horario de atención al público: era de 9:00 a.m. a 5:00 p.m. En ese momento apenas eran las 8:30 a.m. *"Bueno, es mejor llegar temprano"*, pensé. Me paré en frente del edificio, el tiempo no pasaba tan rápido como yo quería, pero no pensaba moverme de ahí sin antes conseguir ese empleo. Finalmente, un coche se detuvo en frente del lugar, un hombre muy elegante salió de él, abrió el baúl del auto y bajó varias cajas. Al instante, me acerqué a él y le pregunté si necesitaba ayuda, pero él amablemente se negó. Minutos después, una de sus cajas se abrió y todo se regó en el piso. Me acerqué nuevamente a ayudarle. El caballero se dio cuenta que ahora sí necesitaba mi ayuda, le expliqué que tenía una entrevista de trabajo, pero que aún tenía tiempo para ayudarlo. El caballero me sonrió y pronunció:

—Las entrevistas, entre más temprano sean, mejor.

Me sonrió nuevamente, aceptó mi ayuda y llevamos todas las cajas al ascensor del edificio. Luego, subimos al tercer piso. Cuando llegamos a su oficina, sacó su billetera para darme dinero como agradecimiento, pero yo me negué a recibirlo.

—Buena suerte con tu entrevista.

—Gracias.

Tomé de nuevo el ascensor y me dirigí al primer piso. Llegué donde el guarda de seguridad, le pregunté por la dirección que tenía anotada en el papel. El guarda parecía confundido.

—¿Cómo entraste al edificio, si aún no está abierto al público? —me preguntó.

Le expliqué que ayudé a un caballero con sus cajas y que venía del tercer piso. El señor sonrió.

—¿Qué tiene de divertido? —pregunté un tanto irritada.

—La oficina que está buscando es la misma de donde me has dicho que vienes.

Me avergoncé un poco por haberme enojado tan rápido... No podía creer lo que me estaba pasando, tenía que regresar al mismo lugar, no sabía qué hacer, así que no lo pensé mucho, tomé nuevamente el ascensor y fui directamente a la oficina.

—¿Olvidaste algo? —preguntó el caballero del traje elegante.

—El guarda de seguridad me informó que esta es la oficina donde tengo mi entrevista.

El caballero me miró un poco confundido.

—¿Me puede decir quién será la persona que me va a entrevistar?

—Creo que está equivocada de oficina, yo no recuerdo haber programado una entrevista con nadie.

Entonces, fui directa y le pregunté sin titubeos.

—¿Esta es la oficina que anuncia en la radio que «todos tus sueños se hacen realidad?».

El hombre sonrió y me miró a los ojos, había logrado llamar su atención.

—Sí, señorita, estás en el lugar correcto. Tome asiento, por favor. ¿Cuántos años tienes?

—Dieciocho —respondí de inmediato.

—¿Me permites ver tu identificación?

—No la tengo conmigo ahora, pero puedo traerla mañana.

—¿Viniste a una entrevista sin identificación?

—Lo lamento, de verdad, estaba tan emocionada que la olvidé en casa; para mí fue muy impactante su anuncio en la radio; en verdad no quería llegar tarde a mi entrevista.

El caballero sonrió nuevamente...

—La verdad no recuerdo haberte dado una entrevista. Escucha, lamento mucho haberte hecho perder tu tiempo, pero en realidad te soy honesto: no creo que tú califiques con el personal que estoy necesitando. En realidad, lo siento.

Al escuchar aquellas palabras, sentí que me iba a morir, pero no me podía dar por vencida tan fácilmente, así que, casi suplicando, insistí.

—¡Necesito el empleo! No sé qué es lo que usted busca, pero yo sé limpiar muy bien, hacer café; o en lo que necesite, yo le puedo colaborar. ¡Por favor, deme la oportunidad de trabajar en su empresa! Además, no creo que lo de hoy sea casualidad.

Al caballero se le salió una leve sonrisa y empezó a hacerme varias preguntas.

—¿Cómo te llamas?

—Mucho gusto, mi nombre es Esperanza —respondí y le estreché la mano con total firmeza—. ¿Y usted cómo se llama? —indagué.

—Jorge Gómez.

—Es un placer conocerlo.

—¿Has trabajado antes?

Con el paso de las preguntas, sentí que mi oportunidad de trabajo estaba creciendo…

—¡Claro que sí, tengo mucha experiencia! Le prometo que no escuchará queja alguna.

—Bueno, señorita, si mañana me traes tu identificación, podrías trabajar en la oficina, harías tareas de limpieza y preparar café —mi corazón latía tan rápido que sentía que se salía de mi pecho—. ¿Qué te parece? —preguntó.

—¡Maravilloso! Mil gracias, señor Gómez, le prometo que no lo voy a defraudar. ¿Está bien si le preparo una taza de café en agradecimiento? Me gustaría empezar ahora. ¿Está de acuerdo? No tiene que pagarme hoy, sé que necesita una mano —manifesté y señalé todas las cajas que se encontraban en la oficina.

Mi nuevo jefe sonrió una vez más y ratificó…

—Tráeme tu identificación mañana. Mira detrás de la puerta, encontrarás un uniforme —hice todo lo que él me indicó—. Y, por favor, ayúdame con estas carpetas.

Después de todo el esfuerzo, se presentó una nueva oportunidad y la iba a aprovechar al máximo, estaba dispuesta a dar lo mejor de mí.

El señor Gómez me pidió que pusiera una carpeta frente a cada silla en la sala de conferencias. Luego, me dio una nueva indicación.

—Espero un grupo de educadores en breve, agradezco que limpies un poco para que todo esté más presentable.

Miré el reloj que estaba en la pared, eran las 9:20 a.m. *"En veinte minutos pude conseguir un trabajo, no está nada mal"*, pensé.

Estaba orgullosa de mi logro. A medida que el tiempo transcurría, no pude evitar pensar en lo que iba a hacer para conseguir una identificación, pues le mentí al señor Gómez: aún no tenía dieciocho años, así que traté de no pensar en ello. En cambio, me concentré en limpiar todo meticulosamente para que, al final del día, el señor Gómez pudiera estar satisfecho con mi trabajo.

A los pocos minutos, una dama, junto con otros cuatro caballeros más, llegaron a la oficina del señor Gómez. Les ofrecí café a todos sin hacer preguntas.

—¿Quién eres? —preguntó la mujer.

—Soy la asistente del señor Gómez.

—Ja, ja, ja... Pensé que yo era la asistente de Gómez.

Mis ojos abrieron y mi rostro se sonrojó un poco.

—Mi nombre es Gloria —extendió su mano para estrechar la mía—. Tomaré esa taza de café —puntualizó.

Gloria entró a la oficina del señor Gómez, hablaban en voz alta.

—¿Estamos listos para comenzar las entrevistas?

Gloria contestó que aún no habían llegado todos. Luego, salieron los dos de la oficina.

—¿Cuántas personas faltan? —indagó el señor Gómez con una mirada de preocupación en su rostro.

—Seis —respondió Gloria.

—Muy bien, con suerte terminaremos las entrevistas hoy, así podemos comenzar de una vez con el entrenamiento.

El señor Gómez deseaba desesperadamente comenzar el entrenamiento, pero aún le faltaban personas para completar el grupo. Al menos eso fue lo que entendí.

Las entrevistas se dieron durante todo el día. Los hombres acudieron de traje y corbata; las mujeres se vistieron con falda y tacones altos. En ese momento, entendí por qué no califiqué para el puesto. El señor Gómez tenía razón: la presentación de todos era impecable. El día pasó rápido. Alrededor de las 3:00 p.m. me mandaron a buscar una caja de pizza. Cuando regresé a la oficina, el señor Gómez y Gloria estaban sentados en la mesa, esperándome. Con amabilidad, me invitaron a unirme a ellos para comer. Estaba un tanto avergonzada, porque nunca había comido pizza. Cuando probé la sinfonía de sabores, estaba en el cielo. Quería devorarla toda, pero sabía que era inapropiada. Me sentí culpable en ese momento porque pensé en mis hermanos.

Al mismo tiempo, me senté con ellos y sin querer escuché la conversación que sostenían entre ellos. El señor Gómez no estaba satisfecho con los candidatos que había entrevistado. Gloria sugirió realizar una nueva ronda de entrevistas al día siguiente, a lo que el señor Gómez accedió. Por lo general, la oficina estaba cerrada los fines de semana, pero los dos decidieron que lo mejor era abrir el sábado, para así estar listos y comenzar el entrenamiento el lunes siguiente.

Después de terminar de comer, el señor Gómez salió de la oficina. Gloria me pidió que sacara la basura y una vez que lo hiciera podía irme a mi casa. Me complació que me pidieran regresar al día siguiente, esto significaba que les había gustado mi ética de trabajo.

Antes de irme, le pregunté a Gloria qué debía hacer con la pizza restante. Su respuesta fue directa:

—Tírala a la basura.

Yo estaba aterrada cuando me dijo que la botara. Se notaba que Gloria no tenía idea lo que significaba no tener comida en casa. La caja aún tenía nueve rebanadas de pizza. Me llené de valor y le pregunté:

—¿Puedo llevarme la pizza a mi casa?

—Lo que quieras hacer con ella está bien para mí —dijo con indiferencia.

—Gracias —repliqué con una sonrisa en mi rostro.

Cuando tomé el autobús a casa, noté que los demás pasajeros estaban incómodos por el tamaño de la caja, pero yo solo deseaba llevar la pizza a casa, estaba muy emocionada de compartirla con mis hermanos, que no le tomé mucha atención a sus críticas. Además, no podía creer que estaba trabajando en un edificio profesional y comiendo pizza para el almuerzo. Me sentía feliz y afortunada por conocer al señor Gómez.

Tan pronto como llegué a casa, mi madre comenzó a hacerme mil preguntas:

—¿De dónde sacaste esa pizza? ¿Cómo conseguiste el dinero para comprarla? ¡Por favor, dime la verdad!

Con mi madre siempre fui honesta, pero de alguna manera ella estaba a la expectativa conmigo, lo que menos quería era causarle estrés, siempre estaba preocupada por mí, especialmente cuando se me ocurría hacer algo nuevo.

Nunca olvidaré las sonrisas en los rostros de mis hermanos menores cuando traje la pizza a casa, hasta mi madre, después de su sermón, también comió un pedazo con nosotros.

Cuando mi madre estuvo de mejor humor, le conté sobre mi nuevo trabajo. Nos sentamos y reímos juntas, a manera de complicidad. Me encantaba verla feliz. Era hermosa, especialmente cuando sonreía.

Al siguiente día, llegué puntual a mi trabajo. El día transcurrió según lo planeado. Cerramos al mediodía, el señor Gómez se notaba complacido con el trabajo realizado. Había encontrado a las treinta personas que buscaba y el entrenamiento del que tanto hablaban comenzaría el lunes siguiente. Por fortuna, estaban tan ocupados que se les olvidó pedirme mi identificación. Yo aproveché el resto de la tarde y fui a trabajar en la vidriería hasta el fin de semana.

El lunes regresé feliz a mi nuevo trabajo. Tenía curiosidad por saber cuánto dinero me pagarían. Estaba preocupada porque necesitaba saber cómo iba a pagar la renta del próximo mes, pero decidí que era mejor no preguntar hasta no conseguir una identificación. Me tranquilizaba un poco, porque aún seguía trabajando en la vidriería los fines de semana, pero en realidad no era suficiente para cubrir todos los gastos en casa.

Noté que había mucha tensión en la oficina. El señor Gómez me pidió una taza de café, pero ya tenía una en la mano. Con una sonrisa, me entregó dos cajas de lápices y me pidió que les sacara punta. Estaba tan feliz de ser parte de un equipo, incluso si no estaba calificada para estar ahí, por ahora era suficiente para mí.

Durante tres semanas consecutivas se realizaron reuniones a diario, hablaban sobre el manejo del producto y servicio al cliente.

El señor Gómez daba tanta información que admito que era un poco abrumante, se hablaban de muchísimos temas. En realidad, era fascinante para mí. Se esperaba que el grupo aprendiera todo lo que el señor Gómez les enseñaba y al final de las tres semanas debían estar preparados para ser los mejores educadores en el mercado.

Yo continuaba haciendo mi trabajo, dando siempre lo mejor de mí, les traía agua o café cada vez que alguien lo pedía y repartía lápices y papeles cuando los requerían. Todo era sencillo para mí, me sobraba tiempo para escuchar con atención cómo el señor Gómez se expresaba de la empresa y su producto.

Le pedía al grupo que abriera sus carpetas, las que habíamos colocado con anterioridad frente a ellos, estas tenían la suficiente información para tomar el curso.

El señor Gómez comenzaba a diario con un discurso inspirador. Cada vez que escuchaba la palabra «conocimiento» y hablaba de hacer sus sueños realidad, recordaba por qué había ido a pedir trabajo en esta empresa.

Para mí era importante hacer mi trabajo, pero aspiraba a aprender algo más. No pensé que nadie le molestara si yo escuchaba y sin intervenir, de esta manera podía tomar el curso con ellos sin que nadie lo notara.

Cada palabra que el señor Gómez decía era de gran importancia para mí. Aquel día habló de la información de la carpeta y explicó su contenido. En ese momento, supe que lo que había dentro era de gran valor. Deseaba tener una de ellas en mis manos, pero sabía que no sería posible, así que solo podía escuchar, nada más y eso fue lo que hice.

El viernes por la tarde, el señor Gómez abrió una caja y sacó un maletín de cuero color vinotinto.

—Su futuro está frente a ustedes. Hoy tienen una carpeta frente a ustedes; mañana podría ser un maletín como este. ¿A cuántos de ustedes les gustaría tener uno? —dijo a todos los presentes, se paró frente a la sala con una actitud autoritaria, con la esperanza de alentar al grupo que estaba siendo entrenado por él.

El señor Gómez continuó con su poético discurso.

—La carpeta contiene cinco desplegados con la información de cada enciclopedia; tiene una gran ilustración informativa para que todos ustedes la aprendan. El primer *desplegado* habla de Biología; el segundo, Matemáticas; el tercero, Historia; el cuarto, habla todo lo relacionado con idiomas; y el último es uno de mis favoritos: habla del conocimiento, es la base de toda educación, este contiene un poco de cada tema. Es muy recomendable para niños de nivel elemental.

Cada vez que el señor Gómez hablaba, o cuando abría una caja llena de libros, quedaba fascinada. El olor de los libros me inspira a querer leer. Nunca tuve tantos frente a mí, a excepción de la biblioteca del pueblo.

En una ocasión, uno de los educadores le pidió prestado un libro al señor Gómez, él le respondió que no era posible, pero que, si él deseaba quedarse un rato más en la oficina, podía leer los que él quisiera, pues ningún libro debía salir de la empresa.

Después de una extensa jornada, los educadores se retiraron y llevaron sus carpetas. Luego, yo debía poner todo en su lugar. Tocaba cada libro como si fuera de oro. Quería leerlos todos, pero sabía que no tenía el suficiente tiempo para hacerlo.

A pesar de ello, se me ocurrió la idea de sacarlos prestados, pero sin que nadie se diera cuenta: los puse debajo de mi blusa, los llevé a casa y en la noche los leía, absorbía la mayor cantidad de información posible. Al siguiente día, los devolvía al mismo lugar sin que nadie pudiera notarlo. Cada vez que tomaba prestado un libro sabía que me arriesgaba a perder mi empleo, sin embargo, corría el riesgo porque mi deseo de leerlos era más fuerte que mi miedo a perder mi trabajo. Quería tener una de esas carpetas, pero estaban contadas y tomar una de ellas era imposible.

El objetivo diario del señor Gómez era entrenar al grupo y prepararlos para que estuvieran listos y así poder educar a las familias que ellos visitaran en un futuro, logrando así despertar el interés de tener una enciclopedia en casa.

Siempre que el señor Gómez terminaba su entrenamiento, les repetía lo mismo.

—Recuerden todo lo que han aprendido. Vayan a sus casas y practiquen frente al espejo. Esto les ayudará a tener más confianza en ustedes mismos, tengo la plena seguridad de que todos harán una linda carrera en la empresa. No se les olvide que el dueño de WMJ vendrá la próxima semana, por lo que es importante estudiar y prepararse para sus presentaciones. Ustedes tienen que estar lo suficientemente capacitados para crear la necesidad en cada familia que visiten.

Miré a mi alrededor y me di cuenta de que el grupo había disminuido casi a la mitad, muchas personas simplemente no habían regresado.

El señor Gómez concluyó la reunión y les deseó un buen fin de semana a todos.

CAPÍTULO II

Aquella tarde me llamaron a la oficina del señor Gómez. Estaba aterrorizada, pensé que se había enterado de los libros que estaba tomando prestados. Para mi sorpresa, esa no era la razón, al contrario, me agradeció por todo lo que había colaborado en la oficina. Mis manos sudaban, estaba nerviosa, sentí un alivio saber que no estaba en problemas.

—Mañana llegará el gran jefe, así que, por favor, asegúrese de que todo esté en orden. Y una cosa más: han pasado tres semanas... ¿Por qué aún no has traído tu identificación? Mi secretaria necesita pagarte tu salario —expresó el señor Gómez.

—Mañana lo traeré —respondí en tono de disculpa y salí de su oficina.

A partir de ahí comencé a preocuparme. El tiempo estaba en mi contra, tenía que pensar rápido y conseguir una identificación falsa. Amaba trabajar para esta compañía, leer sus libros me inspiraba, quería educarme, aprender y superarme. Cuando los leía, perdía la noción del tiempo y llegaba tarde a la escuela. Yo debía completar mi educación secundaria, porque era una prioridad para mí.

Esa noche, al llegar a casa, me senté con Luis y fingí que él sería uno de mis futuros clientes. Le di el discurso que había practicado unas cuantas veces con anterioridad. Me di cuenta de que estaba lista para responder cualquier pregunta con el suficiente conocimiento de cualquier educador que el señor Gómez había entrenado.

—¿Qué haces? ¿Ahora vendes libros? Pensé que limpiabas la oficina… —intervino mi madre.

—No, yo soy educadora…

Cada vez que traía libros a casa, mi madre me miraba confundida.

—¿Por qué tienes esos libros tan costosos contigo? Por favor, no te metas en problemas.

Ella tenía razón, pero yo no tenía otra opción…

Seguí practicando con mi hermano y, cuanto más practicaba, más entusiasmada estaba. La vida no siempre era justa, yo deseaba ser parte de algo a lo que no estaba calificada, pero no iba a pasar un minuto de mi vida quejándome por ello. Estaba lista para luchar por lo que quería, aunque fuera difícil. Con piedras en mi camino, o sin ellas, avanzar era lo más importante para mí.

Aquel domingo fuimos a la iglesia. Para mí era importante agradecerle a Dios por todo lo que teníamos y pedir protección. La misa dominical era una prioridad para todos en mi familia. Mi madre era católica y su fe nunca fue cuestionada. A pesar de ello, lo único que deseaba era que aquel fin de semana pasara rápido. Mi subconsciente me dijo que algo bueno y positivo iba a ocurrir en mi vida.

El lunes por la mañana, cuando regresé al trabajo, el señor Gómez me pidió que me asegurara de que todo estuviera en orden porque quería impresionar a su jefe.

—El dueño de la compañía estará aquí pronto. Espero que todos estén bien preparados para cualquier pregunta que él pueda hacer —declaró el señor Gómez a su equipo de trabajo.

Los educadores estaban tensos. Se dividieron en pequeños grupos, fingiendo que eran familias con niños que esperaban que un educador realizara su presentación. Todo era un simulacro. Con ello, entendí que su tarea consistía en exponer un producto.

Sabía que necesitaban tener conocimiento amplio de lo que estaban exponiendo, así se crearía la necesidad de que el consumidor estuviera satisfecho con su adquisición. Yo lo tenía claro y me parecía muy sencillo.

—¡Él está aquí! —informó Gloria.

Un hombre de baja estatura, con una sonrisa espectacular y una barba muy bien arreglada entró a la oficina. Pidió una taza de café y yo se la conseguí de inmediato.

—Bienvenido, señor Pérez —mencionó el señor Gómez con firmeza.

—Escuché que tienen un grupo increíble aquí —declaró el señor Pérez y los dos empresarios comenzaron a caminar hacia la sala de conferencias.

Los señores conversaron un rato, mientras Gloria enloquecía de un lado para otro esperando que comenzaran. Aunque quisiera olvidar ese día, no podría, porque fue uno de los mejores de mi vida.

Dado que todos en la oficina estaban extremadamente nerviosos, la necesidad de café se había duplicado en comparación con los días habituales.

Mi jefe, cuando llegó a la sala de reuniones, presentó al señor Pérez como el propietario de WJM. Este señor vestía un traje perfectamente ajustado y, con un maletín muy elegante en la mano, comenzó su discurso.

—Estoy muy feliz de darles la bienvenida a todos y quiero agradecerles por elegir ser parte de mi empresa. Estoy muy emocionado de abrir nuestras puertas y expandir nuestra comercialización en Duitama. Los padres de familia estarán encantados con la idea de brindarles a sus hijos una educación desde sus propios hogares. Hacer la tarea será mucho más fácil para ellos. Estoy seguro de que será un éxito total.

El señor Pérez hizo una pausa y miró el rostro de cada uno de los presentes.

—Todos ustedes son muy afortunados. El señor Gómez es uno de los mejores educadores de nuestra empresa. Cada uno de ustedes tendrá mucho éxito. Me encantaría volver el próximo año y espero que todos participen en la Galería Internacional del Libro que se presentará en Bogotá. Ustedes tienen en sus manos un material extraordinario, su trabajo es simple: deben crear la necesidad para que todos se beneficien. Tengo muchas ganas de firmar cheques de comisión para todos ustedes. Mi compañía es generosa. Además, se darán bonos —concluyó con una sonrisa.

No estaba segura de lo que pensaban todos los demás en el grupo sobre el discurso del señor Pérez, pero yo lo encontré bastante motivador.

Todos en la sala tenían sus carpetas, excepto yo. Estaba frustrada, no tenía otra elección que permanecer en silencio, algo que era muy difícil para mí.

Después de su presentación y conocernos a todos, el señor Pérez preguntó quién iba a dar la primera presentación. La habitación quedó en total silencio, todos estaban paralizados, solo se miraban unos a otros.

El señor Gómez rompió el silencio.

—Lo que el señor Pérez está tratando de preguntar es a cuál de ustedes le gustaría hacer la primera presentación y mostrarnos lo que han aprendido en estas tres semanas.

Nadie respondió. Me sentí terrible por el señor Gómez. El silencio fue incómodo y doloroso. De repente, me di cuenta de que esta era mi oportunidad. Dejé el café en la mesa, me limpié las manos y hablé con mi voz temblorosa.

—Soy Esperanza, he trabajado para esta empresa por un tiempo y me encantaría hacer la presentación.

Todos se rieron porque pensaron que estaba bromeando, pero el señor Pérez no lo creyó así. Me miró fijamente a los ojos.

—No tengo mucho tiempo, señorita, pero podría darle unos minutos. La escucho, pero no tengo mucho tiempo.

Mientras el señor Pérez improvisaba conmigo, su comportamiento amable me dio más confianza para continuar con la presentación.

—Señor Pérez, quiero compartir con usted lo beneficioso de mantener a sus hijos en casa después de la escuela —le estreché la mano y le pregunté si podía sentarme con él—. ¿Cuántos niños tienes en casa?

—Tres —respondió y yo asentí de manera receptiva.

—Si me permite, le contaré a usted y a su familia los beneficios de tener el material adecuado para ayudar a sus hijos cuando tengan dificultad para realizar las tareas en casa.

Sin mirar directamente a los ojos del señor Gómez, «mi jefe», continué con la presentación. Sabía que el señor Gómez nunca habría aprobado lo que estaba haciendo. En seguida, tomé una de las carpetas de la mesa, abrí los desplegados y hablé de cada enciclopedia sin ninguna interrupción. Cuando terminé la presentación, respondí todas las preguntas que tenían para mí.

—¿Este material es costoso? —preguntó el señor Pérez.

—Mi compañía ofrece pago a plazos; de esta manera, todos se podrán beneficiar de tener una maravilla como esta en casa.

Sin pensarlo dos veces, le hice mi pregunta final:

¿Y a usted, señor Pérez, cómo le gustaría pagar? ¿Cuotas o efectivo?

—En efectivo —respondió—. Luego, se levantó y aplaudió por mi presentación, lo que hizo que todos los demás en la sala lo siguieran.

—Vas a llegar muy lejos, jovencita.

Yo sonreí, orgullosa de mi logro.

Más adelante, el señor Gómez se dirigió nuevamente a todos.

—Bueno, ¿quién es el siguiente?

Después de lo que aconteció con mi presentación, sentí que todos estaban más relajados; continuaron con las presentaciones por el resto del día. Yo seguía en mi trabajo, sirviendo café, pero noté que mi jefe —por su mirada en el rostro— no estaba muy feliz con lo que yo había hecho.

Al terminar el día, Gloria me comunicó que el señor Gómez me esperaba en la oficina. De inmediato, fui a verlo. Yo debía disculparme por mi atrevimiento, pero él no me dio tiempo. Sin mirarme a la cara, habló.

—Señorita, ya no necesitamos sus servicios. Gloria le notificará cuando su cheque esté disponible para que lo recoja. Puede retirarse.

¡Sentí que me iba a morir! ¡No lo podía creer! Me fui a casa, no sabía si llorar o dormir, para no sentirme tan mal. Mi madre sabía que algo había pasado, mi cara lo decía todo, así que lo mejor era contárselo todo desde el comienzo, tenía que desahogarme con alguien. A su vez, pensé que «ahora vendría su regaño», pero para mi sorpresa no fue así.

—Hija, eres la mejor vendedora del mundo y, si tuviera dinero, te compraría uno de esos libros.

Mi madre siempre supo cómo animarme con sus palabras de sabiduría en los momentos en que me sentía como un fracaso andante. Nos reímos juntas mientras ella me abrazaba fuerte, pero, aun así, el dolor de saber que había perdido mi trabajo me hizo sentir muy mal. Entre lágrimas empecé a desahogarme.

—¿Sabes, madre? Aprendí mucho cuando estuve allí.

Ella asintió con orgullo.

—Cuando aprendes, nunca pierdes. Tú siempre ganas.

—Tienes razón, madre —sonreí y sentí algo de tranquilidad, luego del día tan desagradable que viví.

CAPÍTULO 12

Al siguiente día, tan pronto desperté, fui al teléfono público más cercano para llamar a Gloria... Ella me comunicó que mi cheque estaba listo y que podía pasar a recogerlo. En seguida, tomé el autobús y fui a la oficina, quería de una buena vez cerrar ese capítulo en mi vida.

—El señor Gómez te está esperando en su oficina. Adelante —anunció Gloria.

En realidad, estaba sorprendida al saber que él quería verme. Al entrar a su oficina, me sorprendió ver al señor Pérez. Tenía la impresión de que él ya había regresado a la capital. Un sentimiento de inquietud se apoderó de mí y un millón de cosas pasaron al instante por mi mente.

—¿Cómo sabías tanto de la empresa si no has tomado el curso? —preguntó el señor Pérez con bastante intriga.

Tal inquietud me dejó pasmada, mi cuerpo empezó a temblar de los nervios, sentí como si estuviera hablándome en otro idioma. Con la mayor calma que pude, les expliqué que escuchaba las conferencias del señor Gómez mientras atendía a los educadores dándoles el café. A su vez, admití que también me llevaba libros a casa y por la noche los leía, pero que al día siguiente los volvía a poner en su lugar.

En aquel instante, recordé que el valor de la honestidad era algo que mi madre me inculcó desde siempre. Por más difícil que fuera una situación, debía actuar con la verdad. Y eso fue lo que hice. Les dije la verdad y ofrecí disculpas por las acciones inapropiadas.

—Yo le pedí cualquier forma de identificación, pero nunca la trajo. Creí en ella. No imaginé que sería un problema para nosotros. Lo lamento, señor Pérez —expresó el señor Gómez con mucha molestia.

En segundos, entendí que el señor Gómez estaba en problemas por mis acciones. Él siempre fue bueno conmigo, generoso y amable; mientras tanto, yo lo había defraudado. Las lágrimas comenzaron a brotar de mis ojos y, antes de que pudiera detenerlas, no tuve más alternativa…

—¡Nunca he robado nada de aquí, lo juro! Simplemente tomé los libros para practicar en casa, frente a un espejo, tal como el señor Gómez les enseñó a los educadores. Tomé un momento para recuperar el aliento y continué.

—Leí cada línea, pero devolví cada libro a su lugar.

Inhalé con profundidad, comencé a recuperarme y repliqué:

—Señor Gómez, usted me dio este trabajo y abusé de su confianza. Lo siento mucho, espero que pueda aceptar mis disculpas. Me siento muy apenada, solo deseaba mejorar mis habilidades, adquiriendo todos los conocimientos de los que usted hablaba a diario, nunca pensé en las consecuencias, estoy muy arrepentida.

—¿Cómo es posible que no veas tanto talento? —cuestionó el señor Pérez al señor Gómez.

—Lo vi, créeme, pero ella es muy joven. Su disculpa es aceptada. No hiciste nada malo —respondió el señor Gómez a su jefe.

Pero yo no le creí… Si realmente no hubiera hecho nada malo, no me habría despedido, ¿o sí?

—Tienes un gran potencial, pero corrígeme si me equivoco… No tienes más de quince años, ¿verdad? —preguntó el señor Pérez.

—Tengo dieciséis años.

Ambos hombres sonrieron. El señor Pérez continuó con su interrogatorio.

—Nos gustaría hablar con tu madre. ¿Crees que sea posible?

—Sí, claro. La traeré mañana —hice una pausa, tratando de morder mis labios, pero no lo hice—. ¿Todavía tengo mi trabajo? —pregunté inocentemente.

—Hablaremos mañana —contestó el señor Gómez.

Con bastante preocupación, me cuestionaba cuál sería mi futuro en aquella empresa, dado que la amaba con pasión por todo el aprendizaje que obtuve al leer las enciclopedias. Aunque el día no había terminado, sentí que había estado despierta durante días, cada emoción que experimenté estaba debilitando mi fuerza.

Luego, me acordé de mi amor por los aviones, ya que siempre han tenido la magia de relajarme. Cuando me sentía abrumada, iba cerca al aeropuerto y escuchaba los vuelos que llegaban y salían. *"No sé cuándo, pero algún día estaré en uno de esos aviones con destino a cosas más grandes"*, pensé. Así pasé el resto de la tarde.

Esa noche, cuando llegué a casa, mi madre, sentada, me esperaba en su silla; se veía preocupada ante mi llegada tan tarde, me afligía saber que yo era el motivo de su preocupación. Me senté junto a ella y empecé a contarle sobre mi día en la oficina. Dudé en preguntarle si aceptaría hablar con mis jefes, estaba ansiosa a raíz de las circunstancias. Pero no podía esperar más, así que tomé fuerzas y le hablé a ella:

—Madre, mis jefes solicitan tu presencia, ellos quieren hablar contigo.

—¿Cómo? ¿Acaso no te habían despedido?

Ella no se mostró nada entusiasta con lo que le dije, intuyó que era algo malo. De inmediato, sin decirme nada, se levantó de la silla y se fue a su cuarto...

A la mañana siguiente, mi madre ya estaba lista para salir conmigo, nos dirigimos a la oficina para la reunión acordada con mis jefes. Los dos caballeros hablaron primero con mi madre. Luego, ella afirmó:

—Sí, entendía lo que estaba pasando...

Con ello, confirmé y reiteré lo que le habían dicho...

—Soy menor de edad y quieren que firmes un papel para que yo pueda trabajar con ellos.

Mi madre me sacó de la oficina para que habláramos en privado.

—Hija, no es tan simple como parece. ¿Entiendes lo que estarías haciendo aquí? Vas a estar vendiendo libros. ¿Quién en esta ciudad va a comprar un libro? —ella hizo una breve pausa—. ¡Nadie! Me preocupa mucho todo esto, sabes que no ganarás un salario, todo es con base a comisiones y, si de pronto lograras vender uno de esos libros, lo que ellos proponen es que los cheques saldrán a mi nombre, porque tú eres menor de edad. ¿Sabes lo que creo? ¿Te has vuelto loca? No voy a firmar ningún papel. Deberías volver a la tienda de telas, te iba muy bien en ese lugar, no entiendo por qué lo dejaste — reprochó con un tono de voz egoísta.

Ella no sabía que sus palabras, sin quererlo, abrieron una herida que yo trataba de sanar.

—Madre, nunca volveré a ese lugar...

Y con mi sentimiento de desgracia, agregué:

—No entiendo por qué crees que es tan malo vender libros educativos. Si no lo intento, nunca sabré si vale la pena. Tú dijiste que siempre podía contar contigo y ahora eres tú la que no cree en mí. Te das cuenta de eso, ¿verdad?

Aun así, continué reclamando...

—Madre, tengo un buen presentimiento sobre todo esto...

De momento, su expresión se suavizó y parecía que reía.

—Por favor, madre... —insistí.

Ella levantó la mano, haciendo un gesto para que me callara de inmediato.

—Está bien, hija. ¡Suficiente por hoy! No quiero oír una palabra más. Ahora, ve a la oficina, ese hombre quiere hablar contigo, ya quiero irme a casa.

Entré a la oficina del señor Gómez y me explicaron cómo

podría conservar mi puesto dentro de la empresa. Al escucharlos, sonreí y pregunté sin rodeos:

—¿Cuándo puedo empezar?

El señor Pérez me habló casi con pena...

—Tu madre me explicó tus necesidades. Si quieres, podemos probar. Si no funciona para ti, házmelo saber y te devolveré a tu antiguo trabajo. Una cosa más: debes mejorar un poco tu apariencia, te beneficiará en este negocio. Te vendría bien cortar tu cabello y que vistieras un poco mejor. Eso definitivamente te va a ayudar.

No me ofendí con su sugerencia, porque vi cómo vestían las educadoras y yo no me veía para nada igual. Desde muy joven, nunca me había tomado nada personal. Recuerdo que, de niña, me veía diferente al resto de los demás porque no tenía tantos lujos como ellos, pero nunca me afectó, pues yo me sentía bien con lo que tenía.

La crítica constructiva del señor Gómez provino de un lugar de bondad y sabía que él solo buscaba mi mejor interés y potencial como la mujer de negocios en la que estaba dispuesta a convertirme.

—Por supuesto, señor Gómez, no hay problema con eso, lo haré. Muchas gracias por la oportunidad —contesté y me retiré muy feliz tras cumplir mi objetivo: trabajar en la compañía, ahora como vendedora.

No tenía ropa nueva en casa, necesitaba conseguirla rápidamente, sin mencionar los tacones altos, los cuales nunca había usado en mi vida. Decidí ir a la casa de Blanca, mi prima, en busca de su ayuda; ella siempre fue muy especial para mí. Le conté lo sucedido y amablemente me regaló tres de sus vestidos y un par de zapatos. Tuve que ir al zapatero a reparar los tacones antes de usarlos. Los vestidos me quedaban grandes, pero mi madre logró ajustarlos a mi delgado cuerpo.

Al día siguiente, estaba lista para comenzar mi nueva aventura. Me sentía invencible. Mi meta era lograr ser la mejor vendedora de la compañía.

Mi nuevo rol laboral comenzó en mi vecindario, fui puerta a

puerta, pero rápidamente me percaté de que estas personas no eran mis clientes objetivo. Todas las familias de mi barrio vivían por debajo del umbral de la pobreza y no tenían los medios para hacer compras innecesarias.

Mi próximo destino tampoco me trajo suerte, sabía que era cuestión de paciencia, todos los comienzos son difíciles. Salía muy temprano de casa y regresaba muy tarde; visitaba muchos hogares; realicé tantas presentaciones que ya me las sabía de memoria. Transcurrieron tres largas semanas y no había vendido ni un solo libro.

Mi madre no se sentía complacida por lo que me estaba pasando, ella sufría mucho por verme así. Yo ponía todo de mi parte, pero aún no veía los resultados que esperaba. A pesar de ello, yo sabía que las cosas tenían que cambiar en cualquier momento. Mi mamá fingía entender, pero yo sabía que estaba preocupada por la situación.

En verdad fueron tiempos difíciles. Yo trabajaba muchas horas, no ganaba un salario mínimo, todo era por comisión: si no vendía, no ganaba; trataba de controlar la situación para no angustiar más a mi madre.

Un día, en medio de mis aflicciones, le pedí a mi madre que me cortara el cabello. A ella no le gustó la idea y rechazó mi pedido, así que tomé el asunto por mis propias manos, busqué unas tijeras y me corté el cabello frente a ella. Cuando me miré en el espejo, comencé a llorar, me veía horrorosa, sentía que todo estaba en mi contra. Mi madre me abrazó y trató de arreglar el desastre que me había hecho, ella sabía que toda mi frustración era por no haber logrado ni una venta. Mi cabello estaba tan corto, que me hacía ver mayor en comparación a mi verdadera edad; debía acostumbrarme a mi nueva apariencia, solo sería cuestión de tiempo para que volviera a crecer, nada de esto sería una excusa que me impidiera continuar.

Todos los días caminaba durante horas, mis zapatos me producían ampollas en los pies. Al regresar a casa, mi madre tenía un balde de agua caliente para que yo metiera los pies y me disminuyera la inflamación. Mi mamá me conocía de pies a cabeza, ella sabía que no iba a rendirme tan fácilmente.

Cuando me miraba al espejo, extrañaba mi cabello largo, pero fingí que estaba feliz con mi cambio. Comencé a usar lápiz labial y a poner rubor en mis mejillas. A mi jefe le gustó mi nueva apariencia. También recibí complemento de todos en la oficina.

Con relación a las ventas, no solo era yo, todo el grupo estaba pasando por lo mismo. A la gente le encantaba el material que ofrecíamos, las presentaciones eran un éxito, pero la excusa era la misma: *"En este momento no podemos comprarla"*.

A partir de ahí, al señor Gómez se le ocurrió la idea de hacer las presentaciones en pareja, quizás así nos podríamos dar cuenta en qué estábamos fallando. Después, nos reunimos en el parque para compartir las experiencias y aprender de ellas. Conocíamos cada línea, por lo repetitivo que era el proceso. Mi compañera estaba muy nerviosa y siempre quiso que fuese yo quien hiciera las presentaciones. De alguna manera, yo siempre terminaba haciendo todo.

Cada mañana, el señor Gómez nos recibía con un discurso de motivación antes de salir a vender el producto, esto era primordial para nosotros, nos ayudaba a entender todo el proceso de realizar una venta. Lo que más me preocupaba era que pronto se iba a cumplir un mes y no sabía cómo ayudaría a mi madre con los gastos en casa.

Yo siempre salía de casa y de la oficina con actitud positiva. *"Hoy será el día en que realice mi primera venta"*, me repetía una y otra vez. En muchas ocasiones, las personas abrían la puerta y nos permitían hacer la presentación, pero en otras no corríamos con la misma suerte, ni siquiera abrían la puerta. Yo sabía que no iba a ser fácil, pero no me imaginaba lo difícil que era... Yo disponía de todo mi tiempo y esfuerzo en este proyecto, pero me sentía acorralada. No obstante, no perdía la esperanza de realizar esa venta.

CAPÍTULO 13

El domingo en la mañana, mi madre me preguntó si algo andaba mal, sé que ella intuía la respuesta.

—Lo siento, madre, pero hoy no puedo ir a la iglesia.

—¿Hija, estás segura de que te sientes bien?

—Madre, estoy bien. Debo salir a trabajar hoy, prometo que estaré en casa temprano.

El último día de la semana lo dediqué a trabajar, pero me prometí a mí misma que si no lograba hacer una venta, al siguiente día buscaría un nuevo empleo. Tomé el autobús, cuando este se detuvo, me bajé en su primera parada, caminé en dirección a una hermosa casa que cautivó mi atención. Un anciano estaba sentado en su jardín, leía un libro. Era difícil saber lo que leía desde la distancia. Mientras caminaba, se me vinieron muchas cosas a la mente: *"Él podría ser mi futuro cliente"*, pensé. El anciano estaba tan concentrado, que mi presencia de menos de un metro de distancia frente a él no pareció incomodar.

—El libro que estás leyendo parece interesante —pronuncié con el objetivo de romper el hielo.

—Lo es —me contestó sin levantar la vista—. Es un clásico —agregó.

Sus ojos se movieron a través de la página, sin perder nunca la concentración. Mi única esperanza se basaba en su interés por los libros y sabía que estaría interesado en mi producto. Aunque sentí que lo estaba molestando, él era mi única esperanza de realizar una venta. Trataba de pensar cómo podría llamar la atención de aquel anciano. No solo me lo debía a mí y a lo que aprendí, sino también a mi madre, ella siempre hizo que lo imposible fuera posible con tal de resolver la situación en pro de nuestro bienestar. Yo no podía darme el gusto de fallarle ahora.

—Caballero, creo que tengo un producto que lo beneficiará a usted y a su familia —dije y levanté la cabeza con sutileza.

El rostro de mi primer cliente era dulce, pero las arrugas en su rostro me recordaban una manta vieja que tenía en casa.

—¿Trabajas para W.M. Jackson? Pase, por favor —expresó el anciano mientras se levantaba de su silla.

En cualquier otra situación nunca hubiera accedido a entrar a la casa de alguien extraño sin conocerle. Sin embargo, algo en mi interior me dijo que podía confiar en él, así que hice lo que me pidió. Lo seguí hasta su interior. Lo primero que me llamó la atención fue un piano marrón que brillaba en la esquina de su sala.

—Por favor, siéntate.

Tomé asiento según me indicó. En seguida, preguntó:

—¿Hace cuánto tiempo que trabajas para esta empresa?

Sin pensar, solté una respuesta impulsiva.

—Tres años, señor —dije con seguridad.

—¿Y cuántos años tienes?

Me sentí atrapada por los faros.

—No creo que mi edad tenga importancia. Si me permite, me gustaría empezar mi presentación.

El anciano asintió con una sonrisa en su rostro.

—Por supuesto, me encantaría escuchar lo que tienes para ofrecer.

El hombre se sentó y colocó su libro sobre la mesa. Me prestó toda su atención, poniéndome aún más nerviosa.

A lo largo de la capacitación, los instructores nos aconsejaron hablar solo de una enciclopedia específica a la vez, según las necesidades del cliente. La pregunta inicial que debería haber hecho era: ¿qué tipo de libros tenía? Pero como nada me había dado resultado hasta ahora, sin darme cuenta terminé cambiando las reglas. Comencé mi presentación hablando de cada libro sin hacer una sola pausa.

El amable anciano, el cual cuyo nombre aún no sabía, me escuchó hablar durante más de media hora sin interrupción. Él era mi ángel de la guarda.

—¿Qué opinas? —dije al terminar mi presentación, como quien da un discurso brillante, tenía la esperanza de que tuviera algo positivo para decirme.

El anciano sonrió de nuevo.

—Genial. Finalmente tengo la oportunidad de hablar.

Quería morir, mi cara se puso muy roja, en ese momento supe que no iba a realizar la venta. Una vez más, el amable anciano expresó:

—Creo que hablas demasiado, como un loro mojado.

Sabía que los loros —en su estado normal— repiten a los humanos sin problema, pero cuando están mojados emiten sonidos a su máximo volumen.

—Además, no haces preguntas y tampoco dices la verdad… —agregó el hombre mayor.

Mi corazón se hundió en mi estómago. No contento con eso, el hombre continuó.

—Ahora tú, jovencita, vas a escucharme…

De repente, el anciano sacó una hoja de papel, un lápiz y escribió la palabra «oportunidad». Después de un instante, retomó su discurso.

—«Oportunidad». ¿Sabes lo que significa esa palabra?

Antes de que pudiera responder, comenzó a hablar de nuevo.

—Significa: *"Momento o circunstancia oportuna o conveniente para realizar algo. La mayoría de las veces solo tienes una oportunidad"*.

El hombre pausó nuevamente. Mi corazón continuó hundiéndose hasta lo más profundo de mi ser.

—Hace muchos años, yo era un vendedor como tú, no es una carrera fácil, pero si te gustan las ventas, puede ser interesante. El éxito de todo vendedor es ser persistente —hizo un silencio reflexivo y se dirigió a mí con su mirada—. Querida, lo primero que debes hacer es crear una conexión entre el cliente y tú. No entres en tu argumento de venta de inmediato. Primero, debes establecer algún tipo de camaradería. ¿Quieres apelar a tu cliente como si fuera un amigo? Es lo que buscas, ¿o me equivoco?

Yo solo bajé la cabeza, dándole a entender que tenía toda la razón. Él continuó.

—Lo más importante es escuchar. Cuanto menos hables, mejor. Es muy importante entender las necesidades de tu posible cliente para que sepas exactamente qué ofrecerle y que no sienta que le estás haciendo perder el tiempo.

El anciano, con amabilidad, me pidió que me pusiera de pie. Luego, señaló hacia un corredor, donde estaba su oficina; en ella yacía una enorme biblioteca. Estaba tan nerviosa que ni siquiera me tomé un momento para apreciar aquel lugar.

—Quiero que entres y mires alrededor de mi biblioteca y, si ves algo que me haga falta de lo que tienes, te lo compraré...

"Después de muchos intentos por fin podré hacer mi primera venta", pensé, pero estaba tan consumida con aquel objetivo que ni siquiera consideré lo que él podría tener. Caminé por la biblioteca y observé todo detenidamente. La habitación estaba cubierta de libros de toda clase de literatura, incluyendo lo que yo le había expuesto; me impresionó lo inmaculada y organizada que estaba, era evidente que los tenía todos. El anciano solo me estaba dando una lección de vida y yo debía humildemente aceptar y aprender de ella.

Perdiendo toda la esperanza de realizar una venta, caminé hacia afuera de la biblioteca y noté que en su escritorio había una fotografía enmarcada. En segundos, la tomé en mis manos y la observé con detalle.

—¿El niño de la foto es su hijo? —pregunté.

—No, es mi nieto..., tiene siete años.

Yo estaba muy emocionada.

—¿Le gusta leer? —sonreí, sabiendo que ese momento era culminante para mí.

—Le encanta leer —contestó el anciano con una sonrisa.

—Tengo algo para él. Se llama: «*El primer conocimiento*», consta de cuatro libros.

Al terminar, me emocioné, porque sabía que el anciano no los tenía en su biblioteca. En esas, expliqué:

—Este libro le enseñará a su nieto, de la manera más sencilla, cómo hacer su tarea sin frustrarse. Este sería un gran regalo para él, ¿no cree usted? —pregunté, emocionada, esperando su respuesta.

Él se rio histéricamente…

—Ja, ja, ja. ¡Excelente! ¡Aprendes rápido! —sonreí y asentí, sabía que era un hombre de palabra.

—¿Puedes venderme dos de esas enciclopedias? Lo digo porque tengo dos nietos.

Ambos reímos a carcajadas.

El anciano escribió un cheque de contado a nombre de la empresa por el valor de dos enciclopedias. De esta manera, realicé mi primera venta.

Ante tanta sensatez por parte del anciano, le dije:

—Lo siento, caballero, nunca debí mentirle. Trabajo para esta compañía hace solo un mes y esta es mi primera venta.

El anciano tan solo se rio y me comentó:

—Ja, ja, ja. Lo sabía, pero aprendes rápido. Tengo la sensación de que vas a llegar muy lejos, jovencita.

Mis nervios aún estaban fuera de control, pero estaba feliz de haber completado mi objetivo. Después de todo, su generosidad fue aún mayor.

—Tengo un regalo para ti.

En seguida, arrugué las cejas y quedé sorprendida, no sabía qué más podía darme aquel anciano.

—Te voy a dar diez referencias. Estas personas son «diez oportunidades» que tendrás, solo depende de ti cómo las utilices. Cuando hagas la llamada, diles que vas de mi parte; cuando los visites, realices una venta o no, pide siempre referidos a cada uno de ellos, solo así lograrás que las ventas sean mucho más fáciles.

Me quedé sin palabras. Aquellas referencias me darían más confianza. Podría prepararme con anticipación, lo que mejoraría mis habilidades de venta. El anciano, o mejor, mi ángel de la guarda, tenía toda la razón.

—Buena suerte para ti, querida.

En realidad... qué poco sabía yo, esto era tan solo el comienzo de lo que el destino tenía preparado para mí.

CAPÍTULO 14

"La primera venta siempre es la más difícil. Una vez que logras hacerla, todo empieza a fluir por sí solo, es como cuando aprendes a nadar".

En el mundo de las ventas, por experiencia propia, trabajar con referidos es un éxito total; si lo hubiese sabido antes, las cosas hubieran sido diferente para mí o quizás ese era el precio que tenía que pagar para enriquecerme de sabiduría en mi profesión.

Me volví una experta en la materia. Programar las citas en la mañana, preparar mi presentación y visitar a mi futuro cliente —que de paso ellos eran los que esperaban por mí— se convirtió en algo simple. Dicho de otra forma, hacía lo que mejor sé hacer: vender.

La situación económica en casa mejoró de manera drástica. Cuando tuve en mis manos mi primer cheque, no podía creerlo. Ahora podía comprar los medicamentos de mi madre y cubrir todos los gastos en casa. *"Esta sería la última vez que mi madre tuviera que trabajar"*, pensé.

Pasaron seis meses desde aquel día con el anciano, mis comisiones aumentaban cada vez más. Con mi esfuerzo, pude comprarle a mi madre la estufa de gasolina que tanto quería: recuerdo que era de color verde con un tanque rojo. Mi madre no cabía de la dicha. También le compré un televisor para que pudiera ver sus novelas.

Esa tarde, el señor Gómez me llamó a su oficina para darme una noticia. La gerencia nacional quería que yo participara en la Feria Internacional del Libro. El único inconveniente era que yo aún no era mayor de edad, así que la única forma de participar en la feria era usando una identificación falsa.

La Feria del Libro tenía como sede a Bogotá, ciudad donde vivía Edgar, mi hermano mayor. Lo primero que le dije a mi jefe era que primero tenía que hablar con mi madre y asegurarme de poder quedarme con mi hermano antes de darle una respuesta definitiva.

Empecé a sentirme muy ansiosa, solo había vivido en mi pequeña ciudad e ir a la capital por mi cuenta era abrumador. Viajar a Bogotá sería un desafío para mí y lo último que quería era preocupar a mi madre. Esa noche llegué a casa. Lo primero que hice fue contarle a mi madre la propuesta que mi jefe me había hecho.

—Hija, el pétalo de una rosa no se mueve sin el permiso de Dios.

Me quedé callada, pero sabía lo que quería decir...

—Pregúntale a tu hermano Edgar si puedes quedarte en su casa.

No le quise decir que ya había pensado en hacerlo, porque noté que la noticia no le había caído tan mal como yo pensé.

Poco después de hablar con mi madre, llamé a Edgar y respondió al instante. Le expliqué lo que estaba pasando, se alegró mucho por mí, le pareció que era una buena oportunidad. También me dijo que vendría ese fin de semana a visitar a mi madre para tranquilizarla un poco.

En julio de 1983 llegué a Bogotá. El clima era bastante frío, me estremecía. Mientras esperaba a mi hermano para que me recogiera en la estación, pude darme cuenta de que la capital era enorme. No recordaba la última vez que estuve en Bogotá, pues yo era muy pequeña. La espera terminó, mi hermano y yo estábamos juntos. Le pregunté si le gustaba vivir en Bogotá.

—No, para nada —respondió y yo quedé sorprendida por su respuesta—. Preferiría volver a Soatá, pero por ahora no puedo —agregó.

Yo sabía que mi hermano vivía en la capital de Colombia principalmente por su trabajo, pero al mismo tiempo me alegró saber que extrañaba nuestra tierra.

—La ciudad se ve un poco abrumante, pero tú eres muy inteligente y te adaptas pronto —comentó mi hermano—. Además, Julio y yo estamos aquí para ayudarte... Lo resolveremos.

Me sentí más tranquila con sus palabras.

Las calles de la ciudad eran muy confusas, todas se parecían entre sí. Mi hermano vivía en la parte sur de Bogotá. Por su parte, la Feria del Libro se realizaría en el norte de la ciudad. La distancia entre ambos puntos me aterrorizaba, ya que todo lo que podía pensar era que me tomaría más de una hora el trayecto. Cuando llegamos a casa de mi hermano, estaba muy emocionada de verlos nuevamente. Había pasado más de un año desde su partida; Edwin, mi sobrino, ya corría por todos los lados de la casa. Luego, todos nos dirigimos al comedor, nos sentamos y compartimos la cena que habían preparado para mí.

—Está bien, hermana, escucha atentamente: irás de sur a norte, así es como lo vas a hacer. Es pan comido. El autobús solo hace dos paradas. Yo te llevaré mañana para enseñarte cómo funciona. Después, lo harás tú sola, así que será mejor que prestes mucha atención —manifestó Julio.

Yo solo prestaba atención...

—No debes hablar con nadie... Esta es la capital y es muy diferente a Duitama...

Seguía escuchando los útiles consejos de mis hermanos sin omitir palabra. Una conversación más apareció: mis hermanos me contaban que era muy común ver a los ladrones vigilando a sus víctimas en los autobuses. Los delincuentes eran rápidos y eficientes, acostumbraban a cortar la bolsa de la víctima con una cuchilla y luego robaban lo que cayera de ella. Cuando la persona se daba cuenta de que su bolsa estaba vacía, ya era demasiado tarde para defenderse. A medida que hablaban, quedaba más aterrada. Yo vivía en un vecindario muy amigable, sentí que ahora estaba en otro país. Con el miedo ensañado en mi mente, apenas pude dormir esa noche. Me desperté antes de que saliera el sol y, tan pronto estuve lista, le dije a Julio que era hora de que nos fuéramos.

Salimos alrededor de las 7:00 a.m., no quería llegar tarde. Estaba ansiosa, le preguntaba a mi hermano a cada rato si ya íbamos a llegar. Cuando finalmente arribamos a nuestro destino, mi hermano comentó con algo de sarcasmo:

—Diez minutos antes de las 9:00 a.m. ¿Estás feliz?

Julio miró a su alrededor.

—¡*Wow*! ¡Este es un lugar realmente agradable! —exclamó al ver el edificio.

De inmediato, me presenté con la recepcionista. Tomamos asiento y esperamos al señor Pérez. Cuando él llegó, le presenté a mi hermano. Él saludó y se retiró de inmediato.

El señor Pérez me indicó la ubicación de la feria. Estaba tan emocionada por hacer mi primera venta en Bogotá, que no me quedó tiempo para pensar cómo regresaría a casa. Lo único que deseaba era realizar muchas ventas ese día.

Hablar con la gente nunca ha sido un problema para mí. A medida que lo hacía, me sentía más cómoda, mi confianza creció y se hizo más fácil hacer conexiones con el público que asistió al evento. Aquel día, no solo realizamos muchas ventas, sino que obtuve buenas referencias para visitar otros clientes. Incluso, tuve la oportunidad de conocer a profesionales de otras empresas. Todo el mundo fue muy amable y encantador. A lo largo del día, noté que un hombre me miraba con frecuencia. Su mirada fue inquietante y comencé a sentirme incómoda.

El último día de la feria, el hombre que me había estado observando durante los últimos días se me acercó, me entregó su tarjeta de presentación y se dirigió a mí.

—Si alguna vez te cansas de vender libros, me encantaría que trabajaras para mí.

¡Quedé avergonzada! En mi mente creía que este hombre me miraba de manera extraña, cuando en realidad solo había estado admirando mi ética de trabajo. Tomé la tarjeta, le di las gracias, le estreché la mano, coloqué la tarjeta en mi bolsillo y no le di más importancia al asunto.

En la Feria del Libro trabajé muy duro, superamos la cantidad de libros que inicialmente teníamos que vender. Mi jefe estaba tan feliz, que fue él quien me sugirió que me quedara más tiempo en la capital. Él creía que tendría un mejor futuro en la empresa si continuaba trabajando en Bogotá.

Cuando recibí mi cheque de pago, casi me da un infarto de la emoción. Nunca antes había ganado tanto dinero. Le prometí a mi madre que regresaría a casa, así que no me quedaba nada más por hacer en Bogotá.

Recién culminó la feria, le agradecí a Edgar por permitirme quedarme en su casa y le hice saber a Julio la hora en la cual me marcharía. Fue él quién me acompañó a la parada del autobús que me llevaría de regreso a casa.

Mi estómago gruñía solo de pensar en la comida que mi mamá había preparado para mí, ella era una excelente cocinera. Al llegar a casa, todos estaban muy feliz por verme, no solo porque les traje muchos regalos de la capital, sino porque en verdad me extrañaban. Todos nos fuimos a dormir esa noche plácidamente y, cuando llegó la mañana, todo volvió a la normalidad —o al menos eso fue lo que creí—.

Cuando me desperté, mi mente corría a mil por hora. No podía quitarme de la cabeza las palabras del señor Pérez. Saqué todos los referidos de mi bolsillo y no pude evitar preguntarme: ¿cómo podía dejar pasar tantas oportunidades? Tan solo unos meses atrás, un anciano bondadoso me regaló diez referidos y una gran lección de vida. Gracias a él y a su generosidad, pude lograr el éxito que estaba teniendo hasta ahora en la compañía. No pude evitar pensar si estaba dispuesta a renunciar a tanto, tenía que ser realista para que algo así fuera posible, yo tendría que vivir permanentemente en Bogotá y esto no era posible. Creo que aquel suceso no le iba a gustar a mi madre. Por primera vez ella vivía una vida muy tranquila y no me parecía justo.

Pocos meses después, por cosas del destino —o casualidad—,

las ventas en la compañía bajaron drásticamente. Todos los colaboradores de la oficina nos quejábamos de lo mismo. En verdad era preocupante, todo lo que podía pensar era que habíamos saturado a Duitama con nuestras enciclopedias.

Las palabras del señor Pérez resonaban en mi cabeza...

—Quédate un tiempo más en la capital...

Mi mente me decía que lo hiciera, pero mi corazón no sabía cómo decírselo a mi madre. Después de luchar conmigo misma por lo que pareció una eternidad, finalmente tuve el coraje de hablar con ella. Le platiqué acerca de la idea de mudarme a la capital. Mi madre me escuchó detenidamente. Cuando terminé de hablar, sin decir una sola palabra, se levantó de la silla, tomó su bolso y salió de casa.

Al finalizar el día, mi madre y yo nos reunimos para cenar. De repente, rompió el silencio entre nosotras, ya que se podía cortar la tensión con un cuchillo.

—¿Es eso lo que realmente quieres? —preguntó mi madre con preocupación en su voz.

¡Ella me conocía muy bien! En el fondo sabía que nada iba a hacerme cambiar de opinión. Después de un rato, volvió a hablarme.

—Está bien, hija. Si esto es lo que realmente quieres, nos iremos a la capital.

¡No podía creer lo que estaba oyendo! ¡Mi madre se mudaría conmigo a la capital!

CAPÍTULO 15

Mi hermano Edgar fue quien nos ayudó a encontrar un lugar para vivir. Organizamos nuestras cosas, tal como mi madre quiso, ella amaba que todo estuviera impecable, como una taza de té. A la hora de la cena, le conté a mi madre el deseo que tenía de terminar mi escuela secundaria, obtener mi título de bachiller; a ella le encantó la idea, así que al siguiente día me escribí a la escuela nocturna.

Al comienzo, todos tuvimos dificultades para adaptarnos a Bogotá, no fue nada fácil, especialmente para mí; encontrar las direcciones era la parte más difícil, me repetía que solo era cuestión de tiempo para que todo volviera a la normalidad.

Sandra, mi hermana menor, expresó sus deseos por trabajar; a mí me parecía que estaba bien que lo hiciera, con la condición de que debía asistir a la escuela. Así las cosas, comenzó a trabajar en una panadería.

Por otro lado, mi hermano Luis era el polo opuesto a Sandra y a mí. No le gustaba asistir a la escuela, lo regañábamos cuando no asistía a sus clases, pero siempre nos daba abrazos y besos para desviar el tema. Nunca pude estar enojada con él por mucho tiempo. Todos los días era la misma lucha. Mi madre intentaba despertar a Luis para ir a la escuela, pero él se negaba a asistir. Lo único que hacía feliz a este niño era estar en casa armando y desarmando todo lo que encontraba a su paso.

El único estrés de mi madre eran los conflictos diarios tratando de educar a Sandra y Luis; yo estaba siempre trabajando. Mi hermano Julio fue quien me enseñó a encontrar las direcciones; cuando tenía citas muy tarde, íbamos juntos en autobús. Al llegar a mi destino, me esperaba afuera de las casas hasta que yo terminara mi presentación. Luego, regresábamos juntos; él quería asegurarse que llegara bien a casa.

Ese año fue realmente duro para mí, pero lleno de mucha satisfacción. Aproveché cada uno de los referidos que obtuve durante la Feria del Libro y como fuera siempre me las arreglaba para que me dieran más.

Recuerdo que esa tarde llegué a casa, me encontré con una situación inesperada: escuché gritar a Sandra; de inmediato, le pedí que me dijera cuál era el problema. Me explicó que el dueño de la panadería había cerrado el negocio sin avisar a los empleados, por ende, todos habían perdido su trabajo. Traté de animarla, sabía que casualmente encontraría otro: Rosa, su compañera de clase, le había prometido ayudarla a encontrar un trabajo en un restaurante.

Efectivamente, una semana después, mi hermana estaba trabajando en el restaurante como cajera. Sin imaginarlo, aquel trabajo le cambiaría su vida para siempre.

Moisés, el dueño del restaurante, estaba alquilando un apartamento en su casa multifamiliar. Mi hermana sabía que estábamos buscando otro lugar para mudarnos, ya contábamos con el dinero suficiente para alquilar algo más grande. Cuando supo que su jefe tenía un apartamento para la renta, llegó a casa emocionada para informarnos a mi madre y a mí sobre la oportunidad de tomarlo. No podría ser más perfecto. Aquella tarde conocimos a don Moisés, él fue muy amable con nosotros; sin pedirnos una referencia o depósito, nos ayudó personalmente con la mudanza. Mi madre, Sandra, Luis y yo nos mudamos a su casa, tomando en arriendo el apartamento que él estaba rentando.

Poco tiempo transcurrió para que mi madre, con su astucia, no se diera cuenta del interés de Moisés por mi hermana; ni siquiera podía imaginar que un hombre de cincuenta años estuviera interesado en una jovencita de tan solo quince años. El señor comenzó a colmar a Sandra de regalos. Sabía que ella no tenía padre y, de alguna manera enfermiza y retorcida, usó eso en su beneficio para enamorarla.

Mi madre, angustiada, lo enfrentó de inmediato, pero él negó tal acusación. La situación era muy delicada: no solo vivíamos en su casa, sino que mi hermana trabajaba para él.

Moisés insistió en que sus intenciones eran puras y que solo quería ayudar a la familia, pero mi madre no le creyó una sola palabra. Después de terminar la desagradable conversación, mi madre habló con Sandra. Discutieron en voz alta. Sandra estaba muy molesta, ella no podía creer que mi madre hiciera tal acusación. De inmediato, mi madre empezó a buscar un lugar para mudarnos.

Mi hermana se mantuvo firme negándose rotundamente a mudarse. Ella estaba convencida de que Moisés era un buen hombre y solo quería ayudarnos. La relación de mi madre con Sandra se tornó muy tensa, conflictiva y dolorosa para ambas.

Una semana después, mi madre encontró un lugar para trasladarnos. Mi mamá quería darle una lección a Sandra, así que nos fuimos sin ella. Yo, personalmente, traté de hablar con ella, convencerla de que lo mejor sería mudarnos, le hice hincapié en que ella era menor de edad, pero mi hermana no quiso escuchar a nadie, estaba decidida a quedarse.

Mi madre creía que Sandra estaba arruinando su vida y no pensaba ser su cómplice. A su vez, tenía total seguridad en que, si Moisés era un hombre inteligente y quería evitar problemas legales, él mismo traería a Sandra a casa con nosotros.

Mi hermana Sandra tenía una personalidad fuerte, yo sabía que podía defenderse sola, o al menos así lo esperaba. Esto no evitaba la angustia de mi madre, después de tomar la decisión de irnos sin ella. Por fortuna, todo pasó como se esperaba. El mismo día que nos mudamos de su casa, Moisés le pidió a mi hermana que se fuera, de lo contrario, él tendría muchos problemas legales y le recordó que ella era menor de edad. Cuando Sandra entendió, aceptó irse, pero no con nosotros, le pidió a Moisés que la llevara a la casa de mi hermano Edgar. Sandra estaba molesta con todos nosotros, pero lo más importante era que estaba viviendo con mi hermano mayor. A pesar de esto, y por desgracia para mi madre, continuó trabajando en el restaurante con Moisés.

Mi hermana aún no entendía que lo que estaba haciendo no era lo más adecuado. Sandra pensó que, a pesar de su corta edad, ella tenía derecho a decidir lo que estaba bien o mal.

Edgar estaba al tanto de la situación mucho antes de que Sandra se mudara con él. Sandra, por otro lado, no entendía las razones, ella seguía viéndose con Moisés a espaldas de todos. No fue una situación fácil para nadie, especialmente para mi madre. Me sentí muy mal por ambas. Cuando la situación se le salió de las manos a mi hermano Edgar, le pidió a Sandra que, si no estaba dispuesta a obedecer, se fuera a vivir con nosotros. Sin más alternativa, Sandra regresó de nuevo a casa, mi madre y ella tuvieron una larga conversación y mi hermana prometió no volver a ver a Moisés.

Del mismo modo, mi mamá se culpaba a sí misma por el comportamiento de mi hermana. Ella creía que Sandra buscaba la atención de Moisés para suplir esencialmente el papel de figura paterna que desafortunadamente nunca tuvimos.

Sabíamos que Sandra nos había mentido, continuaba viéndose a escondidas con Moisés, sin importarle que mi madre le suplicara innumerables veces que desistiera de esa relación.

Ante esto, mi hermana tomó la peor decisión y se fue de la casa. Sandra sabía que su comportamiento estaba haciendo sufrir a mi madre. Mi hermana creyó que, si se marchaba, sería lo mejor para todos. Luego, supimos que había alquilado una habitación en el barrio. Mi madre fue a buscarla, tratando de convencerla de que volviera a casa, pero Sandra fue sincera con ella...

—Si realmente me amas, por favor, no interfieras más en mi

vida. Por favor, madre, no llames a la policía. Nadie me obliga a hacer nada. Yo amo a Moisés y no pienso separarme de él.

Aquella noche, mi madre llegó a casa y lloró desoladamente. Desde entonces, optamos por no interferir más. Pese a lo ocurrido, mi madre siempre reservaba un plato de comida, el cual ella personalmente llevaba hasta donde mi hermana vivía.

CAPÍTULO 16

La salud de mi madre se deterioraba poco a poco. Después de su derrame cerebral, ella nunca volvió a ser la misma de antes; por ello, mi prioridad siempre fue estar pendiente de su salud, tratando de evitarle estrés a toda costa, pero era muy difícil: mi madre se preocupaba por todos nosotros.

Mi hermano Luis insistió en trabajar y ganar dinero, él creía que la escuela no era para todo el mundo. Luis sabía que podía manipular a mi madre, pero también sabía que eso no funcionaba conmigo. Entré a la cocina con ímpetu y le pregunté a mi mamá dónde estaba Luis, quería estrangularlo por haber faltado a sus clases.

—¿Dónde crees que está? —pregunté y miré por la ventana—. Él estaba en el patio trasero de la casa, cubierto de tierra. Me dirigí hacia donde estaba y me arrodillé junto a él.

—¡Dame una razón para que justifique tu comportamiento! —manifesté con severidad—. ¡Asegúrate de que sea una muy buena! —reiteré con vehemencia.

Estaba tan enojada que deseaba tirar de su cabello. Sin embargo, en el fondo de mi corazón solo quería entenderlo mejor y ver por qué odiaba tanto ir a la escuela. Él permaneció en silencio y me miró con sus grandes ojos.

—¿Sabes a lo que he renunciado por nuestra familia durante todos estos años? —expresé mientras mis lágrimas comenzaban a rodar por mi rostro—. Estaba tan abrumada, que sin darme cuenta había reprimido muchos sentimientos guardados durante tanto tiempo, que simplemente salieron de mí en aquel instante.

Luis se acercó a mí, me abrazó y pronunció:

—Eres la mejor hermana del mundo. Has hecho mucho por nuestra familia. Todo lo que quiero hacer es ayudar, pero por favor, no me hagan volver a la escuela. Quiero ser mecánico, deseo arreglar autos.

—¿De verdad? Ja, ja, ja. ¿Y es que los mecánicos no van a la escuela? ¿Cómo crees que vas a aprender a ser mecánico si no vas a la escuela?

Por unos segundos, mi hermano permaneció en un silencio reflexivo.

—Si eso es lo que quieres, te apoyaré, pero tienes que volver a la escuela.

Luis confiaba en mí, me admiraba y obedecía mis órdenes, pero en esta ocasión se me salía de las manos.

Después de cenar, le dije a mi madre que no se preocupara por nada. Le prometí que me levantaría temprano y personalmente llevaría a Luis a la escuela. Esa misma noche me desperté a la madrugada para tomar un vaso de agua y noté que la luz de la cocina estaba encendida. Me acerqué a ver qué era lo que pasaba y me di cuenta de que era Luis, quien se encontraba tirado en el suelo reparando un carro de juguete que yo le había comprado una semana antes, todas las piezas las tenía en una bolsa de plástico. Yo solo lo observaba sin que él lo notara. Antes de que me diera cuenta, había vuelto a armar el auto como si nada hubiera pasado. Me senté a su lado y le di un abrazo.

—¿Qué estás haciendo?

—No quiero mentirte. Por favor, no me envíes a la escuela.

—¿Quieres ser un mecánico ignorante? —cuestioné y sacudí la cabeza con suspicacia.

—¡No! Solo quiero ser el mejor mecánico.

Me preparé una taza de café para que pudiéramos hablar.

Justo cuando llevé la taza a mi boca, noté los vellos sobre el labio superior de Luis, se había dejado el bigote. No podía creer lo mucho que había crecido en los últimos meses. Estaba tan ocupada trabajando, que no me había dado cuenta de que ya no era un niño. Había pasado más de dos años viviendo en Bogotá.

Me sentía tan frustrada... Empecé a sonar como un disco rayado, tenía que hacer algo, yo no podía dejar que se quedara en casa y desperdiciara su hermosa mente. Después de intentar convencer a Luis a través de varias charlas, sin ningún éxito, recurrí a mi hermano Edgar.

Edgar insistió en que sabía cómo persuadir a Luis para que fuera a la escuela.

—No te preocupes. Estaré cerca de casa el fin de semana y les daré una visita, hablaré con él, te lo prometo —comentó con mucha seguridad.

Él siempre estuvo dispuesto a escuchar nuestras dificultades y ofrecernos consejos. Como prometió, Edgar vino ese fin de semana y se sentó con Luis. Después de una larga conversación, le propuso a mi madre que lo mejor sería que Luis trabajara con él por un tiempo. Mi mamá, de solo pensar que se separaría de él, entró en un llanto desconsolado, pero sabía que era la mejor decisión. Edgar tuvo que preguntarle a su jefe si estaba bien que Luis trabajara como aprendiz y asistente del camión que él conducía. Cuando su jefe le comunicó a él que estuvo de acuerdo, Edgar le prometió a mi madre que le haría la vida tan miserable a Luis, que le pediría que lo regresara a casa y él volvería a la escuela.

Durante seis meses, Luis trabajó con Edgar y nos visitaba cada dos semanas. En ese tiempo, todos notamos que el objetivo de Edgar no se estaba cumpliendo, al contrario, por más difícil que Edgar le hiciera la vida a Luis, él no cambiaba de opinión. Es más, se veía que Luis estaba aprendiendo muchas cosas al lado de Edgar. Luis solo soñaba con ser mecánico y tener su propio taller.

Por otra parte, yo continuaba con mis largas horas de trabajo, no podía darme el gusto de bajar la guardia, tenía muchas responsabilidades, siempre fui la primera en llegar al trabajo y aprovechaba el teléfono para reservar citas y realizar seguimiento, sacando provecho a cada referido. Sin embargo, las ventas bajaron drásticamente. Para entonces, la economía del país no era la mejor, lo que hacía la situación más preocupante.

Después de un largo día de trabajo, fui a casa y decidí limpiar mi habitación. En medio de mis papeles, encontré una tarjeta de presentación que alguien me había dado en la Feria Internacional del Libro. La tarjeta decía: *"Gerente Nacional: Piso Limpio, Francisco González"*. *"¿Y si lo llamo? No tengo nada que perder"*, pensé. Traté de reservar una cita con él, realicé varias llamadas telefónicas a dicha empresa, pero no tuve suerte. Ante la negativa, decidí abordar el autobús hasta la dirección que había en la tarjeta. Al llegar, caminé hacia la recepción y me presenté.

—Mi nombre es Esperanza. ¿Puedo hablar con el señor Francisco? —pregunté.

—Necesitas una cita para reunirte con él —dijo la mujer detrás del escritorio en forma fría y directa.

—¿Qué te hace pensar que no tengo una cita con él? —contesté.

—Lo siento, señorita, pero no veo su nombre en mi libro. ¿Estás segura de que es para hoy?

—No dije que era para hoy. El señor Francisco me dio su tarjeta hace dos años y decidí venir hoy.

La recepcionista me miró de una manera extraña…

—Todo lo que le pido es que le dé esta tarjeta y le pregunte si está dispuesto a reunirse conmigo.

La tarjeta no estaba en buenas condiciones, estaba un poco doblada y algo sucia, pero tenía la firma de él en la parte posterior.

—Por favor, hágale saber que soy la vendedora que conoció en la Feria Internacional del Libro hace dos años.

La recepcionista me quedó viendo como si tuviera tres cabezas.

—¿Podrías sentarte y esperar?

Una hora más tarde, volví con ella de nuevo. Mi presencia le molestaba...

—¿Eres tú de nuevo?

Respiré para mantener la compostura y pedí nuevamente hablar con don Francisco. Le dije que no pensaba ir a ninguna parte antes de hablar con él. Ella se levantó de su escritorio y fue a su oficina, la verdad no sé lo que le dijo y no pensaba averiguarlo, solo recuerdo que juntos regresaron a la recepción. Cuando el caballero me vio, no podía creer que estaba en su oficina. Una sonrisa apareció en su rostro de inmediato.

—¿Por qué te tomó tanto tiempo visitarnos?

Sonreí y me puse de pie. Puso su mano en mi hombro y me condujo hacia su oficina.

—Adelante —dijo mientras le seguí—. Tengo muchos productos nuevos. ¿Cómo supiste? De hecho, solo pensaba en ti. Creo que eres la persona perfecta para promocionar «el mango rosca».

En verdad..., no entendía nada de su lenguaje...

En ese momento, me sentí un poco intimidada. Ya me estaba contratando sin hacerme ninguna pregunta. Él siguió hablando. Yo sabía, por experiencia, que quedarme callada y escuchar lo que tenía que decir era una manera sabia de entender lo que en ocasiones no tiene explicación. El señor Francisco tomó en sus manos el trapeador que estaba encima de su escritorio y me preguntó si sabía qué era.

—Sí, es un trapeador.

—No. Parece un trapeador, pero es mucho más que eso. Es todo lo que una ama de casa necesita para limpiar fácilmente el hogar y te diré por qué...

Quedé estupefacta, pero admiré su entusiasmo y pasión mientras me hablaba maravillas de un simple trapeador de piso. Después de su discurso, pregunté:

—¿Su empresa vende solo trapeadores?

—¡Sííí! —respondió con orgullo, como si fuera un artículo

recién descubierto y único—. También vendemos productos de limpieza —agregó.

"*¿Realmente dejaría mi trabajo en el nivel educativo para venir aquí a vender trapeadores?*", me dije a mí misma". "*¡Absolutamente no!*", pensé y al mismo tiempo me respondí.

No veía la hora de salir de allí, pero preferí hacer un par de preguntas que quizás lograran cautivar mi atención.

—¿Por qué no hablamos de dinero? ¿Cuánto ganaría vendiendo estos trapeadores?

—Ganarás un salario mínimo y una comisión del diez por ciento por venta —respondió de inmediato y con mucha seguridad.

Hacía muchos años que no recibía un salario fijo. La empresa con la cual trabajaba solo me pagaba con base en comisiones, lo que hacía las cosas difíciles para mí, sobre todo cuando las ventas bajaban drásticamente.

Estaba sin palabras. Pensé que sonaba increíble para ser verdad. No podía creer lo que el señor Francisco me planteó. No tendría que preocuparme por ganar lo suficiente cada mes para cubrir mis gastos, sin embargo, tenía que dar una respuesta.

—Tengo que pensarlo. Me pondré en contacto con usted durante el fin de semana —concluí.

—No se demore mucho, en verdad necesito gente y esta es una gran oportunidad para usted —expresó con amabilidad.

Tan pronto salí de su oficina, no pude evitar pensar si sería posible trabajar en las dos compañías al mismo tiempo. Por ello, decidí que lo mejor que podía hacer era hablar con mi actual jefe. Mi madre me decía que fuera siempre honesta y que dejara las puertas abiertas en todas partes.

WMJ International me había enseñado todo lo que sabía sobre ventas, había sido mi escuela. En ese momento, supe exactamente lo que tenía que hacer. Estaba muy agradecida con ellos por haberme brindado aquella oportunidad que marcó el inicio de mi carrera en el mundo de las ventas. No quería sentirme culpable por nada al respecto. Estaba rodeada de personas muy especiales y los iba a extrañar a todos.

Al siguiente día, programé una cita con el señor Gómez, le conté todo lo que me estaba pasando y lo que planeaba hacer. Fue difícil, no voy a negarlo, pero mi jefe me sorprendió con sus palabras: se alegró mucho por mí y pensó que era una gran oportunidad. También mencionó que, si deseaba, tendría la opción de regresar a vender sus libros. Ambos sonreímos, me dio un fuerte abrazo y me deseó lo mejor.

CAPÍTULO 17

Un nuevo capítulo iniciaba en mi vida laboral: firmé contrato por dos años con *Piso Limpio*. Después de un período de entrenamiento de dos semanas, me asignaron una ubicación oficial. Mi vida giraba únicamente en torno a los trapeadores. Mi trabajo consistía en vender aquellos artículos de limpieza. Y eso fue lo que hice: vender traperos. Se sintió increíble cuando doblé las ventas que esperaba en la semana.

El público quedó fascinado con el trapeador: este había sido diseñado para la ama de casa promedio con características positivas como su fácil limpieza en una lavadora, uso reutilizable y disponer de un cabezal que se podía girar para poner y quitar. Este último ítem bastaba para despertar el interés de los clientes.

Al igual que en mis anteriores puestos de ventas, me dieron un guion para memorizar. Mi plan inicial era trabajar de lunes a viernes en la empresa de trapeadores y vender libros los fines de semana, pero estaba teniendo tanto éxito con los trapeadores que mi jefe me preguntó si podía trabajar también los fines de semana. Aunque todavía quería ser leal al señor Gómez y al señor Pérez, sabía que dejar la compañía de libros era la mejor decisión.

Cuando recibí mi primer cheque, me asombró la cantidad de

dinero, jamás pensé que vender trapeadores fuera tan exitoso; tuve suficiente para hacer el pago inicial de una nevera. Mi madre estaba muy feliz cuando le di la sorpresa, todo lo que deseaba era continuar trabajando y comprar más cosas para ella.

Reconozco que fueron dos años duros, trabajé siete días a la semana, pero el esfuerzo y sacrificio que estaba haciendo valía la pena, había logrado todo lo que siempre deseé: nada hacía falta en casa.

Mientras tanto, Sandra seguía viviendo sola y venía de vez en cuando a visitar a nuestra madre. Sabíamos que seguía involucrada sentimentalmente con Moisés. Cada vez que mi hermana nos visitaba, mi madre y yo sabíamos que algo andaba mal, pero Sandra nunca se quejó, ella ya era mayor de edad y solo podía recordarle que la amaba y que siempre podía contar conmigo.

Ahora bien, respecto a Luis, después de que él trabajaba con Edgar, regresaba a casa y trataba de ir a la escuela, pero no estaba feliz. Sandra, exhausta, llegaba todos los días a casa y tenía que lidiar con los mismos problemas: Luis desaparecía y volvía por la tarde como si nada. Me molestó saber que estaba desobedeciendo a mi madre.

Un día, hablé con Luis y le dije que me ayudara a entender por qué un niño inteligente como él insistía en no ir a la escuela, mientras toda la frustración salía de mí.

—No soy un niño, ya soy un hombre. Tú conoces gente. ¿Por qué no puedes simplemente ayudarme a encontrar un trabajo? Supongo que olvidaste la edad que tenías cuando empezaste a trabajar, ¿verdad?

Luis tenía algo de razón en ello...

Por un rato, me empezó a doler la cabeza por el largo día que tuve. Así que, por primera vez, pensé en la posibilidad de hacerlo. Le dije a Luis que trataría de encontrarle un trabajo, pero no le prometía nada.

Al siguiente día fui a hablar con mi hermano y le pedí nuevamente ayuda, él tenía un amigo que trabajaba en un taller de mecánica llamado *Soto Brakes*. Él, personalmente, lo llamó y le explicó la situación por la que estábamos pasando. El señor Soto fue muy comprensivo ante la solicitud, hasta nos prometió que antes de que nosotros lo imagináramos, Luis estaría de vuelta en la escuela. Lavar tornillos y estar engrasado todo el día no era nada agradable. Bajo estas condiciones, Luis empezó a trabajar en el taller de mecánica.

Nuevo día, primera jornada de trabajo. Mi hermano Luis se despertó muy temprano, me esperó en la puerta, de ninguna manera quería llegar tarde a su nuevo trabajo. Para sorpresa de todos, esto ocurrió a diario. Cada vez que le preguntamos cómo iba en su trabajo, su respuesta era: *"Me encanta la mecánica, pronto aprenderé a reparar autos"*. Aquella vez sus manos estaban secas y cortadas por la gasolina que estaba usando para la limpieza de las partes de los autos, aproveché la oportunidad de hablar con él mientras le colocaba un poco de crema en sus manos.

—¿Esto es lo que quieres? ¿Tener tus manos así en lugar de ir a la escuela?

—¡Sí, hermana!, no te preocupes por mí, así es como se ven las manos de un mecánico.

*

*

Cada lunes, a primera hora, se nos asignaba la ubicación para el resto de la semana. Se esperaba que cada vendedor se presentara en la oficina. Aquella mañana escuché a mis compañeros de trabajo hablar sobre la inauguración de un nuevo supermercado. Mi jefe tenía el volante publicitario encima de su escritorio, decidí recogerlo para echar un vistazo.

—Estamos invitados a esa gran inauguración —informó a todo el equipo.

Me di la vuelta y mi jefe fijó su mirada directamente en mí.

—¿Nosotros? —pregunté con sorpresa, pues no despegaba su mirada de la mía, al mismo tiempo que mis compañeros de trabajo presenciaban todo.

—Sí, vendrás conmigo, porque tú harás que cada persona que venga a la inauguración del supermercado se lleve un trapeador. ¿Verdad, señorita?

—Sí señor —ratifiqué con tranquilidad.

—Nos darán un lugar en el almacén y usted trabajará con otras dos damas de nuestra empresa. Estará a cargo del micrófono; las demás manejarán el producto y, por supuesto, las ventas, que es lo más importante.

Debo confesar que me sentí nerviosa porque nunca había hablado frente a tanta gente, sin embargo, estaba lista para el nuevo desafío. Faltaban solo tres días para la inauguración del supermercado, lo que dejaba poco tiempo de preparación. Trabajaba todos los días de la semana, sin tiempo libre para mí, así que pensé que la mejor manera de prepararme era improvisar en el acto y usar la honestidad para guiar a los clientes hacia nosotros. Decidí hablar del producto y sus bondades, además de pedir testimonios a las personas que ya lo estaban usando. El impacto ante los asistentes fue muy exitoso para la compañía. Aquel día conocí al señor Ortiz.

—Permítame presentarme.

El hombre parecía tener entre cuarenta y cinco o cincuenta años; vestía elegante, de buena presencia y expresión; tan solo con su forma de hablar se notaba que era muy educado.

—Mi nombre es Leonel Ortiz, soy el presidente nacional de *Industriales La Coruña*. ¿Alguna vez has oído hablar de nosotros?

La empresa de la que el caballero hablaba era conocida por la venta de productos alimenticios. Esta compañía era muy reconocida dentro de las comunidades ricas debido al famoso caviar y las delicias que vendían.

—Sí señor, ustedes venden productos que, lamentablemente, no todo el mundo puede pagar —dije parcamente.

Él, con educación, me miró, sonrió y añadió:

—Aprecio tu honestidad, señorita. No solo eres una buena vendedora, sino que también eres divertida. No creo que todos mis productos sean tan costosos como crees, me gustaría dar algunas muestras.

En seguida, asentí con agrado y le respondí:

—¿Gratis?

—Sí, gratis —dijo con indiferencia.

A lo largo de nuestra interacción, al tiempo que sosteníamos la conversación, él se detenía para estrechar la mano de otras personas. Fue evidente que era un hombre de negocios, conocía a todos en la industria. Caminé con él hasta el estacionamiento y tomé las muestras que me había ofrecido. Le estreché la mano y él me dio su tarjeta de presentación.

—Estoy interesado en trabajar contigo, llámame cuando estés lista para la entrevista.

El empresario se alejó de mí. Los dos compañeros de trabajo que estaban conmigo corrieron y me empezaron a hacer preguntas.

—¡Oh, Dios mío!, ¿qué te estaba diciendo? —preguntó una de las chicas.

—Se dice que el señor Ortiz es un mujeriego. Es raro que lo vean dos veces con la misma mujer —intervino la otra.

—¿Y a mí qué me importa? ¿Qué tiene esto que ver conmigo? Él solo me dio algunas muestras de su producto. ¿Les gustaría un poco?

Compartí las muestras que me había dado: ciruelas pasas, cerezas, alcaparras y aceitunas. El resto las llevé a mi casa y, para mi sorpresa, a nadie le gustó comerlas, o quizás no teníamos el paladar tan exquisito, por lo que preferimos comer arroz, fríjoles y un huevo frito encima, que deliciosamente mi madre preparó para la cena. Aquella noche nos reímos mucho al ver que ninguno pudo comer las verdes aceitunas que llevé a casa.

Al siguiente día, volví a mi ubicación habitual. Con sorpresa, sobre el mediodía, el señor Ortiz se acercó a mi stand.

—Entonces, ¿qué te parece? —preguntó.

No supe qué decir...

—¿Respecto al producto? —respondí mientras lo miraba a los ojos.

—No, me refiero a la entrevista —enfatizó.

Estaba confundida, no tenía ni idea de cuál era su interés de buscarme, sabiendo que ya me había dado su tarjeta de presentación. Además, nunca le dije que estaba interesada en trabajar para él, pues me sentía a gusto y complacida con mi actual empleo.

Bien. Continué con mi trabajo, como si nada lo interrumpiera, pero el señor Ortiz nuevamente intervino.

—Difícilmente me equivoco, creo que le iría muy bien en mi empresa.

—No es el lugar donde trabajas, son las ganas que le pongas a las cosas que haces. Para ser honesta, estoy muy feliz en esta empresa, pero gracias por la oferta.

—Creo que estás cometiendo un error, piénsalo. Si cambias de opinión, la oferta sigue sobre la mesa.

Pasaron varios meses, para mí era normal ver al señor Ortiz en los supermercados, los cuales visitaba con frecuencia. Sin embargo, cada vez que podía, con respeto, se acercaba a preguntarme cómo me iba, nunca me hizo sentir incómoda, en verdad le gustaba mucho mi ética de trabajo.

No pude evitar preguntarme a mí misma por qué siempre me pasaba lo mismo: se acercaba a mí cuando menos me lo esperaba. El señor Ortiz siguió insistiendo en que no tenía nada que perder yendo a una entrevista.

Después del trabajo, todo lo que quería hacer era ir a casa y hablar con mi madre. Esta sabia mujer siempre tenía una respuesta para todo. Luego de la cena, ella se dio cuenta de que algo inquietante pasaba conmigo, sentí sus manos suaves tocando mi cabello, besó mi cabeza y, en ese instante, sentí su amor de madre, el cual necesitaba más que nunca; su amor me tranquilizaba.

—¿Qué ocurre? —preguntó mi madre.

Agarré su mano y la besé...

—Nada, no te preocupes —respondí mientras ella permaneció en silencio—. ¿Sabes, madre? Hoy recibí una nueva oferta de trabajo.

—¡Dios escuchó mis oraciones! —dijo mi madre, complaciente.

Yo arrugué la nariz, confundida.

—¿Qué? ¿A qué te refieres?

—Hija mía, trabajas demasiado. Ni siquiera tienes un día libre para ti. No duermes lo suficiente. Sé que tenemos gastos y tú nos cuidas a todos, pero tal vez deberías ver este nuevo trabajo. De pronto hasta logres un día libre para las dos.

Sabía que no tenía la respuesta a todas mis dudas, pero sus palabras tenían gran valor.

Empezó un nuevo día. Muy temprano, llamé al señor Ortiz y dispuse un encuentro para el día lunes a las 5:00 p.m.

El fin de semana estuve muy ansiosa, me mostraba reacia a la decisión que estaba tomando. Por momentos logré sentirme atascada y, esa sensación de una nueva oportunidad donde quizás me esperaban mejores cosas para mi carrera, me ponía muy nerviosa; pero si estaba destinada a seguir creciendo como profesional, aprovecharía todas las oportunidades que se me presentaran. Las ventas nunca fueron un problema para mí, lo inquietante era conocer el tipo de producto que iba a vender. Los productos del señor Ortiz eran caros y solo atendían a una clientela selecta.

Durante la época de los años ochenta, Colombia fue el segundo mayor productor de café en el mundo, pero los precios internacionales del café cayeron a mediados de la década. El aumento de las ganancias petroleras de Colombia compensaba la pérdida, pero esto no impidió que la clase media se viera afectada. La economía no era la mejor y todos tenían miedo de perder sus trabajos, no sabía si era una buena idea hacer este cambio ahora. Si la economía colapsara más de lo que ya lo había hecho, ¿quién tendría dinero de sobra para comprar productos tan costosos?

CAPÍTULO 18

El lunes llegó mucho más rápido de lo que esperaba. Me encontraba extremadamente nerviosa, no sabía qué esperar de la entrevista con el señor Ortiz. Cuando llegué a la recepción, me atendió una señorita muy amable.
—¿Puedo ayudarle? —preguntó.
—Tengo una entrevista con el señor Ortiz —dije con calma.
—Ningún problema. Está ocupado en este momento, pero estará con usted en breve.
Yo era la única en la sala de espera y la mujer decidió entablar una conversación.
—¿Hace mucho que conoce al señor Ortiz?
Le di una aprobación ambigua.
—Lo veo seguido en los supermercados donde yo trabajo. Él fue quien me ofreció venir a una entrevista, pero si soy honesta, estoy un poco nerviosa por la transición.
—Mi nombre es Selena. Es un placer conocerte. Esta compañía ciertamente ofrece grandes oportunidades, pero para ser honesta con usted también, debe tener cuidado con el señor Ortiz…
Creo que fue amable de su parte advertirme, pero en verdad era la segunda vez que escuchaba lo mismo, no entendía qué tenía que ver una cosa con la otra.

—Eres muy bonita y el señor Ortiz es un hombre con buena posición, guapo, divorciado, tiene fama de mujeriego; si vas a trabajar aquí, solo ten cuidado, puedo notar que eres una buena chica.

No podría importarme menos lo que amablemente me decía su secretaria. Mi única prioridad era el trabajo y poder mantener a mi familia.

Minutos después, Selena me pidió que la siguiera, supuse que era la hora de mi entrevista. Me puse de pie y caminé hacia la oficina del señor Ortiz, la cual estaba decorada con elegancia. Él combinaba bien con la estética de la oficina: vestido con un traje gris y corbata roja, en verdad vestía muy elegante. Ortiz se puso de pie, sonrió y estrechó mi mano.

—Bienvenida. Por favor, tome asiento. Estoy feliz de que finalmente estés aquí. ¿Sabes? Muy rara vez me equivoco y sé que este es el lugar adecuado para ti. Vas a hacer una linda carrera en esta empresa.

Seguí esperando que dijera algo que me desanimara, pero con el transcurrir del tiempo logró cautivar mi interés en la empresa, me fue imposible rechazar la oferta: no solo ganaría el doble del salario que actualmente tenía, recibiría beneficios médicos adicionales y una comisión por cada venta que hiciera. Antes de terminar la entrevista, me dijo:

—Si te gustan las ventas, este es el lugar adecuado para ti. Todos los empleados reciben el mismo trato, se les brinda la oportunidad de crecer, pero depende solo de ustedes si están dispuestos a aprovecharlas. Estarás trabajando con productos elitistas.

—Todos los comienzos son difíciles. ¿Qué crees que te impedirá desafiarte a ti misma?

—Miedo —respondí automáticamente y sin dudarlo—. Lo más difícil de superar en la vida es el miedo. Sé, por experiencia, que cuando una puerta se cierra frente a tu cara, tienes miedo de volver a tocar. Por fortuna, la vida me ha enseñado que tengo que llamar a la puerta más de una vez. Si puedes superar el miedo, nada puede detenerte —concluí.

El señor Ortiz me miró con fuego en los ojos...

—Esta es la actitud que quiero ver en ti; y no solo hoy, sino siempre.

El señor Ortiz era un experto en ventas. Lo admiré desde el momento en que lo conocí. Sabía que aprendería mucho de él, hubiera sido una torpeza de mi parte no aprovechar tal oportunidad. Aunque el miedo estaba tratando de detenerme, yo siempre sería más fuerte que él mismo.

Tan pronto terminé la entrevista, me quedé pensando y busqué la palabra «*elitista*» en el diccionario. El señor Ortiz había mencionado la palabra a lo largo de nuestra conversación, quería asegurarme de entender completamente a lo que él hacía referencia: el término «*elitista*» se define como «exclusivo».

¿Exclusivo? Lo sabía, no podré vender una botella de aceitunas en mi barrio. Una botella de aceitunas, una caja de cerezas y una de ciruelas pasas de esta marca equivalen a comprar tres libras de arroz, dos libras de papa, una botella de aceite. Podría alimentar a mi familia durante una semana.

Llamé a mi amiga Olga y le pregunté si podía reunirse conmigo para quitarme un poco el estrés del pecho. Nos reunimos para tomar un café y ella me dejó desahogarme, todo lo que necesitaba era que alguien me escuchara. Me hacía bien reunirme con mi amiga de vez en cuando.

A lo largo de los años tuve que tomar decisiones drásticas en mi vida, sabía que era una buena oportunidad. En última instancia, lo más importante era no afectar económicamente a mi familia de ninguna forma, ya que era primordial para mí.

Había estado vendiendo trapeadores durante los últimos dos años y necesitaba expandir mis horizontes.

*

*

Cuando presenté la renuncia, mi jefe se sorprendió, él no estaba muy feliz con mi decisión. Con firmeza —pero con frialdad—, me estrechó la mano y me deseó lo mejor. También dijo que sería bienvenida si decidía regresar o cambiaba de opinión. Sentí una inmensa culpa, pero era una decisión tomada.

Las dos siguientes semanas pasaron muy rápido y pagué mi preaviso, como era lo correcto, pues dejar las puertas abiertas siempre fue importante para mí.

Cuando comencé en el nuevo trabajo, pensé que el señor Ortiz me asignaría una ruta —como en mi trabajo anterior—, pero me equivoqué. En cambio, me envió a la factoría donde empacaban y despachaban productos alimenticios conservados. El objetivo era que yo aprendiera sobre cada uno de ellos. El señor Ortiz quería que yo memorizara sus ingredientes, degustara el producto y me identificara en todo aspecto con el producto.

Al principio, no entendía su objetivo de mandarme a la fábrica, pero no tardé en darme cuenta de su visión comercial. El haberme enviado a aquel lugar tenía mucho sentido común: captar en esencia el producto y ofrecerlo de manera eficaz a los futuros clientes.

Al cabo de dos semanas, fui asignada a un supermercado como «promotora de ventas». Mi trabajo consistía en supervisar el producto, mantener limpia y organizada la lata de conserva con la cara de la marca hacia adelante. Era muy importante que la exhibición mantuviese estéticamente agradable a la vista del cliente, eso lo era todo para esta compañía. Comprendí bien que ellos entendían las ventas como una ciencia y no solo como un mecanismo de lucro.

Permanecer junto a los productos, dando degustaciones, era primordial. La gente se acercaba y siempre hacían preguntas acerca de los productos; yo les contestaba con profesionalismo. Así fue como poco a poco me fui identificando con mi trabajo y todo fluía como se esperaba. Amaba a la gente y las ventas de por sí se me daban con más facilidad.

Sin darme cuenta, llevaba trabajando para la empresa seis meses. Para ese entonces, me hicieron entrega de una bonificación semestral. Recuerdo con emoción cuando tuve en mis manos mi primer cheque.

El señor Ortiz me llamó a su oficina para darme la noticia de que me habían ascendido a supervisora. Ahora, mi tarea consistía en visitar los supermercados y supervisar a las promotoras de ventas para que hicieran su trabajo según los estándares de la compañía y así garantizar que el mercadeo de los productos fuera un éxito. Bajo mi responsabilidad administrativa se encontraban doce supermercados.

El señor Ortiz esperaba que, bajo mi supervisión, las ventas duplicaran los ingresos. En muchas ocasiones el señor Ortiz me supervisaba, quería asegurarse de que estaba haciendo bien mi trabajo y, de paso, me ofrecía llevarme a mi casa o almorzar, a lo cual siempre me negué rotundamente, recordando los consejos de Selena. Yo estaba en mi mejor momento, el señor Ortiz no había exagerado en hablar de las oportunidades en la compañía y yo las estaba aprovechando al máximo; fueran malas o buenas sus intenciones conmigo, no era yo quien iba a averiguarlo, solo deseaba trabajar y nada más.

El tiempo pasaba volando. Las ventas en cada supermercado aumentaron tal como proyectó el señor Ortiz. Un año más tarde, me llamaron nuevamente a su oficina. En esta ocasión había una vacante como «vendedor viajero». Recuerdo que el señor Ortiz me preguntó si tenía algún inconveniente en viajar a otras ciudades. Yo le respondí que no tenía ningún problema en hacerlo.

—Habla con Selena, ella se encargará de comprar tus pasajes de avión y te dará el itinerario.

Mientras el señor Ortiz hablaba, yo necesitaba contener mis emociones. No podía creer lo que estaba escuchando, uno de mis sueños finalmente se haría realidad: ¡volaría en un avión!, el mismo que vi desaparecer en las nubes tantas veces cuando era niña.

Cuando llegué a casa, le conté a mi madre sobre esta nueva oportunidad en la empresa; ella no podía creerlo, estaba muy orgullosa de mis logros.

Mi corazón estaba lleno de alegría, de agradecimiento con la vida; todo el sacrificio había valido la pena y ahora más que nunca tenía la seguridad de que todo era posible, sin escuchar una sola excusa que nos impidiera salir adelante.

Conté los días de mi viaje. Mi madre fue quién me ayudó a

empacar mi equipaje, estaba muy ansiosa, recibí su bendición y partí al aeropuerto.

El señor Ortiz me estaba esperando. Cuando entramos al aeropuerto, yo no podía sentir mis piernas, solo esperaba que nadie se diera cuenta de lo nerviosa que me encontraba. No solo era la primera vez que pisaba un aeropuerto, era la primera vez que iba a volar en un avión. ¡Estaba aterrada!, pero debía guardar la compostura.

Estando ya sentada dentro del avión, sin darme cuenta, mi cabeza me daba vueltas y mis pensamientos me atrofiaron aún más: *"¿Qué pasaría si el avión se estrellara?"*. *¡Nunca volvería a ver a mi madre!* El señor Ortiz extendió su mano para estrechar la mía e instantáneamente notó que mis manos eran una caja de hielo.

—¿Estás nerviosa? —preguntó.

—No —negué con la cabeza, mintiendo.

—Bien, me alegra escucharlo. Esta vez viajaremos juntos, para que conozcas a los clientes mayoristas. Después, tendrás que hacerlo sola, así que vete acostumbrando. Antes de que te des cuenta, se te volverá costumbre —expresó.

Sentía que el color de mi piel desaparecía de mi cuerpo; casi todo el aire de mis pulmones se escapaba una y otra vez, especialmente cada vez que tenía que subirme a otro avión. En esa ocasión, volamos a varias ciudades: Medellín, Barranquilla, Cartagena, Montería, Pasto, Boyacá, Sincelejo, Pereira, entre otras.

También tuve la oportunidad de conocer a cada gerente encargado. No importaba a dónde fuéramos, el señor Ortiz siempre era recibido y tratado como realeza. Se le respetaba su profesionalismo, se notaba el respeto y aprecio que le tenían.

Este trabajo no solo me permitió viajar, sino que me educó sobre todo lo que debía saber sobre mi país. Antes de esto, nunca había salido de mi ciudad.

El señor Ortiz y yo realizamos una gira de seis semanas, donde logré aprender todo lo relacionado con las ventas a nivel nacional.

Medellín pasó a ser uno de mis lugares favoritos para visitar.

Recomiendo encarecidamente el ajiaco, la arepa y la bandeja paisa. El ajiaco es una sopa; las arepas son una masa que se parte por la mitad y se rellena con cualquier cosa que puedas imaginar. A la hora de cenar, siempre pedía una botella de agua, porque solo el agua embotellada era más segura para el consumo. Por el contrario, el señor Ortiz acompañaba su cena con una copa de vino.

Yo, en cambio, nunca había consumido una bebida alcohólica y no tenía intención de hacerlo. En verdad fue una gira de mucho aprendizaje para mí, una experiencia que he tenido siempre presente en mi vida.

Después de esa gira, mi ritmo de vida cambió drásticamente. Mi pobre madre no estaba muy feliz, tenía que ausentarme de casa por temporadas largas, mis viajes cada vez eran más frecuentes: nuevas ciudades, nuevos clientes. Personalmente, nunca sentí que estaba trabajando; amaba tanto lo que hacía, que disfrutaba cada momento.

Un año más tarde fui premiada en la empresa como: «*Mejor vendedor del año*». Pasé la mayor parte del tiempo viajando y no me había dado cuenta de que Bogotá se había convertido en un lugar inseguro para vivir. Las calles ya no eran seguras. Una vez, en horas de la mañana, en un autobús y en frente de todos, mi madre me contó que dos hombres violaron a una joven de apenas quince años; luego, dos hombres sacaron a la joven del autobús y la arrojaron a un automóvil. Nadie hizo nada para ayudarla. Mi madre estaba aterrada, ella se preocupaba constantemente por mi seguridad. Le prometí que tendría más cuidado, era una tragedia que no deseo a nadie, pero no podía dejar de vivir mi vida, yo sabía que mis viajes la estaban estresando demasiado, mi madre pensaba que el avión se caería y yo no regresaría a casa. Incluso, al regreso de un viaje, le llevé un periódico y le leí un artículo que decía:

—*Colombia tiene vías férreas y carreteras con importantes vías navegables interiores. El avión es particularmente importante para mantener la comunicación con otros países. Colombia tiene uno de los mejores récords de transporte aéreo en el mundo: solo hay uno, que se llama «Avianca». Avianca se estableció en 1919. Más de 5,5 millones de personas usan la aerolínea anualmente sin que se reporten accidentes.*

Tomé aire y le dije a mi madre:

—Entonces, ¿qué te hace pensar que sucederá ahora? Madre, relájate. Estaré bien.

Después de terminar mi discurso, ella me miró, sin disculparse.

—Cariño, si ese avión está destinado a caer, lo hará..., pase lo que pase.

Solo sé que cada vez que regresaba a casa, ella se mostraba feliz y aliviada. Siempre traté de pasar tiempo con mi madre antes de partir para mi próximo viaje, lo que ella más amaba era asistir a la iglesia los domingos, así que siempre que yo podía íbamos juntas a la iglesia y después la invitaba a desayunar.

Los retos nunca disminuyeron, ya que las expectativas de la empresa sobre mí eran muy altas, no podía darme el lujo de bajar la guardia. Mi familia dependía completamente de mí. Mucho tiempo atrás me prometí que no volveríamos a pasar necesidades y si debía hacer sacrificios estaba dispuesta a hacerlos siempre.

CAPÍTULO 19

Cada día era un desafío para el pueblo colombiano, considerando que la economía del país no era la mejor. El Gobierno había aumentado el costo de vida en todos los aspectos, incluidos los de alimentos y vivienda. En otras palabras, el Gobierno le puso precio a todo. Pese a lo mal que se encontraba la economía en el país, gracias a Dios yo gozaba de una estabilidad laboral y económica.

Para entonces, mi hermano Luis había trabajado en el taller de mecánica durante un buen tiempo; todos los días yo esperaba que él volviera a casa frustrado y cansado, alegando que odiaba su trabajo y que regresaría a la escuela, pero desafortunadamente nunca sucedió, por lo que decidí ir personalmente al taller y hablar con el dueño. ¿El motivo? Quería recordarle que se suponía que Luis debía odiar su trabajo, no amarlo. Según el señor Soto, mi hermano tenía un verdadero talento y lo estaba haciendo perfectamente, aprendía con rapidez y los clientes ya pedían que fuera él quien los atendiera. Yo estaba enojada con el dueño del taller porque ese no había sido nuestro trato. Pude lograr muchas cosas en mi vida, pero hacer que Luis fuera a la escuela no fue una de ellas, a mi hermano le apasionaba la mecánica, era su sueño y no podía hacer más que apoyarlo.

Con el pasar del tiempo, fue tanta su sabiduría en esta

profesión que mecánicos de todas partes llamaban a mi pequeño hermano para pedirle ayuda con autos que ellos mismos —con años de experiencia— no podían resolver, los ayudaba por medio de una llamada telefónica, todo lo que tenían que hacer era darle la marca y el modelo del automóvil y Luis podía decirles lo que debían hacer. Nunca vi nada igual, su nombre como mecánico se escuchaba por todas partes, su conocimiento y sus habilidades innatas para la mecánica automotriz eran difícil de explicar, sencillamente él sabía lo que estaba haciendo.

Así las cosas, le prometí que, después de comprarle una casa a nuestra madre, le compraría un taller de mecánica solo para él. En seguida, se rio a carcajadas, me abrazó fuerte y me dijo:

—Viniendo de ti, puedo creer cualquier cosa.

Luis era como un pajarito: le encantaba volar, lo hacía con velocidad, con miedo de que alguien cortara sus alas; vivía la vida como si cada día fuese el último para él. En ocasiones le pregunté por qué quería vivir la vida con tanta rapidez. Él me miraba y hablaba...

—¿Acaso sabes si habrá un mañana para mí?

Las cosas materiales nunca fueron importantes para él, amaba a la gente, servía a quien lo necesitara sin hacer preguntas. Le encantaba vestir bien, pues recuerdo que siempre estaba estrenando zapatillas nuevas —las pagaba a cuotas—. Lo divertido era que en ocasiones llegaba a casa descalzo y, cuando le preguntábamos qué había hecho con sus zapatos nuevos, él contestaba que se los había regalado a un anciano en la calle.

Mi hermana Sandra se peleaba siempre con él por lo mismo...

—¿Dónde diablos están tus zapatos? —cuestionó una, otra y otra vez.

—¡Por favor! ¡No me digas que lo hiciste de nuevo! —exclamó mi madre, sonriendo.

Sandra y yo la mirábamos confundidas como si él estuviera loco.

—¡Oh, Dios mío! ¿Qué te pasa? ¡Los pagas a plazos! ¡Probablemente ni siquiera los hayas pagado todavía! —exclamó Sandra.

Luis nunca se quejó de nada. Cuando él llegaba a casa del trabajo, se duchaba, comía lo que mi mamá había preparado y luego iba al parque a jugar fútbol. Le encantaba el fútbol y las chicas, que de paso siempre corrían sobre él. Toda persona que tuvo el placer de conocerlo, lo amó; era el tío favorito de todos y la luz de los ojos de mi madre. Las veces que tuve que llamar su atención fue porque no me gustaba que llegara tarde a casa, mi madre lo esperaba despierta hasta que él llegara y sabía que de ninguna manera yo aprobaría su comportamiento. Luis siempre me admiró, por eso me respetaba como su hermana mayor y me obedecía cuando tenía que llamar su atención.

Mis hermanos mayores ya habían hecho su hogar. Por sorpresa, Joaquín, el más rebelde de todos, encontró su amor verdadero. Los fines de semana todos visitaban a mi madre, algo que la hacía muy feliz, verlos compartir con ellos y sobre todo ver a sus nietos. Sandra también la visitaba con frecuencia. Siempre escuché a mi madre pidiéndole a Dios que mi hermana se quedara con nosotros para siempre.

La única cosa que lograba molestarme era que después de que todos se iban a sus casas, mi madre se ponía muy triste; cuando yo le preguntaba la razón de su tristeza, me contaba las necesidades que mis hermanos pasaban a diario, algo que me molestaba en verdad, no creía necesario que mi madre supiera de sus problemas, ya que ella no podía hacer nada por ellos, al contrario, lo que lograban era hacerla sentir culpable, entonces yo le prometía que, cuando me fuera mejor, les ayudaría, eso la tranquilizaba, ella sabía que yo siempre cumplía mis promesas.

Bien. Yo continuaba viajando a diferentes ciudades, el producto se estaba expandiendo cada día más. Cuando estaba en Bogotá, acostumbraba a pasar tiempo en la oficina, preparándome para mi nueva gira. Esa mañana que llegué a la oficina, me pareció curioso ver a un niño en la recepción, le sonreí y él hizo lo mismo. Cuando me acerqué al escritorio de Selena, ella me comentó:

—El muchacho es el hijo del señor Ortiz.

Ya llevaba tiempo suficiente en la compañía como para enterarme de cosas que nunca pregunté, pero que se escuchaban en mi entorno.

El señor Ortiz era un hombre separado y actualmente vivía con su pequeño hijo en un departamento cerca de las oficinas. También me enteré de que la mamá había fallecido poco antes de que yo comenzara a trabajar para la empresa. El señor Ortiz y su madre habían sido muy unidos, para él había sido muy traumática su pérdida, porque fue inesperada para todos. Recuerdo que ese día, antes de retirarse de la oficina, vino personalmente a la mía y me presentó a su hijo. Para mí fue agradable conocerlo, tenía una sonrisa preciosa, pero su mirada era un poco triste.

Aquel día hubo mucha conmoción en la oficina, la empresa estaba organizando la fiesta de fin de año. Todos esperábamos ansiosos por esta celebración, pues habría rifas, bonificaciones, cenas, música, baile, entre muchas otras festividades. Selena me preguntó si yo ya tenía un vestido nuevo para la ocasión, algo en lo que en verdad no había pensado aún, hasta pensé que era buena idea ir de compras.

Recuerdo ese día… Mi madre me miró con tanto orgullo cuando me vio en mi vestido nuevo…

—Te ves hermosa, hija —me dijo.

Yo simplemente sonreí, pues creía que estaba exagerando.

Cuando llegué a la fiesta, la música sonaba y todos bailaban al compás del ritmo de salsa, merengue y cumbia. Después de un rato, el señor Ortiz tomó el micrófono y el primer nombre que anunció fue el mío: recibí un bono por ser nuevamente el mejor empleado del año; muchos de mis compañeros también recibieron premios. En realidad, fue una gran celebración.

Con el paso de la noche, el señor Ortiz se acercó a mi mesa y me pidió bailar con él; aunque estaba un poco nerviosa, accedí. Lo que yo desconocía de él era que fuera tan buen bailarín… Bailamos casi toda la noche. Entre risas y buen tiempo, olvidé por completo lo tarde que era; recordé que debía tomar el autobús a casa. Sin que nadie lo notara, tomé mi bolso y me dirigí a la salida. Justo en ese momento fue cuando escuché su voz.

—¿Por qué te vas? —dijo en un tono de voz sorpresivo.

De repente, el miedo comenzó a crecer en mi estómago.

—Se está haciendo tarde, tengo que llegar a casa.

Al acelerar mis pasos, se detuvo frente a mí y expresó:

—Si me permites, yo puedo llevarte a tu casa.

Lo miré a los ojos y contesté:

—No, gracias, debo abordar el autobús. Buenas noches, señor Ortiz.

Y así fue. Salí directamente a la parada del autobús. Pasaron más de treinta minutos ¡y yo seguía esperando ese bendito autobús! De pronto, el señor Ortiz pasó lentamente frente a mí, abrió la ventana de su automóvil y mencionó:

—¿Sabes lo que creo? Que ya es muy tarde para que pase de nuevo el autobús. Déjame llevarte a casa —insistió.

Él tenía razón, así que acepté, pero antes le aclaré:

—Señor Ortiz, ¿le molestaría dejarme a una cuadra de mi casa? Si mi madre me ve en su auto, estaré en verdaderos problemas.

Por el gesto que hizo en su cara, mi petición le pareció rara y extraña, pero a mí lo único que me interesaba era llegar a casa y no tener problemas con mi madre.

—Lo que usted desee, señorita —me contestó con sarcasmo al mismo tiempo que se bajaba del auto y luego me abriera la puerta como el caballero que era.

El señor Ortiz siguió mi petición al pie de la letra: me dejó a una cuadra de distancia de mi casa. Cuando yo estaba saliendo del auto, me dijo:

—Te recogeré mañana por la mañana en este mismo lugar, podemos ir juntos a la oficina.

No le respondí nada, solo caminé muy rápido, no podía esperar a llegar a casa. Sabía que mi madre todavía estaría levantada esperándome con un millón de preguntas sobre la fiesta —algo que en verdad no quería hacer esa noche—. Mi cabeza me daba vueltas, tenía múltiples dudas, así que corrí hacia mi habitación. Cuando olí mis manos, tenía el olor de su colonia por todas partes. ¡Ufff! ¡Dios, qué locura! De inmediato, fui al baño y me lavé las manos con agua y jabón. Tan solo imaginar que el señor Ortiz me estuviera conquistando... me aterrorizaba, ya que él tenía fama de mujeriego y yo no iba a hacer juguete de nadie.

Al día siguiente, tomé el autobús para ir al trabajo, como era mi costumbre. Cuando llegué a la oficina, encontré una caja de chocolates en mi escritorio. Actué como si no me importase lo que había encontrado. El señor Ortiz me llamó a su oficina.

—Te esperé esta mañana, como habíamos quedado. ¿Todo bien?

—Yo estoy perfectamente bien, gracias —respondí con seriedad.

Aproveché la oportunidad y pensé que lo mejor era dejar las cosas claras desde un principio.

—Escuche, señor Ortiz, no estoy buscando a nadie que me lleve o me traiga a mi trabajo, o que deje una caja de chocolates en mi escritorio. De hecho, no me gustan los chocolates. Estoy aquí en esta empresa porque amo mi trabajo. Así que agradecería que las cosas continuaran estrictamente profesionales entre nosotros.

Después de un incómodo silencio, me miró como si estuviera loca.

—Entiendo, señorita; le ofrezco una disculpa, no volverá a pasar. Y en cuanto a los chocolates..., no recuerdo haberle regalado chocolates a nadie en mucho tiempo. Que tenga un lindo día —levantó el brazo, sugiriendo que saliera de su oficina; era evidente que al señor Ortiz no le había causado mucha gracia mi osadía.

CAPÍTULO 20

Después de ese desagradable momento en la oficina del señor Ortiz nada volvió a ser igual entre nosotros, nos evadimos constantemente y, cuando se dirigía a mí, lo hacía profesionalmente, pero de una manera fría, me sentí ignorada completamente, algo que logró hacerme sentir mal y esto me enfadaba, pues él estaba haciendo exactamente lo que yo le había pedido, no había razón para que a mí me molestara tanto.

No solo estaba estresada por mi relación laboral con el señor Ortiz, sino que estaba preocupada de que mi madre se diera cuenta, temía que su curiosidad empezara a crecer mientras cuestionaba lo que me estaba pasando. En realidad, no pasaba nada. Cabe aclarar que el señor Ortiz era un hombre mayor, podría fácilmente haber sido mi padre y tenía entendido que tenía una hija de mi edad. De tan solo imaginar hacer pasar a mi madre por todo lo que mi hermana Sandra la había hecho sufrir me hacía correr electricidad por todo mi cuerpo. Me sentía horrible. Una inminente sensación de fatalidad se apoderó de mi ser. No quería estar en casa, así que pasaba el tiempo en el parque para evitar a mi madre; ella me conocía más que nadie, me acechaba la culpa y pensaba: *"Aunque nunca me acuerdo haber juzgado a mi hermana por sus actos, no soy diferente a ella".* A pesar de que ya era mayor de edad, aún era una adolescente sin ninguna clase de experiencia en el amor.

Después de haber sido ignorada durante meses, esa tarde, de la nada, el señor Ortiz se acercó a mi oficina y me preguntó si quería cenar con él y su hijo. Mi respuesta salió de mi boca más rápido de lo que mi mente pudo haber pensado. Sin pensarlo ni un segundo, le contesté que sí.

Los tres fuimos a cenar por primera vez, fue una velada agradable. Orlando —el hijo del señor Ortiz—, desde el primer día que lo conocí, capturó mi corazón. Había algo en sus ojos que me recordaba mi niñez.

Desde ese día, Orlando y yo nos volvimos inseparables. Sin saberlo, fue él quien me acercó más a su padre: empezamos a vernos con más frecuencia, siempre salíamos los tres y lo hacía a escondidas de mi madre, algo de lo que nunca me sentí orgullosa.

En ese tiempo también conocí a la hermana menor del señor Ortiz, ella comenzó a trabajar en la misma empresa, con nosotros. En poco tiempo, ya habíamos hecho una bonita amistad; ella, con amabilidad, fue quien me invitó a pasar un fin de semana en su casa de campo, quería que fuéramos con tres de sus amigas, lo que me pareció interesante, pues a mí me gustaba el campo y estaba segura de que mi madre no se negaría. Cuando estábamos reunidas en la casa de campo, para mi sorpresa, una de sus amigas me dijo que ella era la novia del señor Ortiz. No me sorprendió para nada lo que estaba escuchando, ya sabía de su reputación con las mujeres, no tenía por qué molestarme con él. Yo estaba furiosa conmigo misma por haberme prestado a su juego y, aunque nosotros no éramos pareja, era claro que el señor Ortiz me estaba conquistando.

El lunes siguiente, todo en lo que podía pensar era en entregar mi carta de renuncia. De alguna forma yo debía cortar las cosas de raíz, pues con mi currículo no me sería difícil encontrar empleo en otro lugar. Así que pensé en pedirle un traslado y, si no aceptaba, iba a renunciar. Entré a su oficina y le pregunté si podía trasladarme a otra ciudad.

—¿Por qué? —preguntó, confundido.

—Esta ciudad cada día es más insegura y me gustaría un lugar más tranquilo para mi madre.

—¿Así que estás tratando de huir de mí? No sé lo que está pasando por tu linda cabeza, pero lo que yo sí te puedo asegurar es que tú me importas. Me estoy enamorando de ti —expresó sin vacilar.

Al instante, la ira se hizo cargo de mí.

—Definitivamente, eres peor de lo que la gente piensa de ti.

¡No podía creer que este caballero tuviera la osadía de decirme que se estaba enamorando de mí!

—La gente puede decir muchas cosas de mí, ¿pero tú tienes pruebas?

No podía creer las palabras que salían de su boca. En seguida, apelé a mi dignidad y lo refuté:

—¡Sí las tengo! Apenas el fin de semana conocí a alguien que afirma ser tu novia. ¿Qué más pruebas necesitas?

Yo ya no estaba dispuesta a seguir cayendo en su juego de «don Juan».

Su reacción fue un tanto contrariada…

—¿Novia? No sé de lo que me hablas. Yo no tengo novia.

—¡Ya tuve suficiente! —dije con firmeza y salí de su oficina sin decir una palabra más.

Volví a la rutina del trabajo con normalidad y comencé a pasar hojas de vida a otras empresas con el fin de terminar con todo esto —algo que debí haber hecho hace tiempo—. Una semana más tarde, me enteré —por Selena, su secretaria— que el señor Ortiz había salido de gira con uno de sus vendedores.

Todos los días, de las tres semanas que duró su viaje, envió a mi casa: flores, chocolates y cartas. No tuve otra opción que contarle a mi madre lo que estaba pasando. A su regreso, el señor Ortiz estaba frente a mi puerta con un ramo de flores. Cuando estuvo frente a mí, le pedí que se fuera…

—No vine a verte a ti, estoy aquí porque deseo hablar con tu madre.

¿*What*?

En aquellos tiempos se acostumbraba a pedir la aprobación de los padres para establecer respeto y buena relación con la familia. Pedir la aprobación de mi madre era una buena señal, pero era innecesario, a menos que él pidiera la mía primero.

Mi madre lo invitó a pasar. Para mi sorpresa, ella manejó la situación bastante bien. Después de escucharlo, manifestó:

—Agradezco sus buenas intenciones con mi hija, pero creo que está cometiendo un gran error, ella aún es muy joven y no sé si se ha dado cuenta…, podría ser su hija.

—Tiene usted toda la razón, señora —corroboró el señor Ortiz—. Con todo el respeto que usted se merece, yo podría ser su padre, pero no lo soy.

Mi madre me miró con una profunda tristeza en sus ojos…

—Tiene usted razón, caballero. Al final del día, no es mi decisión —concluyó mi madre.

Después de un incómodo silencio, mi madre, levantándose de su silla, expresó:

—Tendrá que continuar esta conversación con mi hijo Edgar, el mayor, él es como un padre para ella.

—Comprendo. No tengo problema en esperar. ¿Cuándo es un buen momento para hablar con él? —indagó.

—No lo sé. Vive a tres horas de la ciudad.

Mi madre se frotaba las manos una y otra vez, como si quisiera acabar con la conversación de una buena vez; ella tenía una voluntad fuerte, siempre se las arreglaba para controlar cualquier situación.

—Señora Herminia, quiero cortejar a su hija de la manera correcta; si debo hablar con su hijo, no hay ningún problema. Mañana es sábado, ¿por qué no vamos todos de viaje y me presenta usted misma a su hijo?

Cabe resaltar que el señor Ortiz tenía una respuesta para todo, además de la elocuencia y calma para expresarse, no aceptaba un «no» como respuesta. Sin embargo, para mi madre, yo tenía la última palabra.

—Hija —me miró a los ojos—: ¿es esto lo que quieres? —indagó.

No pude mirarla a los ojos y todo lo que hice fue afirmar con la cabeza.

Con un nudo en mi garganta, mi madre comunicó:

—Señor Ortiz, mañana estaremos listas para hacer ese viaje.

Cuando el señor Ortiz abandonó mi casa, mi madre manifestó su desazón; con lágrimas en sus ojos, me miró con decepción. Luego, se tomó su cabeza con las dos manos y llorando me preguntó:

—¿Qué he hecho mal? ¿Por qué estás haciendo lo mismo que tu hermana Sandra? ¿Acaso estás enamorada?

No tuve una respuesta. Había hecho todo lo posible por mantenerme alejada de él. Le juré que no había pasado nada entre nosotros.

Esa noche le pedí a Dios que me ayudara a hacer lo correcto. Todo esto me trajo estrés y confusión. ¿Cómo iba a saber si estaba enamorada? Tenía muy poca experiencia en cosas del amor. Solo sabía que nadie en toda mi vida me había tratado tan bien y me había dejado ser yo misma, respetando siempre lo que pensaba y quería.

A la mañana siguiente, muy temprano, el señor Ortiz estaba en mi puerta; vestía elegante, impoluto y puntual como siempre. Tomamos rumbo para reunirnos con mi hermano Edgar. En un absurdo silencio, sin darnos cuenta, habían transcurrido las tres horas; mi hermano Edgar nos estaba esperando con una taza de café. Después de haber conversado por un buen rato, mi hermano habló conmigo.

—Hermana, yo no soy quién para reprocharte nada, tú ya eres mayor de edad; esto es solo una formalidad, lo único que quiero que sepas es que el matrimonio no es un juego y este caballero quiere casarse contigo, piénsalo bien; y si eso es lo que quieres, solo puedo desearte lo mejor, te lo mereces. Personalmente, lo que más me preocupa es la diferencia de edad entre ustedes…

De regreso, el viaje fue mucho más placentero, ya no había tanta tensión entre nosotros; mi madre, después de hablar con mi hermano, de cierta forma se sentía aliviada.

Después de ese viaje, nos veíamos a diario. Seis meses después, me pidió ser su esposa. La noche que me propuso matrimonio me dedicó una canción: «*Alma, corazón y vida*». Las palabras de aquel bolero musical transmitían *"Un alma para conquistar, un corazón para quererte y vida para vivirla junto a mí"*.

Cuando mi madre lo supo, me insistió...

—Hija, no tienes que casarte, aún tienes mucho por vivir, él podría ser tu padre. Todo esto es mi culpa, porque nunca pudiste tener un padre a tu lado —recalcó con tristeza.

Comenzamos con los preparativos para la boda. Cuando fuimos a sacar los permisos para casarnos, nos informaron que la boda no podía hacerse en Colombia, pues en esos tiempos no estaba aprobado el divorcio en el país, solo existía la separación de bienes y de cuerpos. Por consiguiente, para hacer legal el matrimonio, debíamos casarnos en otro país. Venezuela era el que más nos convenía, así que hicimos los trámites. Después de tener la cita con el juez, compramos los pasajes y juntos viajamos a Ureña, Venezuela.

El mismo día que llegamos después de hospedarnos en el hotel, creímos que lo más adecuado era acercarnos al juzgado para ultimar detalles, puesto que la ceremonia estaba preparada para el día siguiente. Al llegar a la oficina del juez, nos encontramos con noticias desalentadoras. La secretaria nos informó que la madre del juez acababa de fallecer y nuestra boda había sido cancelada. Estábamos sorprendidos con la noticia. Preguntamos cuáles eran nuestras opciones, a lo que la secretaria informó:

—Deben hacer una nueva cita con el juez.

Ante esto, le explicamos que habíamos tenido un viaje largo y que no vivíamos en el país. La secretaria del juez sintió un poco de pena y nos pidió que esperáramos un momento. Después de un rato, nos comunicó:

—El Juez se retira en una hora. ¿Pueden casarse ahora? Van a necesitar dos testigos.

—No conocemos a nadie —dijo Leonel (señor Ortiz).

Los testigos iban a hacer unos amigos que vivían en esa

ciudad, pero ellos no estaban con nosotros en el momento. Así pues, nuestra única opción fue la señora que hacía la limpieza en el edificio y el caballero que vendía lotería en la calle. En menos de quince minutos estábamos frente al juez. Diez minutos más tarde éramos marido y mujer.

Cuando tomamos el taxi de regreso al hotel, no pude más, rompí en llanto, estaba tan abrumada, nada de lo que se había planeado se pudo hacer, mi hermoso vestido de novia estaba colgado en el clóset de un hotel.

Leonel estaba feliz, insistía en que ya estábamos casados y no teníamos que hacer otro viaje, trataba de animarme con sus palabras.

—Mañana iremos a conocer la ciudad, tomaremos fotos y, si quieres, puedes usar tu vestido; simplemente, disfrutemos, se supone que este día es el más feliz de nuestras vidas.

A la mañana siguiente, recibimos una llamada de Colombia: la familia de mi esposo estaba preocupada por la salud de Orlando, su hijo, pues tuvo fiebre alta por dos días; cuando escuché la noticia, me preocupé demasiado. En seguida, le pregunté a Leonel qué quería hacer, él me contestó que lo que yo quisiera, así que regresamos en el primer vuelo a Colombia. Y así fue como terminamos nuestra luna de miel.

CAPÍTULO 21

Cuando finalmente pude conocer al resto de la familia y a los amigos de mi esposo, todos tenían la misma reacción: cuando me veían, pensaba que era demasiado joven para él.

No podía evitar sus críticas, realmente me incomodaba cada vez más. También sentía temor y confusión. En nuestro regreso a casa, Leonel notó mi silencio y me preguntó si me había agradado conocer al resto de su familia. No pude aguantar más y le dije lo mucho que me incomodaban los comentarios de sus familiares y amistades. De inmediato, detuvo el auto, me miró a los ojos con esa franqueza que lo caracterizaba.

—No pensé que a ti te afectara lo que los demás dijeran. Todo en la vida tiene un precio, no hay excepción. Solo es cuestión de atreverse, no se puede garantizar la felicidad completa a nadie, la vida está llena de sorpresas. Lo que yo sí te puedo prometer es que, si nuestro amor dura un mes, un año o toda una vida, yo estoy dispuesto a correr el riesgo contigo, lo único que quiero de ti es honestidad y respeto, sin importar lo doloroso que pudiese ser. El día que ya no quieras seguir en esta relación, yo quiero ser el primero en saberlo.

Me pareció más que justo y no pude más que estar en total

acuerdo con él, me había hecho bien hablar de una forma tan sincera con él. Aproveché la oportunidad para compartir mis preocupaciones y le expliqué que, aunque teníamos la intención de formar una familia, mi madre siempre sería una prioridad en mi vida.

Leonel me sonrió con sus ojos amables y me expresó:

—Haré todo lo posible para que ayudar a tu madre nunca sea un problema para nadie.

Más pronto de lo que pensé, compramos un apartamento. Este no era solo un lugar para vivir, queríamos crear el mejor ambiente para que Orlando se sintiera seguro; todos nos necesitábamos mutuamente, especialmente el niño, yo quería que se sintiera siempre parte importante para nosotros, el pequeño también había sufrido en su niñez.

Empecé una nueva vida con un hombre que me trajo paz y seguridad. Me esperaba una gran responsabilidad y no me lo iba a tomar a la ligera. Orlando nos necesitaba ahora más que nunca, solo esperaba que el niño me diera la oportunidad de hacerlo. La convivencia no era el problema para mí, a veces sentía que estaba cuidando a Luis, mi hermano menor, mi única preocupación era ser tan joven. Lo más importante era que el niño siguiera las reglas de la casa y estuviera dispuesto a obedecer. Es genial ser la mejor amiga de tu hijo, pero es más importante ser padre o madre de ellos.

El día que nos mudamos, Orlando y yo estábamos en la sala decorando los espacios. Desde mi experiencia de vida, yo sabía lo que era ser criado por un padre y una madre soltera, no es una tarea fácil, yo no quería interrumpir en la dinámica a la que ya se había acostumbrado el niño, pero sentí que debía hablar con él.

—Quiero que te sientas siempre cómodo, este será nuestro hogar. No pretendo ser tu madre, yo solo seré para ti lo que tú quieres que sea: una amiga, hermana, prima..., pero nunca quiero que me veas como tu enemiga, porque estaremos juntos viviendo en este lindo lugar. Me entiendes, ¿verdad?

El niño solo movió su cabeza, aceptando lo que yo decía. Aunque en ese momento se viera simple, no lo era. La vida de

Orlando no fue fácil: su madre biológica carecía de presencia en su vida, lo que le costó asimilarlo en esos años tan importantes de su infancia. Él sentía molestia, frustración y aquellos sentimientos eran válidos. Ahora, era yo la que estaba allí, una extraña en su vida. En mi poca experiencia, yo sabía que los niños requerían de equilibrio en sus vidas, había que brindarles un entorno hogareño y positivo para así lograr prosperar en otras áreas de su vida, principalmente en la escuela, que es casi como su segundo hogar.

El divorcio tiende a ser traumático para los niños y Orlando no fue ajeno a las secuelas emocionales que impactan la vida de un niño. Orlando se estaba portando mal en la escuela y parecía tener dificultades para adaptarse.

Nunca me he considerado cobarde mientras crecía en la vida y ciertamente no iba a permitir que una de las relaciones más importantes de mi vida no funcionara. Ahora más que nunca existía más que un compromiso para hacer un cambio positivo en la vida del niño: necesitaba ganarme su confianza; quería que me viera como un faro de luz en lugar de oscuridad en su vida; sabía que no sería una tarea fácil, pero lo que nunca imaginé es que fuese tan difícil. Los resultados no eran como yo esperaba, nada estaba funcionando como hubiese querido. Cada vez que mi esposo regresaba a casa, se daba cuenta de mi frustración. Él también hablaba con el niño, pero Orlando se negaba a seguir reglas. Después de varios meses de tratarlo, finalmente se rompió la tensa calma que invadía la casa. Debido a la situación, Leonel tomó una drástica decisión respecto a su hijo.

—Orlando, he decidido que te irás a vivir con una de tus tías.

Al escuchar esas palabras, instantáneamente mi mente volvió al momento en que mi madre me dejó en la casa de mi prima Socorro. Sentí una desazón en mi corazón... Por un instante, abrigué esas emociones de vulnerabilidad, abandono y desamor, no sentía que era la decisión correcta para lograr un cambio en el niño.

Fui yo la que le pidió a Leonel que nos diéramos otra oportunidad con el niño, yo quería que se quedara, mi intención nunca fue poner a mi esposo a elegir entre su hijo y yo. Ahora más que nunca, entendía que estaba en mis manos mantener a mi familia unida. Después de ese incómodo día para todos, con paciencia, respeto, constancia y mucho amor, nuestro vínculo se hacía más fuerte que nunca.

CAPÍTULO 22

Nuestro apartamento se ubicaba en Bogotá, ciudad comúnmente conocida como la ciudad de los negocios. La gente de la capital se viste bien para impresionar. Se ha vuelto tan común que ahora es un estándar. Las personas no solo están bien organizadas, sino que también son extremadamente talentosas y educadas. En Bogotá todo se basa en la percepción: si te ves y te vistes bien, te tratarán mejor. Aunque Bogotá se consideraba una ciudad grande, era común encontrarse con personas conocidas en las calles.

En mi caso, ahora era la esposa del señor Ortiz, así que tuve que comportarme como una «primera dama», especialmente cuando mi esposo tenía que salir a cenar con socios mayoristas y todo esto siendo yo muy joven; sin embargo, siempre di lo mejor de mí.

Durante marzo a noviembre, estábamos demasiado ocupados. Nuestras carreras nos hicieron conjuntamente exitosos. Bogotá era una metrópoli vibrante. Su clima —fresco— se asemeja mucho a la primavera de Nueva York, excepto que esta última dura todo el año en la urbe, la cual maneja unas temperaturas que oscilan entre los sesenta y cinco grados —en su punto más cálido— y de cincuenta y cinco grados fríos —en su punto más frío—.

Haciendo memoria acerca de la historia patria de mi país, cuando la colonia española se hizo cargo en el siglo XVI, Colombia recibió su nombre en honor a Cristóbal Colón. A fines del siglo XVIII, Bogotá era la capital de la región que incluía a Venezuela, Ecuador y Panamá. El país había estado libre de los gobernantes españoles desde 1819 y, después de eso, estuvo dominado por ricos narcotraficantes que organizaron cárteles y produjeron la mayor cantidad de cocaína a nivel mundial. Como muchos otros países latinoamericanos, Colombia mantuvo la tradición de un gobierno civil. Esto significó que Colombia permitió elecciones libres. Sin embargo, la historia de Colombia estuvo marcada por la violencia gracias a la Guerra de Los Mil Días (1899-1902), que dejó un saldo de seiscientos mil civiles asesinados. Colombia tiene muchos recursos minerales y energéticos, pero sufre de una alta tasa de desempleo. Es el segundo mayor exportador mundial de flores y café. Produce piedras y esmeraldas de primer grado, que se encuentran entre las más perfectas del mundo. El fútbol es el principal deporte de Colombia; comúnmente, las familias se reúnen para ver los partidos como pasatiempo. No importa cuán difícil se pusiera la vida, siempre hubo momentos para apreciar y un lado positivo al cual aferrarse.

Llevábamos un buen tiempo pensando en la posibilidad de comprar una casa. Mi madre me necesitaba más que nunca y tener la posibilidad de que viviera con nosotros aliviaba mucho mi preocupación por ella. En ese entonces, mi madre vivía con mi hermano Luis en un vecindario no muy lejos de nosotros. Trataba de verla al menos una vez al día, antes o después del trabajo, pues la salud de mi madre era mi principal preocupación y tenía que asegurarme de que siempre tuviera lo que necesitaba. Por su parte, Luis continuaba trabajando en el taller de mecánica.

Ese día pasé por la casa de mi madre y ella notó que estaba pálida, exhausta y tenía ojeras como un oso de anteojos. Me preguntó si algo me ocurría y le respondí que pensaba que tenía un virus estomacal, tenía náuseas y todos los olores me molestaban. Mi madre me miró con sus hermosos ojos y me dijo con mucha seguridad en sus palabras:

—Cariño, estás embarazada.

Pensé que mi madre estaba equivocada. Leonel y yo habíamos acordado que no era un buen momento para tener un bebé, él consideraba que yo aún era muy joven y sabía mi deseo de regresar a la universidad. Además, ya teníamos a Orlando, que requería de toda nuestra atención, el niño estaba mejorando notablemente, sus notas en la escuela empezaron a subir. Yo estaba muy feliz así… No fue una buena semana para mí. A medida que pasaban los días, me sentía peor. Fuimos al doctor y mi madre tenía razón: ¡estaba embarazada!

¡Estaba tan emocionada! ¿Un bebé en mi propio vientre? No podría describir lo que sentí, cerré mis ojos y ya lo imaginaba en mis brazos. Aquella experiencia gestacional de desarrollo y cambios en mi cuerpo solo despertaron en mí la necesidad de protegerlo y amarlo toda mi vida. Yo no tuve muchos privilegios en mi niñez, pero mi bebé lo tendría todo, especialmente un hogar estable.

Leonel estaba feliz por lo generosa que estaba siendo la vida con nosotros: por un lado, Orlando, había tenido un cambio positivo; por otro, me aterraba la idea de darle la noticia, pues esos momentos son los más cruciales cuando se trata de inconsistencias emocionales. Finalmente, habíamos establecido una relación real. Orlando era muy sensible, producto de su entorno. Después de que sus padres se divorciaron y de un comienzo en nuestra relación, era normal que sus emociones tomaran el control y no quería herir sus sentimientos o que llegara a pensar que no lo amaría de la misma forma. Así pues, consideramos que esperaríamos un tiempo para darle la noticia.

En realidad, estaba preocupaba por la reacción que Orlando pudiera tener ante mi embarazo. Habíamos avanzado tan positivamente, que tenía que pensar qué decirle antes de que mi vientre empezara a crecer. Por ello, se me ocurrió la idea de comprarle un cachorro, sería un nuevo miembro de la familia, pero sería de él. Compré un hermoso cachorro color amarillo de raza *cocker spaniel*, lo puse en una caja de cartón y lo llevé a casa. Nunca olvidaré la cara de Orlando cuando lo vio: sus ojos brillaron como dos luceros en una noche estrellada. Cuando lo tuvo en sus brazos, mencionó:

—Su nombre será Blondy.

Tener un cachorro le enseñaría responsabilidad. Aprendió el valor de cuidar algo que no podía cuidar de sí mismo.

La condición de mi esposo era que el cachorro durmiera en su propia cama. Así lo hicimos, pero el cachorro no paraba de llorar. Después de un buen rato, todo estaba en silencio. Cuando nos levantamos, fue muy fácil darnos cuenta por qué el cachorro paró de llorar, estaba justo en la cama con mi hijo y desde ese día fueron inseparables. Poco tiempo después, le contamos que tendría un hermanito.

Yo estaba muy feliz. Mi hijo Orlando había tomado la noticia mejor de lo que me lo imaginaba; incluso, guardaba sus juguetes para cuando él naciera. Entonces, comprendí que dependía solo de mí crear un ambiente saludable para ellos y era primordial para que se amaran y respetaran siempre.

La experiencia durante mi embarazo no fue la mejor: vomité durante nueve meses, tenía la impresión de que esos síntomas solo durarían en el primer trimestre, pero en mi caso no fue así, tenía hambre todo el tiempo y, cuando comía, tenía que regresar nuevamente al baño. La maternidad puede ser desafiante, llena de noches en vela y falta de descanso, pero, aun así, ha sido lo más maravilloso que le ha pasado a mi vida. Tan solo podía pensar: "*¿Cómo algo tan pequeño dentro de mí me hace sentir tan fuerte? Antes de que nacieras, ya moría por ti; ahora, lo tengo todo. Cuando te sentí dentro de mí, solo entonces comprendí el significado de la vida; solo quien lo ha vivido puede entenderlo; yo solo sabía que tu pequeño corazón era mi mayor tesoro*".

No quería apurar el tiempo. Me prometí a mí misma disfrutar cada segundo de mi vida como madre, porque sabía que mi tiempo con él sería limitado. Por ende, me preparé para dejarlo ir incluso antes de conocerlo, siempre estuve dispuesta a dar lo mejor de mí para que él fuera un hombre con valores, empatía, compasión, fuerza e inteligencia. Me hubiese gustado mucho encontrar un libro que me guiara para poder haber sido una madre ejemplar, pero nunca tuve acceso a uno, solo que lo di todo y más.

Desafortunadamente, los dos últimos meses fueron los más difíciles para mí: sufrí de preeclampsia, la presión arterial se elevó, lo que dificultó mucho el proceso del parto. En ese momento, los médicos nos explicaron lo delicado de mi situación: era un embarazo de alto riesgo; incluso fue el mismo médico quien sugirió que debíamos considerar la posibilidad de tener otro bebé en el futuro, ellos debían aplicar la medicina para bajar mi presión arterial o de lo contrario mi vida correría peligro. También nos aseguró que ya había pasado mucho tiempo y aún no podían sentir el corazón del bebé.

Le preguntaron a mi esposo y les pidió que me salvaran, pero naturalmente yo me opuse por completo, me negué a aceptar algún tipo de medicamento. Bajo ninguna circunstancia iba a hacer algo que pusiera en peligro la vida de mi hijo. Los médicos temían que experimentara una trombosis si no aceptaba ninguno de los medicamentos estándar para dicha afección, pero sabía que los medicamentos podrían dañar a mi bebé y el tiempo corría en mi contra.

Mientras el médico trataba de salvar mi vida, en cuestión de minutos se me practicó una cesárea de emergencia con el fin de que yo accediera a recibir la medicina de la presión. Yo estaba convencida de que mi bebé aún estaba con vida. Solo puedo recordar cuando escuché sus gemidos. *"Mi hijo está vivo, gracias, Dios mío"*, pensé, pero el ruido se desvaneció lentamente. Lo que ocurrió fue que me desmayé a raíz de la medicación que me suministraron, después de asegurarme que había dado a luz. Mi hijo nació el 28 de marzo de 1988 a las 9:30 a.m.

Mi madre y mi esposo estaban junto a mi cama esperando por mucho tiempo ansiosamente que me despertara. Cuando finalmente lo hice, tenía mucho dolor. No podía moverme en absoluto.

—¿Dónde está mi bebé? —fueron las primeras palabras que salieron de mi boca.

—No te preocupes, el bebé está bien. Por un minuto pensé que te habíamos perdido —comentó Leonel.

En verdad aprecié su preocupación, pero en ese momento lo único que yo quería saber era dónde estaba mi hijo.

—Leonel, ¿dónde está mi bebé? —pregunté de nuevo con más insistencia.

La enfermera me tocó el brazo y sonrió.

—Su bebé está muy bien, es muy hermoso, señora Ortiz; ahora es usted la que tiene que sanar para poder cuidarlo y así podrán ir todos a casa.

¡Dios, la verdad entré en pánico! Comencé a llorar inconsolablemente.

—¡¡¡Por favor, solo quiero sostener a mi bebé en mis brazos!!!

Sentí que me iba a volver loca si no me traían a mi hijo, no entendía por qué tanta preocupación por mí. ¿Acaso mi bebé no estaba bien? Así fue entonces cuando la enfermera abandonó la habitación y después de un buen rato regresó con mi bebé.

Cuando finalmente tuve a mi hijo en brazos, me sentí poderosa, quería que se parara el mundo; realmente entendí que solo existe una manera de enamorarte por primera vez y es el vínculo más fuerte que existe en la naturaleza y dura para siempre. Solo deseas protegerlo y darle todo de ti sin esperar nada a cambio.

Mi madre estaba junto a mí. Cuando levanté mis ojos para verla, pude entender su amor incondicional para nosotros, solo quería darle las gracias por todo el amor que recibí y admirarla mucho más.

—Madre, es el niño más hermoso del mundo.

Mi madre sonrió y dijo:

—Sí, por supuesto, hija. El bebé más hermoso del mundo es el de cada madre.

No pude evitar pensar en el dolor que debió haber sentido mi madre cuando tuvo que dejar a mi hermano Luis en el hospital por tanto tiempo.

Lo que más deseaba era poder irme a casa. Para empeorar las

cosas, a mi lado había una pobre mujer que había dado a luz el mismo día que nació mi hijo. Ella yacía en la cama meditabunda y afligida, había perdido a su bebé durante el alumbramiento. El cordón umbilical estaba enrollado alrededor de su pequeño cuello.

No quiero imaginar aquel sentimiento tan profundo de dolor. Saber que aguardas a tu bebé a lo largo de nueve meses, esperas con ansias conocerle y llegado el día esa ilusión quedó empañada de dolor... La mujer expresaba su deseo de poder cargar a mi bebé, yo me sentía en conflicto por ello. Todo lo que quería hacer era proteger a mi hijo. Tenía miedo de que ella tuviera un colapso mental y tratara de robarse a mi hijo mientras dormía. En este punto, no había dormido durante tres días. Teniendo en cuenta que mi trabajo de parto fue difícil, el médico me aconsejó que me quedara en el hospital durante dos semanas más, dado que se trataba de una cesárea de emergencia que condujo a más puntos que la cantidad estándar.

Mentalmente me era imposible permanecer un día más en el hospital, le supliqué al doctor que firmara mi salida; finalmente accedió a firmar el papeleo, siempre y cuando una enfermera viniera a cuidarme durante al menos dos semanas más.

CAPÍTULO 23

Así quisiera, no podría olvidar aquel día. Mi hijo Orlando y su cachorro Blondy me estaban esperando afuera del hospital. Desde el momento en que Orlando sostuvo a su hermano en brazos, supe que compartirían un vínculo inquebrantable.

La enfermera estuvo conmigo dos semanas como el doctor nos lo indicó, pero mi recuperación no fue tan sencilla como hubiese querido: las heridas no sanaban al ritmo que deberían; tuvieron que cambiar los antibióticos varias veces; estas circunstancias no me permitieron cuidar a mi bebé como yo deseaba. Gracias al apoyo de mi madre y de Olga, mi mejor amiga, que cuidaron de nosotros, pude superar esa difícil etapa de mi vida.

Olga y yo hemos tenido una amistad muy especial desde el día que nos conocimos. Sin embargo, a mi madre le molestaba nuestra amistad y hacía comentarios como los siguientes:

—Si tienes que ocultar una amistad, no es una verdadera amistad.

No estaba de acuerdo con su conjetura, pero la entendía. Olga tenía una familia rica y yo era pobre; sus familiares siempre le prohibieron nuestra amistad, pero mi amiga nunca hizo caso, al contrario, siempre fuimos muy unidas.

Ahora no puedo evitar sonreír, me refiero a verlas juntas

tratando de ayudarme en toda mi recuperación. A veces el destino nos juega estas pasadas.

Tenía a mi favor que Leonel tenía más experiencia, puesto que no era la primera vez que era padre, por eso supo siempre qué hacer, especialmente cuando mi bebé lloraba, él lo tomaba en sus brazos y el bebé se dormía al instante.

Cuando nuestro hijo tenía ocho meses, lo bautizamos por la religión católica, su nombre es Javier Esteban Ortiz.

Ese día, como regalo, mi esposo nos tenía una sorpresa: cuatro pasajes a la ciudad de Nueva York. Todos estábamos muy emocionados, especialmente Orlando.

A la mañana siguiente, nos levantamos muy temprano y fuimos a solicitar las visas que por fortuna nos fueron otorgadas por diez años, gracias al estatus económico que tenía mi esposo.

Tan pronto como obtuvo nuestras visas para el viaje, Leonel llamó a su hermana, quien vivía en el extranjero desde hacía un buen tiempo y compartió con ella los planes de nuestro viaje.

Esa misma tarde fui a visitar a mi madre y le conté de nuestro viaje, ella desbordaba de alegría por mí. Mi corazón se aceleró aún más cuando escuché las buenas noticias: mi hermana Sandra volvería a la casa a vivir con mi madre. Me sentía mucho más tranquila si mi hermana estaba pendiente de mi madre ahora que se acercaba mi viaje a los Estados Unidos.

Por otro lado, en la cena, noté que Leonel se veía preocupado.

—¿Estás bien? —pregunté.

—Me conoces —dijo mientras hacía una breve pausa—. Estoy tratando de ponerme en contacto con mi exesposa para poder sacar a Orlando del país, pero ella aún no me ha respondido. Le he dejado mensajes con mi hija. Mañana voy a dejar los papeles para que los firme, de lo contrario, Orlando no podrá venir con nosotros.

Por fortuna, a la semana siguiente, todo se pudo solucionar para que mi hijo Orlando pudiera salir del país.

El día tan anhelado había llegado. Nuestro equipaje para las dos semanas que estaríamos por fuera del país ya se encontraba en el baúl del auto. Leonel mencionó que deseaba pasar por la casa de sus hermanos para despedirse antes de ir al aeropuerto. Cuando llegamos, Leonel salió del auto, nos dijo que no tardaría. Orlando, el bebé y yo esperamos en el vehículo. A su regreso, le dije a Leonel que yo tenía que ir al baño. En seguida, con Orlando, subí las escaleras, mientras Leonel se quedó afuera en el auto con Javier, quien solo era un bebé de ocho meses.

Bien. Usé el baño y, cuando abrí la puerta, escuché varios disparos. Una de las balas había perforado el portón metálico de la casa. En ese tiempo, cabe resaltar que la mafia del narcotráfico jugó un papel imperativo en la economía del país. El cártel controlaba el ochenta por ciento del comercio mundial de cocaína. Todo el país sabía que Bogotá no era segura para nadie. Era normal escuchar disparos a cualquier hora.

En pánico, bajé corriendo las escaleras, pensé en mi bebé... Mi corazón latía tan fuerte, que por un momento sentí que me desmayaba. Mi mente se movía más rápido que mis pies y tropecé en el último escalón. Mis rodillas golpearon el concreto y comenzaron a sangrar. Me levanté del suelo y corrí para abrir la puerta por donde había entrado el impacto de bala. Vi a mi esposo caminando hacia mí, sosteniendo al bebé cubierto de sangre. El auto no estaba. Orlando luchaba por levantarse del suelo. No podía entender lo que estaba pasando. Lo único que sabía era que mi bebé estaba cubierto de sangre. No sabía si Javier estaba vivo o muerto. Mi cuerpo comenzó a debilitarse y todo a mi alrededor se oscureció. Todo lo que podía pensar era: *"Me voy a desmayar, me voy a desmayar"*. La situación me obligó a sentarme en la acera hasta que recuperé la conciencia. En ese momento, todos los vecinos comenzaron a salir de sus casas. Todo era sórdido y confuso, mis brazos estaban flácidos. Ni siquiera podía sostener a mi bebé, ya que todas mis fuerzas habían abandonado mi cuerpo. Unos minutos más tarde, todos entramos de nuevo a la casa. La familia de Leonel trataba de consolarnos lo mejor posible: nos trajeron agua caliente y toallas para limpiarnos. En ese momento, nadie tenía idea de lo que había sucedido.

El crimen en Colombia era tan frecuente que no teníamos

idea de cuál era el motivo de este ataque. Podría haber sido un secuestro, un robo de autos o incluso ambos. Las posibilidades eran infinitas, considerando que el cartel y los paganos tenían todo el poder. Esta experiencia traumática no duró más de dos minutos, tiempo suficiente para perder la vida.

Leonel rompió el silencio y nos relató lo que él vivió en esos momentos. Después de que yo bajé del auto, dos caballeros se acercaron a él: uno de ellos fue a la ventana del conductor y el otro se subió al asiento del pasajero, aprovechando que la puerta no estaba con seguro. A su vez, este hombre apuntó un arma a la cabeza de Leonel. En seguida, le ordenó que siguiera sus instrucciones o, de lo contrario, le dispararía. No obstante, la reacción de Leonel fue instantánea: volteó sus brazos hacia atrás para tomar al bebé en sus brazos; el hombre reaccionó enfadado, golpeándolo en medio de la frente. En ese momento, Leonel empezó a sangrar y se aferró a nuestro hijo; el matón le quitó el seguro a la puerta para que su compañero lo ayudara, mientras el bebé no paraba de gritar. Cuando el segundo hombre abrió la puerta, Leonel aprovechó para empujarlo y salir del auto; en ese momento fue cuando le dispararon por primera vez: la bala cayó en el portón de la casa, fallando por completo su curso. Los delincuentes estaban dentro del auto y mi hijo Orlando se atrevió a correr hacia la ventana del conductor para evitar que se llevaran el auto. Ellos volvieron a disparar, esquivando nuevamente el disparo. Orlando cayó al suelo, ellos se fueron, llevándoselo todo: robaron el auto junto con todas nuestras pertenencias. Afortunadamente, Leonel guardó nuestros pasaportes y el dinero en el bolsillo de su chaqueta y los ladrones no tuvieron conocimiento de ello.

Los atacantes golpearon a Leonel en el centro de la cara con el arma, por eso él sangraba y a mi bebé le cayó la sangre por todo el cuerpo: esta fue la imagen ante mis ojos, solo podía imaginar lo peor. Solo sé que un milagro salvó la vida de mi esposo y la de mis hijos. En las mismas circunstancias no hubiéramos sido tan afortunados. Sí, se llevaron las cosas materiales, pero estábamos vivos. Era claro para nosotros que los delincuentes querían secuestrar a Leonel, pero no tuvieron éxito. Aun así, lograron infundir miedo persistente en nuestras vidas.

Luego de tal pesadilla, fuimos de emergencias al hospital. Leonel necesitó varios puntos en la herida. Lo siguiente que debíamos hacer era involucrar a las autoridades. Mientras completamos el informe policial, nos interrogaron.

—¿Tienen enemigos que supieran que estaban planeando salir del país?

Leonel dijo que no tenía enemigos y que los únicos que sabían que nos íbamos del país eran nuestros familiares y su exesposa.

La policía asumió que, debido a que mi esposo era económicamente estable, éramos blancos perfectos para los atacantes.

Pese a esa amarga experiencia, no le guardo rencor a mi país. Colombia es uno de los países más bellos del mundo, con impresionantes paisajes geográficos, diversidad de fauna y flora. También es el hogar de muchas personas trabajadoras que han caído bajo el gobierno desinformado y corrupto. Como en todos los países, hay gente buena y mala. El cambio es necesario, pero se necesita de un buen liderazgo y gerencia política del bien común de la población civil.

Mi esposo decidió que no íbamos a renunciar a nuestro viaje a Nueva York. A los pocos días, empacamos nuevamente las maletas, reservamos un nuevo vuelo y realizamos nuestro viaje exactamente como lo habíamos planeado.

Cuando llegamos a Nueva York, su hermana fue al aeropuerto por nosotros, se veía muy feliz con nuestra visita, estaba sorprendida de nuestro viaje debido a las circunstancias anteriores. Compartimos solo unos días con ella y su familia. Esa noche, durante la cena, recibimos una llamada de Colombia que cambiaría todo en nuestras vidas: la policía les había comunicado que el auto que nos habían robado lo habían encontrado en poder de varios delincuentes y que ya habían sido arrestados.

Tras la información, tuvimos que regresar al país, porque nuestro deber era identificar a los detenidos para asegurarnos si habían sido ellos los que habían atacado a mi esposo una semana antes. Viajamos de inmediato, sin imaginar que este era solo el comienzo de la pesadilla que viviríamos a partir de ese día.

Cuando regresamos a Colombia, nos enteramos de que a la persona que habíamos dejado a cargo de nuestra mascota se le había perdido en el vecindario, llevaban ya varios días en su búsqueda, pero Blondy nunca apareció. Mi hijo Orlando estaba devastado. Habíamos pasado tantas cosas en tan poco tiempo, que no estaba segura de cuánto más podríamos aguantar. Intentamos consolarnos unos a otros con el ánimo de sanar nuestras heridas.

Al siguiente día, Leonel se dirigió a la comisaría a recoger el vehículo. La policía nos informó que en el interior del auto habían encontrado a cuatro delincuentes. Mi esposo aclaró que solo dos personas fueron los atacantes. La policía entendió lo que decía Leonel.

Luego, nos explicaron lo delicada que era la situación: estos individuos pertenecían a un grupo llamado «Norteños», se ganaban la vida secuestrando personas y exigiendo rescates. La policía también le sugirió a mi esposo que colaborara en una rueda de reconocimiento policial, esto ayudaría a identificar a los individuos que lo habían agredido.

En verdad era una situación incómoda para todos, estábamos extremadamente nerviosos. Le mencionamos a los oficiales de policía que temíamos por nuestras vidas, pero la policía nos aseguró que estaríamos mirando a través de un espejo unidireccional y que los perpetradores no podrían vernos. Seguimos las instrucciones. Efectivamente, uno de los hombres era reconocible. Leonel identificó al delincuente.

No había pasado ni un día, cuando comenzamos a recibir llamadas amenazantes de personas extrañas, tenían toda nuestra información, nos llamaban a la casa, a la oficina y a los celulares. Éramos constantemente amenazados. El propósito era causar pánico en nosotros y en realidad lo estaban logrando. El mensaje era claro: si no retirábamos los cargos, lo pagaríamos con nuestras vidas o el secuestro de Orlando. En este punto, estas personas sabían todo acerca de nosotros. Olvidamos que cuando nos robaron el baúl del auto, tenían todo nuestro equipaje el cual contenía toda nuestra información personal. También averiguaron dónde trabajaba mi esposo y la institución educativa donde asistía mi hijo Orlando. Sin imaginarlo, estábamos viviendo una pesadilla interminable. Habían pasado tres semanas, para mí las más largas de toda mi vida. Estábamos aterrorizados de que estos criminales fueran a secuestrar a Orlando. Ante tal situación, mi esposo tomó la decisión de enviar a Orlando a vivir con su hermana a Nueva York. Ella accedió a cuidarlo hasta que las cosas se calmaran. No teníamos otra salida, el niño debía abandonar el país de inmediato por temor a un secuestro.

Desafortunadamente, enviar a mi hijo Orlando a Nueva York no resolvió los problemas por completo, pero al menos le dio a mi esposo la tranquilidad de saber que el niño estaría a salvo. Nuestra vida social cambió por completo, rehusamos a estar fuera de casa, a menos que no fuera estrictamente necesario. La empleada del servicio tenía prohibido abrir la puerta o contestar el teléfono. No dormíamos bien. Era claro para nosotros que teníamos que pensar rápido en tomar una decisión antes de que sucediera algo aún peor. Estábamos lidiando con un grupo de criminales que dañarían a cualquier ciudadano y sin piedad.

Todo se había derrumbado frente a nuestros ojos. Esta vez las piedras en mi camino eran de gran peso y sentía que sola no podía mover ni una sola de ellas.

Cuando llegó el día de la corte y estuvimos frente al juez que estaba a cargo de nuestro caso, solicitamos hablar en privado con él, le transmitimos todas nuestras preocupaciones y temores. Jamás podré olvidar ese día. Para nuestra sorpresa, el juez nos dijo:

—Señor Ortiz, usted sabe cómo funciona la justicia en Colombia. No tengo cómo protegerlos, mis manos están atadas, yo también tengo una familia, le sugiero que abandone el país por un tiempo.

La verdad pensé que estaba soñando, no podía creer lo que estaba escuchando, rompí en llanto, qué clase de justicia era esta donde las víctimas teníamos que abandonar el país para que los delincuentes salieran nuevamente a las calles a delinquir.

Mi esposo no dijo una sola palabra, él lo tenía más claro que yo: el juez había sido comprado y nosotros teníamos que movernos rápido si queríamos terminar con esta pesadilla.

CAPÍTULO 24

Nadie en el mundo debería abandonar su propia casa por temor a su seguridad, esto me parecía cruel e injusto. El coraje y la impotencia se apoderó de mí. La incertidumbre detuvo mi corazón. ¿Qué se suponía que debía hacer con mi madre? Por primera vez en mi vida pensé que había logrado tener una familia, pero todo se derrumbó frente a mis ojos y nadie podía hacer nada para evitarlo.

Cada decisión que nos vimos obligados a tomar no solo nos afectaba a nosotros, sino también a familiares y amigos; tuvimos que dejarlo todo y pensar en mudarnos a los Estados Unidos para empezar de cero, con la promesa de regresar en dos años. No pude evitar sentirme frustrada, dejar a mi madre era inaudito para mí.

—¿Por qué no podemos simplemente mudarnos a otra ciudad? —cuestioné, incapaz de ocultar mi frustración.

Mi esposo contestó:

—Otra ciudad es imposible. Si nos quedamos aquí, esta gente nos encontrará. El lugar más seguro para nosotros es Estados Unidos.

No quería escuchar lo que tenía que decir, no tenía sentido. Ninguno de nosotros hablaba inglés ni entendía la cultura asociada con la vida estadounidense. Allí no teníamos trabajo.

—¿Cómo nos ganaríamos la vida? —expresé.

—Primero, nos quedaremos con mi hermana. También, tenemos suficientes ahorros. Veremos —dijo Leonel.

—¿Cuánto tiempo tomará hacer esto oficial?

—Podría tomar de dos a tres meses —me contestó con frustración.

—Mientras tanto, ¿por qué no tomas un curso? —agregó mi esposo.

—¿Qué?

—Como hacer uñas o algo así; ya sabes, algo en lo que puedas trabajar temporalmente.

Me sentí como atrapada en un laberinto sin salida. *"En qué momento todo se desvanecía ante mis ojos, parecía una pesadilla que me empujaba a dar un salto hacia un abismo desconocido"*, me cuestionaba y me preguntaba si estaba apoyando lo suficiente a mi esposo.

Fue entonces cuando tomé la decisión de inscribirme en clases de cosmetología. Aunque mudarse a Estados Unidos no fue completamente mi decisión, aún iba a mantener la independencia que siempre tuve, trabajé desde muy joven y el cambio de país me quitaría sentido de identidad. El curso de cosmetología duraba seis meses, pero yo solo tenía tres meses para salir de mi país; para lograrlo, hablé con los profesores y comencé a asistir a clases en las mañanas y en las noches, así pude obtener mi certificación en la mitad del tiempo.

La parte más difícil para mí era dejar a mi madre, pero ella siempre me dijo que mi lugar era al lado de mi esposo. Cuando fui a despedirme, no podía sostener el llanto. No era justo que tuviera que escapar como si fuera una criminal. Sentí como si todo el trabajo duro que pasé hubiese sido en vano. No podía describir el dolor tan amargo y profundo que sentí al tener que despedirme de las personas que más amaba. Mi madre me dio su bendición y me dijo:

—Siempre estaré esperando tu regreso.

En seguida, sostuve a mi hijo Javier contra mi pecho para que su cuerpecito me diera las fuerzas que necesitaba en ese momento, todo esto mientras pensaba en lo agradecida que me sentía de que mi bebé no tuviera idea de lo que sus padres estaban pasando en aquel momento. Después, caminé hacia el aeropuerto El Dorado sin mirar atrás.

Cuando llegamos al aeropuerto John F. Kennedy, de Nueva York, levanté la mirada y cruzando la salida estaba mi hijo Orlando, esperándonos. Corrió a mis brazos. Nos habíamos echado mucho de menos, debíamos agradecer a la vida por poder reunirnos de nuevo. Mi hijo Orlando estaba muy emocionado, quería contarnos todo lo que estaba haciendo: no solo estaba acudiendo a la escuela, sino que tenía un trabajo *part time*, repartía periódicos; él había ahorrado todo su dinero para comprar regalos para nosotros. Cuando llegamos a casa, nos dio los regalos. El primero era para su hermano: un traje completo para poder jugar en la nieve con él. El segundo fue para su papá: un conjunto de pijama y botas para la nieve; el tercero era para mí: dos monos de peluche que se abrazan uno al otro, un secador de cabello y pinzas eléctricas. Él sabía que me había graduado de la escuela de cosmetología y, sin proponérselo, fueron sus regalos los que me sirvieron en un futuro para arreglar muchos cabellos en Norteamérica.

Al final, reflexioné y pensé: *"Aquella situación violenta y dolorosa, disfrazada, transformó a Orlando en una persona fuerte a pesar de su corta edad; estaba tan orgullosa de él, su generosidad y su ternura nos dejaron sin palabras"*.

Sin idea de lo que traería cada día para cada uno de nosotros, empezamos a acomodarnos a lo que sería nuestra vida. Por el momento, vivíamos en la casa de la hermana de mi esposo. Ella fue muy amable al dejarnos quedar hasta que encontráramos un lugar propio para mudarnos.

Llegamos a Nueva York a finales de noviembre, en pleno invierno de 1990. Las calles estaban decoradas con ensueños navideños, sería esta nuestra primera Navidad en Norteamérica. Recuerdo asomar mi cabeza por la ventana, viendo caer la nieve, como caían las lágrimas en mi cara, pues extrañaba mi casa, mi familia y no tenía la mínima idea de cuándo volvería a ver a mi madre. Para el Año Nuevo, prepararon una cena para todos; luego, nos invitaron a sentarnos en la sala, prendieron la televisión y todos esperaban el momento en que la bola cayera. De repente, después de que cayó la esfera, todos se desearon un feliz Año Nuevo y abruptamente se retiraron a sus habitaciones. Yo no podía creer la falta de entusiasmo y emoción a la hora de celebrar el Año Nuevo. La verdad no era familiar con lo que estaba pasando. La alegría que se vive en Colombia durante la Navidad y Año Nuevo era muy diferente: la gente enloquece por completo, está de parranda casi todos los días, amanecen en fiestas y barbacoas.

En Año Nuevo, se brinda con una copa de vino, aguardiente o whisky; y este es solo el inicio de la celebración, pues la gente acostumbra a bailar en la calle hasta las cuatro de la mañana, a esa hora ya comienzas a sentir una sensación de resaca. La cura para la resaca de los colombianos consiste en tomar caldo de costilla, que comúnmente es grasosa y picante, o los famosos tamales —y de seguro la fiesta continúa hasta los primeros de enero—.

Solo miré a mi esposo. Con sorpresa, tomé a mi bebé en brazos y nos retiramos a nuestro cuarto; cuando entré, lo primero que vi fue a mi hijo Orlando con una botella de gaseosa naranja y cuatro vasos plásticos; él nos dijo:

—*Brindemos porque estamos juntos de nuevo, yo sé que el próximo año será mejor para nosotros.*

No pude más que romper en llanto. Extrañaba mucho a mi gente, mis costumbres y mi ritmo de vida. Aunque nos teníamos el uno al otro, me sentía muy deprimida y no sabía disimularlo. Esa noche me dormí en mi llanto, mientras sostenía la foto de mi madre que siempre llevaba conmigo, sostenía la imagen cerca de mi corazón para darme la fuerza que necesitaba para seguir adelante.

Después del Año Nuevo, todo volvía a la normalidad para todos sus habitantes, pero aún era demasiado pronto para nosotros entender el cambio. A diario me preguntaba: "*¿Cómo buscaríamos oportunidades de empleo?*".

La hermana de mi esposo fue persistente en hacernos conscientes de que, si no tomábamos la iniciativa de aprender el idioma inglés, las posibilidades de empleo serían más difíciles. A medida que pasaban los días, la angustia me agobiaba, tenía la responsabilidad de proveer a mi madre en Colombia. ¿Pero cómo podría hacerlo si aún no tenía ingresos? Habían pasado dos semanas y aún no encontraba nada. Según mi esposo solo habían pasado unos días. Mi paciencia comenzaba a desintegrarse lentamente. Éramos personas trabajadoras, queríamos una oportunidad de empleo, la necesitábamos, era consciente de que todos los comienzos eran difíciles, pero no tenía tiempo para quejarme, tenía que pensar en algo.

No pude evitar preocuparme por mis hijos. Sus mentes eran como esponjas, tenía que asegurarme de que crecieran en un ambiente saludable, deseaba criarlos con una moral sólida para que fueran hombres sensatos. Todo esto y más me recordaba el gran compromiso que tenía conmigo misma, me recordaba que el hecho de habernos ido del país, después de tanto arduo trabajo, tenía que existir una razón real que nos aguardara en esta tierra extranjera. Me repetía una y otra vez: *"Las cosas buenas están por llegar; no era la primera vez que tenía piedras en mi camino, esta solo sería una batalla más"*.

Requería encontrar —con urgencia— un trabajo y aprender inglés. En las dos semanas que busqué trabajo, había tenido suficiente tiempo para aprender lo básico, por lo menos a decir mi nombre y mi dirección. Los dibujos animados me ayudaron mucho con el vocabulario, era sencillo de aprender, los veía con mi bebé. La barrera del idioma no me iba a impedir que consiguiera un trabajo.

Mientras tanto, encontré un trabajo en limpieza de casas. Sin dudarlo, acepté; mantenerme activa y generar ingresos era primordial para mí. Usar los productos químicos con los que allí limpiaban fue un poco difícil para mí, me causaban mucha irritación en las manos, creo que era cuestión de costumbre, pero esto no fue una excusa para no hacerlo por lo menos hasta encontrar algo mejor.

Llamar diariamente a mi madre era importante para mí, así fuera por unos minutos. Precisamente ese día hablé con mi hermana Sandra, me puse muy feliz al saber que mi madre no estaba sola. Cada vez que hablábamos, mi madre me preguntaba cuándo regresaría, sin tener la mínima idea de cuándo podría ser; de inmediato, cambiaba el tema de la conversación.

Esa noche, durante la cena, mi cuñado mencionó algo sobre una comunidad hispana. Pregunté entonces con gran curiosidad:

—¿Qué es la comunidad hispana?

Mi cuñado me explicó que a los emigrantes los ayudaban a encontrar empleo. ¿Y me estás diciendo esto hasta ahora? —pregunté con incredulidad—. Necesito la dirección ahora mismo. Iré mañana —agregué.

Mi cuñado era un hombre muy dulce. En seguida me contestó:

—No te lo mencioné porque no pensé que quisieras hacer esos trabajos.

No podía creer las palabras que escapaban de sus labios.

—¿Y qué clase de trabajo es ese? —indagué fuertemente.

—Simplemente envían grupos de personas a limpiar bancos y supermercados, pero es en las noches y pagan muy baja la hora.

Al día siguiente estaba muy temprano en las oficinas de la comunidad hispana y por fortuna estaban necesitando personal. Había que limpiar las oficinas de un edificio por la noche, los siete días de la semana. Acepté y comencé a trabajar esa misma noche. Mi esposo se hizo cargo de mis hijos y yo pude trabajar en las noches limpiando oficinas y en el día limpiaba casas.

Al mudarme a Estados Unidos, la situación económica de mi familia era muy difícil, simplemente trataban de sobrevivir. Sin embargo, mi mayor preocupación era mi madre y su salud. Su presión arterial alta la estaba matando poco a poco. Tenía que tomar sus medicamentos en momentos específicos. Era importante que alguien estuviera pendiente de ella, pues sufría terribles migrañas. A veces se enfermaba tanto a causa de ello, que no podía levantarse de la cama.

Me gustaba quedarme después de la misa del domingo, especialmente cuando anunciaban que vendrían abogados a hablar de emigración, pues era un tema desconocido para mí.

La información que recibimos nos fue muy útil, considerando que siempre quisimos hacer todo legalmente. Para solicitar una licencia de conducir, se requería comprobante de domicilio y una tarjeta de la biblioteca. Nos dimos cuenta que tener un auto en este país no era un lujo sino una necesidad, así que en el menor tiempo posible llenamos la solicitud y solicitamos nuestras licencias de conducción.

Hacer preguntas era la única forma de encontrar respuestas y, por suerte, yo nunca he sido tímida; lo más importante era no desaprovechar el tiempo, aprovechando al máximo cada oportunidad que teníamos para poder levantarnos de nuevo.

En la mañana, noté a mi madre muy afligida, me sentía tan culpable por no haberla podido traer conmigo... Me contó que mi hermano Luis no se estaba portando bien, ella pensaba que le había afectado que yo me hubiera tenido que ir, estaba tomando mucho trago y volvía a casa muy tarde. Mi madre, por supuesto, lo esperaba despierta cada noche. Esto me preocupó mucho.

Continuamos viviendo con la hermana de mi esposo, su hogar era una casa perfecta para ella y su familia, pero con la incorporación de nosotros era apenas entendible que los estábamos incomodando; no obstante, hallar un lugar para mudarnos era aún más difícil que encontrar empleo.

Dejar a mi hijo Javier con un extraño, es decir, con una «niñera», fue la parte más dura de todo; ella era una mujer encantadora, pero mi bebé era muy pequeño aún. Trataba de ser fuerte, pero a veces me derrumbaba, especialmente cuando caminaba de la casa de la niñera al trabajo. Estos no eran los planes que tenía para mi hogar. Cuando supe que estaba embarazada, sabía que ya tenía un lugar fuerte y estable para recibir a mi hijo, todo esto no estaba en mis planes. Todo lo que quería era que mi madre estuviera aquí conmigo. Ella era la única persona en el mundo con la que dejaría a mi hijo sin ningún temor.

CAPÍTULO 25

Mudarnos a los Estados Unidos fue un cambio drástico para todos, especialmente para mi esposo. Pasó de ser un hombre de negocios, que económicamente lo tenía todo, a empezar de cero; él actuaba como si fuera indiferente a todo lo que pasaba a nuestro alrededor, nunca fue muy expresivo con lo que sentía, pero era obvio que el cambio lo afectaba mucho más que a mí.

—No estamos de vacaciones, ¿verdad? —pregunté.

Sacudió la cabeza y habló en voz baja:

—No. Todo va a estar bien. Solo nos quedaremos un año, volveremos a casa y todo será como antes. Luego, Leonel se acercó a la mesa de noche, abrió el cajón donde guardamos el dinero que habíamos traído de Colombia, que cada vez se hacía más poco. Tomó la mitad y pronunció:

—Compraré un auto —afirmó mi esposo mientras yo asentí y le deseé suerte.

Estados Unidos se conoce como la tierra de la libertad, un país donde los sueños se hacen realidad con infinitas oportunidades. Sin embargo, con toda su simplicidad, todavía tiende a haber mucha complejidad. El «*sueño americano*» no es un boleto de lotería con un viaje gratis al éxito, debes trabajar duro si realmente quieres hacer la diferencia. Las oportunidades estaban, solo dependía de nosotros no dejarlas pasar. Conocía lo suficiente a mi esposo como para saber que ya estaba planeando hacer algo relacionado con ventas. Esa noche en la cena le dije:

—¿Puedes compartir conmigo lo que está pasando en tu cabeza? —sonrió y me respondió:

—¿Qué opinas si lleno el auto que compré de productos hispanos y me voy por todos los pueblos a venderlos?

—Me parece una buena idea. ¿Cuándo vas a empezar? —indagué.

—Me di cuenta de que hay muchos lugares dominicanos por aquí, así que estaba pensando en comenzar con ellos —expresó.

—Excelente. ¿Qué planeas vender?

—Con el dinero que nos quedó del auto, estaba pensando invertirlo en café, harina, galletas, dulces y pan.

Al día siguiente, Leonel fue de compras como lo había planeado, yo sabía que él no volvería a casa sin haberlo vendido todo. Efectivamente, fue un éxito total y así fue como en poco tiempo creó su propia compañía. Eventualmente, se conectó con el dueño de una panadería en Queens y le pidió que vendiera sus productos: lenguas de dulce y pan de queso. La comunidad hispana estaba feliz de poder comprar estos productos en las bodegas cercanas a donde vivían, sin tener que cohibirse de sus deliciosos *delicatessen* (alimentos selectos).

Pocos meses después, mi cuñado nos presentó a una familia puertorriqueña, eran personas muy amables, de las cuales guardo un lindo recuerdo. Ellos estaban alquilando uno de sus apartamentos en su casa, el único problema era que habíamos gastado todo nuestro dinero en emprender nuestro negocio y el auto, por lo que solo teníamos la renta, pero no el depósito. Creí que siendo honesta no estaría de más a la hora de negociar. Por ello, les dije a los propietarios:

—Me encanta este apartamento, pero con toda honestidad, no tenemos el dinero para proporcionarles algún tipo de depósito de seguridad; no obstante, tenemos lo del primer mes de renta.

La familia agradeció nuestra honestidad y nos permitió

mudarnos, nos trataron como familia desde el primer momento que los conocimos.

Si bien las condiciones en Estados Unidos eran más seguras, la preocupación por la estabilidad financiera era algo que siempre fue primordial para mi esposo. Hay un dicho que dice: *"Aquellos que pasan de tener algo a no tener nada enfrentan mayores desafíos que aquellos que nacen sin nada y tienen la oportunidad de hacer algo positivo con sus vidas"*. Mientras yo era el producto de no tener nada y ganar algo a lo largo de mi vida, mi familia no lo era, ellos estaban acostumbrados al estilo de vida que vivíamos en Colombia. Teníamos la opción de regresar, pero aún era demasiado pronto para hacerlo.

Pensar en legalizar nuestro estatus migratorio implicaba dinero, necesitábamos un abogado de inmigración y en ese momento nos era imposible. Trabajamos los siete días de la semana, mi hijo Orlando acudía a la escuela pública y trabajaba medio tiempo. El poco tiempo libre que teníamos lo pasábamos en familia.

El tiempo transcurrió rápido... Sin ni siquiera planearlo, ya estábamos en Navidad nuevamente. La nieve caía aún más fuerte que el año anterior. Siempre tenía miedo de tocar mi nariz por miedo a que se rompiera por el frío que hacía afuera. Después de Año Nuevo, fuimos a hablar con un abogado de inmigración, nos lo había recomendado en los anuncios de la iglesia.

Cuando estuvimos en su oficina, el abogado fue directo con nosotros:

—Para que podamos iniciar este proceso, mis gastos son ocho mil dólares —afirmó el abogado e hizo hincapié en que tendríamos que pagarle por adelantado—. Lo que necesito de usted son los impuestos que hayan pagado hasta ahora, tres fotos y los pasaportes —agregó.

Seis meses más tarde, ya teníamos reunido el dinero, nos acercamos a sus oficinas y firmamos los papeles. El señor de la panadería estaba dispuesto a ayudarnos con el contrato de trabajo. Cuando mi esposo le dio al abogado los ocho mil dólares, me sentí mal del estómago, eran todos nuestros ahorros, pero era para una buena causa.

El abogado explicó que, después de que se enviara la aplicación, Inmigración enviaría una carta de confirmación y después era cuestión de esperar para la cita. Estábamos felices. Finalmente, comenzaríamos a legalizar nuestro estatus en este país. Todos los días revisaba el correo, con la esperanza de encontrar la carta de Inmigración; pasaron más de tres meses y no había señales de ningún correo.

Decidí tomar el asunto por mis propias manos y llamar al abogado. La secretaria respondió y explicó que no sabía por qué no habíamos recibido respuesta de Inmigración, pero que de inmediato resolverían el problema. Una semana más tarde, decidimos ir personalmente a hablar con el abogado. Por desgracia, al llegar al lugar, no encontramos a nadie, las oficinas estaban vacías. ¡No lo podía creer! ¡Jamás hubiera imaginado algo semejante! Era un escenario poco común, pero en realidad sucede con bastante frecuencia y nosotros éramos una víctima más de ellos... Regresamos a casa sin decir una sola palabra.

Lo único importante para nosotros en ese momento eran nuestros pasaportes, pues estas personas los tenían en su poder; nuestros documentos eran de gran importancia, sin ellos, sería mucho más difícil comenzar este proceso nuevamente.

Cuando me sentía vulnerable y agobiada, solo deseaba hablar con mi madre, por lo menos escucharla; no podía contarle mis problemas, le causaría estrés, el cual era innecesario. Lo único que necesitaba era escuchar su voz.

Un mes después, revisé el correo y encontré un paquete con todos nuestros pasaportes: al parecer estas personas tenían un poco de conciencia.

Debo admitir que las cosas mejoraron cuando nos mudamos al apartamento. A pesar de que era pequeño, tener una cocina para preparar nuestros alimentos era mucho mejor que ordenar afuera todo el tiempo; volver a casa después de un largo día de trabajo era todo lo que necesitaba.

En la esquina de la sala puse una pequeña silla rodante con

un espejo de tocador. *"Empezaré a cortar pelo, debo practicar lo que aprendí"*, pensé. No había tiempo para quejarse, tenía que tener más entradas de dinero, habíamos perdido todos los ahorros, no pensaba darme por vencida tan fácilmente. El hecho de tener nuevamente los pasaportes era una buena señal.

Necesitaba encontrar clientes. ¿Cómo? Haciendo volantes y repartirlos después de la misa del domingo. En efecto, resultó, fue una buena idea. Las personas hablaban nuestro mismo idioma y se sentían cómodas yendo a mi casa a cortarse su cabello. Empecé a hacerlo en las noches cuando llegaba a casa, era conveniente para mis futuras clientas, puesto que trabajaban largas horas como nosotros.

Mi esposo trabajaba, despertaba a las 3:00 a.m. para llegar a los supermercados antes de que abrieran al público, llegaba más temprano a casa; gracias a esto, yo tenía la tranquilidad de que él se hacía cargo de mis hijos hasta que yo llegara.

Teníamos planes de comprar un auto más grande. Esto me hizo feliz, yo podría quedarme con el auto pequeño en lugar de tomar el autobús y el tren a diario; además, me ahorraría más tiempo y esto último lo era todo.

Esa mañana hablé con mi madre y parecía angustiada. Sandra había vuelto con Moisés. Traté de consolarla, pero en realidad no era mucho lo que podía hacer. Luis también se estaba portando mal.

Me sentía desesperada porque no había mucho que pudiera hacer desde donde me encontraba, lo único que podía era hablar por teléfono con ellos. Estar a miles de kilómetros de distancia solo me hacía sentir un millón de veces más culpable por haberla dejado y aún no tenía la menor idea de cuándo podría regresar.

CAPÍTULO 26

Después de un largo día de trabajo, nos sentamos a cenar. Leonel me contó que había conocido a la sobrina de uno de sus clientes dominicanos, ella trabajaba para *Mary Kay*, compañía dedicada a la venta de productos de belleza. Él me dio su tarjeta y dijo que sonaba interesante para mí.

Al siguiente día, me comuniqué con la señorita y ese mismo fin de semana ya estaba vendiendo los productos cosméticos de *Mary Kay*. Las ventas siempre me daban ese poder que surgía de la adrenalina que se disparaba cuando hablaba con gente. En realidad, amaba las ventas.

La colega con la que trabajaba tenía más o menos la misma edad que yo; era una linda persona, fue muy fácil y gratificante trabajar junto a ella, porque coincidimos en muchos temas y varias decisiones personales de la vida. Trabajando en un país extranjero y, sin estar familiarizados con el idioma, ambas intentábamos hacer lo mejor que podíamos.

Gracias a su amistad, pude conocer la cultura dominicana e hice lo mismo con mis raíces colombianas. Ella me presentó a su familia e instantáneamente me sentí como en casa. Al principio, tenía la impresión de que estaban enojados o discutían constantemente entre ellos. Esto fue el resultado de la forma en que se hablan entre sí. Su acento suena de una manera fuerte y vibrante. En realidad, pronto comencé a comprender que entre los dominicanos era común hablar muy alto y rápido. Los dominicanos son muy apasionados a la hora de hablar de lo que hacen. Su cultura es hermosa y realmente los considero personas bondadosas, de voluntad fuerte, hospitalaria y son muy trabajadores. No solo me recibieron en su casa, sino que también acogieron a mi familia. Encajamos perfectamente y tuvimos la oportunidad de compartir muchos momentos lindos.

La madre de mi amiga resultó ser el ser humano más asombroso que jamás había conocido. Todas las personas que tuvieron el honor de conocerla la llamaban «Mamá Rosa». Ella tenía una sonrisa siempre en su hermoso rostro para todos, pero Dios tenía otros planes para ella. La enfermedad del cáncer decidió que su tiempo en la Tierra debía llegar a su fin. Ella siempre tendrá un lugar muy especial en mi corazón.

Los fines de semana, después de las 5:00 p.m., íbamos de puerta en puerta vendiendo productos de belleza, tal como lo hacía en Colombia cuando vendía enciclopedias. En Estados Unidos vendía productos para el cuidado de la piel a mujeres que no tenían tiempo para ir a la tienda. *Mary Kay* tenía una línea completa para el cuidado de la piel y yo hacía lo que mejor sé hacer: vender. Fue una experiencia muy bonita. Me retiré un año más tarde porque se me presentó la oportunidad de trabajar en un salón de belleza, recibiendo chaquetas de invierno, en lo que pensé que era una buena oportunidad.

No estaba en mis planes salir de mi país —Colombia— de la manera que me obligaron a hacerlo. Ahora, las circunstancias eran diferentes. Tenía que recordarme constantemente que no estaba sola, que existía mucha gente en la misma situación o peor que la nuestra, me refiero específicamente al estatus legal. Tener la residencia en los Estados Unidos es realmente difícil pero no imposible, por lo menos no para mí.

Aquella vez fui a una entrevista, el caballero hablaba italiano y un poco de español. Todo lo que entendí de la conversación fue que obtuve el trabajo y que me pagarían solo en propinas en lugar de recibir un salario normal. Este concepto no tenía sentido para mí. Me explicó que por cada abrigo que se entregaba, los clientes me darían por lo menos un dólar y yo podía irme fácilmente a casa con setenta dólares en efectivo. En Colombia, solo los habitantes de la calle pedirían dinero de esta forma, pero recordé que no estaba viviendo en Sudamérica. Mi trabajo era sencillo: preparar café en las mañanas y entregar un *ticket* a cada cliente que me diera su chaqueta.

Mi trabajo parecía tener sentido solo en la época de invierno, teniendo en cuenta que en los meses de primavera y verano el clima sería demasiado cálido para chaquetas o suéteres. Sabía que quería quedarme en el salón, me gustaba el ambiente, hasta me imaginaba cortando pelo a mis propias clientas.

El salón de belleza era enorme y, por cierto, muy prestigioso: más de cuarenta empleados trabajaban diariamente en este lugar. Cada peluquero tenía un asistente propio y todos hablaban inglés menos el caballero que limpiaba y yo. Como mi tiempo era tan limitado para asistir a clases de inglés, me propuse aprender cinco palabras diarias en inglés; para mí era importante comunicarme con todos a mi alrededor; aprender su idioma era primordial y no debía tener excusas para quedarme estancada por motivo de ello.

Nosotros vivíamos en Central Islip (Nueva York), tenía que despertarme muy temprano y moverme con rapidez para llegar muy puntual a mi trabajo. Además, debía dejar a Javier al cuidado de la niñera. Después, tomaba el tren a Hicksville, Long Island y luego un autobús —por cuarenta minutos más— hasta Great Neck. Ser puntual siempre fue una regla de oro para mí.

Los días eran extenuantes y agotadores, estaba tan agradecida de que Leonel me recogiera en las tardes, así no tendría que hacer el recorrido que hacía cada mañana. Era necesario comprar otro auto, pero debíamos esperar un poco más.

Extrañaba mucho a mis hijos, mi nuevo horario de trabajo tomaba la mayoría del tiempo, pero tenía que pensar en su futuro y, si ya estábamos aquí, teníamos que hacer sacrificios para establecernos mejor.

Me sentía muy extraña por mi pequeño tarro de propinas, pero sabía que esto solo estaba en mi mente y era más cultural que otra cosa, solo sabía que en ocasiones lograba casi cien dólares diarios y esto era bastante dinero. Cuando llegaba a casa, ya estaban mis clientas esperando por mí para atenderlas en el salón pequeño que tenía.

Mi objetivo principal era obtener documentación legal y poder traer a mi madre a Estados Unidos. No quería perder ninguna oportunidad de trabajar y tener el dinero para el abogado.

Cuando terminó el invierno, mi jefe me llamó a su oficina y me preguntó si tenía mi licencia en cosmetología. Emocionada, contesté que sí. Luego, me pidió que se la llevara al día siguiente. Esa noche fui a casa, revisé toda mi documentación y encontré la licencia, estaba muy feliz. Agradecí que Leonel me sugiriera tomar las clases de cosmetología. Al siguiente día, fui a trabajar con mi licencia de cosmetología, entré a la oficina de mi jefe y se la entregué; cuando la tomó en sus manos, soltó una carcajada y me dijo con burla:

—¡Este papel solo sirve para limpiar mi trasero!

Mi licencia fue emitida en Colombia, la cual no era válida en Nueva York y eso lo entendía perfectamente. Después de que terminó de reír, habló:

—Está en Norteamérica —sentenció y dejó caer mi licencia en su escritorio.

En seguida, la tomé nuevamente en mis manos y salí de su oficina. Luego, corrí al baño, necesitaba desahogarme un poco, limpié mis lágrimas y regresé a mi lugar de trabajo. La manager notó mi tristeza y me preguntó si algo andaba mal. En mi poco inglés le expliqué la situación. Me pidió que la siguiera y así lo hice. Fue entonces cuando pasó a hojear las páginas amarillas, tomó un pedazo de papel, anotó un número de teléfono y me dijo:

—Llame a este número: «Albany», hablan español y ellos te ayudarán a obtener tu licencia. No te preocupes, tú eres muy inteligente, lo vas a lograr. Mientras tanto, hablaré con el jefe para que te deje quedar, para que barras y continúes haciendo el café.

En pocas palabras, ella me guio por el camino correcto sin siquiera conocerme.

De inmediato, seguí su consejo, llamé al número y hablé con alguien en español. Fueron extremadamente útiles, me enviaron un formulario por correo. Necesitaba obtener esta licencia lo antes posible para conservar mi trabajo. Cuando envié toda mi documentación a Albany, me di cuenta de que solo necesitaba un poco más de horas que eran requeridas para obtener mi licencia.

Mientras tanto, estaba limpiando el salón y llevando el almuerzo a todos los peluqueros. Albany fue indulgente cuando se trataba de trabajar en el salón. Me acreditaron esas horas hacia las horas requeridas, pero aún tenía mucho camino por recorrer. En muchas ocasiones me quedaba dormida junto a la cuna de Javier haciendo tareas o estudiando para el examen final. Una vez que cumplí con las horas requeridas, necesitaba que mi jefe estuviera de acuerdo en firmar una carta asegurando que sí había trabajado las horas requeridas. Finalmente, cuatro meses después, pude sentarme y tomar el examen para mi licencia en Nueva York. Por fortuna, lo logré en el primer intento.

La culpa me perseguía sabiendo que no estaba pasando suficiente tiempo con mi familia. No quería que mis hijos crecieran en el mismo ambiente en el que crecimos mis hermanos y yo. Lo único que deseaba era poder brindarles a mis hijos una buena educación.

Todos los días, cuando tomaba el autobús, repetía las cinco palabras en inglés una y otra vez hasta saberlas bien, recordaba que solo era cuestión de tiempo para que Javier empezara la escuela y yo debía ayudarlo con su tarea.

CAPÍTULO 27

Me emocioné mucho cuando mi esposo me sorprendió: él había comprado una camioneta, porque su negocio continuaba creciendo positivamente. Leonel es uno de los hombres más profesionales y honestos que conozco, al que siempre le tendré mucho respeto y admiración. Su ética de trabajo es asombrosa, es una persona persistente en todo lo que hace y nunca se da por vencido. Sin hablar una palabra en inglés, comenzó su propia empresa y, en un país extranjero, logró hacer su compañía a la que llamó «*Lejos Food*».

La adquisición de un nuevo auto me dio la oportunidad de usar el primer vehículo que habíamos comprado, ya no tendría que hacer esos largos recorridos en tren y bus, especialmente en la época de invierno. No podré olvidar ese primer día al volante: estaba en la 495, sentía morir cada vez que uno de esos *truck* pasaba frente a mi pequeño auto. Cuando llegué al trabajo, mis piernas temblaban, pero como toda primera vez, solo era cuestión de acostumbrarme; así fue como en poco tiempo mi auto se convirtió en mi mejor amigo, gracias a él lograba hacer todo con mucha más facilidad.

Cuando recibí mi licencia de cosmetóloga, sentí que me había ganado la lotería; fui de inmediato a llevársela a mi jefe, pero primero le pedí que con esta no se le ocurriera limpiar su trasero. Él se rio mucho con mi comentario. Luego, me miró y se dirigió a mí:

—Desde mañana puedes empezar a lavar cabezas; recuerda que, si le das un buen masaje en el cuello, serán muy generosos contigo.

Definitivamente, obtener mi licencia en peluquería me permitió trabajar lavando cabezas y continuar aprendiendo. Yo siempre he creído que observar en silencio, sacando provecho de todo lo que sea positivo, es la mejor escuela de la vida y esto fue lo que hice.

Trabajaba en el salón de martes a sábado; los domingos y lunes limpiaba casas y oficinas; en las noches cortaba pelo a la comunidad hispana, aprovechando que tenía horarios como los míos y no podían ir a un salón de belleza en horas regulares; yo los atendía a altas horas de la noche, no les cobraba mucho, yo más que nadie sabía lo duro que les tocaba para traer el dinero a sus casas diariamente. Solo deseaba que los días fueran más largos o que la semana tuviera un día más.

Mi madre y mis hermanos estaban en mi mente todo el tiempo y la única forma en que podía hacerles saber que estaba pensando en ellos era ayudarles económicamente como yo podía, lo único que deseaba era que mi madre no pasara necesidades. Tres años nos tomó reunir el dinero para hablar nuevamente con un abogado de emigración.

Llegó el día en que dejé a mi hijo Javier en la escuela por primera vez, lo recuerdo como si hubiera sido ayer: hacíamos las tareas juntos; sin imaginarlo, yo aprendía el idioma inglés con él; supuestamente yo era quien debía ayudarlo con las tareas, pero Javier era el que me enseñaba a mí. Mi hijo es brillante y aprende con rapidez. Por ello, supe entonces que lograría llegar muy lejos, por eso mi compromiso era aún mayor, yo no podía bajar la guardia.

Estuve trabajando como asistente en el área del champú durante un año; mi truco consistía en incluir siempre un buen masaje de cuello y cabeza, como me lo sugirió mi jefe; esta táctica gustó tanto a los *costumer*, que terminaron llamándome «*Golden Hands*» —manos de oro—, solo que debido a que siempre pedían por mi servicio, esto retrasaba los *costumer* para llegar a tiempo a la silla del peluquero. Mi jefe, un hombre de negocios e inteligente, decidió que, si los clientes me iban a solicitar, iba a designar un área para realizar un tratamiento de aceite caliente que les costaría a los *costumer* cincuenta dólares extra; y el que quisiera, tenía que hacer una cita previa, así nadie estaría tarde para otro servicio. Se me asignó mi propia área para realizar los tratamientos capilares, haciendo que esto fuera también un éxito total.

Todo parecía estar muy bien para el salón, pero yo estaba empezando a sentirme estancada, necesitaba pensar en otra cosa. Por ello, decidí inscribirme en la escuela de *Christine Valmy* y tomar clases de cuidado de la piel: esta especialización solo tomaría un año y las clases serían en las noches. Consideré que era hora de expandir mis horizontes y crecer como siempre lo había hecho.

*

*

Leonel y yo decidimos hacer una cita con un abogado, nos dijo que la mejor opción para nosotros sería el contrato de trabajo, así que decidí hablar con mi jefe y él estuvo de acuerdo en ayudarme, así que empezamos de inmediato con el proceso de petición.

Para esa misma época nos mudamos de pueblo y fuimos a vivir a Glen Cove, también ubicado en Long Island. Esta mudanza me redujo enormemente mi viaje al trabajo y pude usar mejor mi tiempo en casa. Me sentía agradecida de tener un trabajo de tiempo completo, pero dejar a mi hijo tantas horas me entristecía mucho; a veces estaba celosa de mi niñera, porque temía que con el tiempo Javier la quisiera más a ella que a mí. Adicional, sabía cuál era mi lugar en la vida de mi hijo Orlando, sabiendo el amor y respeto que siempre ha habido entre nosotros; nunca dudaría de su cariño, él siempre entendió, pero Javier era aún muy joven para entender las cosas. Cada día me iba a necesitar más, los primeros años son muy importantes y necesitaba que él supiera que, a pesar de las circunstancias, él era mi prioridad. De hecho, mudarnos a Glen Cove fue más una bendición para todos.

Al conocer en más detalle nuestro nuevo vecindario, nos enamorarnos y encariñamos más de él. Estábamos cerca de la iglesia, la escuela católica y un supermercado, que nos facilitaban positivamente nuestro entorno. Queríamos que Javier asistiera a la escuela católica. Orlando asistía a la escuela pública y también insistía en que su hermano fuera a una privada. Siempre quería lo mejor para su hermano menor. Orlando incluso se ofreció a trabajar medio tiempo para ayudar a pagar la escuela católica si fuese necesario. Puedes enseñar a tus hijos a ser buenas personas, pero en última instancia, depende de ellos decidir si esa es la persona que quieren ser. La generosidad no se puede enseñar, es innato y una característica que Orlando afortunadamente posee. Equilibrar la escuela, el trabajo, la maternidad y ser esposa era una carga pesada en cuanto a las obligaciones que debía abarcar. Quería desesperadamente que mi madre viviera conmigo, sentía que nos necesitábamos mutuamente.

A veces me gustaba soñar, quería tener mi propio negocio. Y como soñar no cuesta nada, lo hacía con frecuencia para que nunca se me olvidara que todo puede ser posible. Por ahora, lo que sí podía hacer era seguir estudiando: continuaba asistiendo a clases en la academia de belleza *Christine Valmy*, ubicada en Manhattan. Después de terminar de trabajar en el salón, tomaba el tren en Great Neck a las 5:30 p.m. a Penn Station, caminaba solo diez minutos de distancia para llegar a clase. No importaba lo rápido que corriera, siempre llegaba tarde a clase, la maestra entendía que mi tardanza no era intencional, por eso nunca volvió a cuestionarme.

El regreso a casa era más cómodo, pero, aun así, era agotador. La clase duraba cuatro horas: iniciaba a las 6:00 p.m. y finalizaba a las 10:00 p.m. Posteriormente, tomaba el tren que salía de Penn

Station y, por lo general, llegaba a casa alrededor de las 11:10 p.m.

Lo único que me repetía a diario era que solo duraría un año en la escuela, tenía que ser paciente y por nada del mundo flaquear; mis metas eran claras; además de esto, solo era el comienzo, aún me faltaba mucho por recorrer.

CAPÍTULO 28

Mis días eran largos: comenzaba muy temprano en la mañana, me levantaba a las 5:00 a.m. y no terminaba hasta bien pasadas las 11:00 p.m. Admito que en ocasiones flaqueaba, sentía que era la peor madre del mundo. Tenía que dejar a mis hijos por tantas horas... En muchas ocasiones llorar me hacía sentir bien, la gente en el tren me miraba con pena, pero nadie cuestionó nunca mi tristeza. Al regresar a casa, en las noches, Javier ya se había dormido, tenía miedo de que se olvidara de mí, yo siempre estaba de prisa, ni siquiera podía jugar con él. Constantemente tenía que recordarme a mí misma que esto era temporal, yo solo deseaba que ese año pasara muy rápido.

Culturalmente, los hombres hispanos son considerados «hombres machistas», suelen ser el sostén de la familia; mientras tanto, las mujeres se quedan en casa para cocinar, limpiar, cuidar a los niños y ser amas de casa. Por fortuna, tuve mucha suerte, pues Leonel nunca me trató como ama de casa, él sabía que yo era una mujer con sueños y nunca trató de hacer algo para cortar mis alas, al contrario, siempre me apoyó en todo lo que me propuse hacer.

Por lo general, Leonel salía de casa de madrugada y regresaba a las 3:00 p.m., esto le daba el tiempo suficiente para recoger a Javier de la escuela y esperar a que Orlando volviera a casa de la escuela para pasar tiempo con ellos y cuidarlos durante mi ausencia. No hay suficientes palabras para expresar la gratitud que tengo por todo el apoyo que siempre me ofreció. Él sabía que todo lo que yo hacía era en beneficio de nuestra familia.

Por otra parte, la aplicación de migración ya estaba sometida, solo que la espera era interminable; tal demora lograba hacerme sentir el peso del mundo sobre mi espalda, donde siempre me olvidaba quién era yo: Esperanza. La salud de mi madre me preocupaba cada día más, mi única ilusión era poder volver a verla.

El tiempo transcurrió rápido. Sin darme cuenta ya me estaba graduando de la Escuela *Christine Valmy*, el 2 de mayo de 1991. Leonel y mis hijos habían venido a apoyarme en la graduación, me esperaba con flores y abrazos, que me decían entre líneas lo orgullosos que los había hecho. De repente, vino a mi mente cada minuto que no le pude dar a mis hijos. Tuve que perder tantos momentos en la vida de ellos para poder graduarme y trabajar al mismo tiempo, pero sentía que había valido la pena; lo que se aprende no se hurta y continuaría aprendiendo hasta lograr mis metas y un futuro mejor para mis hijos.

Los domingos íbamos a la iglesia a participar de la misa. Después, desayunamos en «The Pancake House». Luego, solíamos ir al parque para que los niños pudieran jugar y terminábamos el día con una agradable cena familiar. Poder pasar tiempo con mi familia era gratificante después de una larga semana de trabajo.

Glen Cove estaba tan solo a cinco minutos de la playa de Sea Cliff, así que comencé a correr todas las mañanas, empezando el día con el sol en la piel y el aire fresco en los pulmones; lo tomé como costumbre, hasta que un día paré por el cansancio y de repente levanté la mirada y vi una casa con un hermoso jardín, tenía flores delineando sus alrededores. No podía creer que había pasado por aquella casa tantas veces, pero nunca me di cuenta de sus hermosos jardines. Justo en frente de mí estaba una mujer que cuidaba de las flores y me tomé el atrevimiento de saludar y darle un complemento a su lindo jardín. Sus ojos eran grandes y amables. En nuestra plática me contó que ella era peluquera —como yo— y que estaba a punto de jubilarse. En seguida, expresé mi admiración por su casa y ella amablemente me invitó a entrar. La casa olía a humo de cigarrillo y yo apenas podía respirar... A pesar del olor acre, la casa era hermosa: tres dormitorios en la planta superior, un baño, sala-comedor, cocina y garaje. Sonreí y le pregunté si consideraría vender su casa algún día. Me dijo que por el momento la propiedad no estaba a la venta, pero que, si un día cambiaba de opinión, yo sería la primera en saberlo y ella personalmente me lo diría. Luego, escribí mi nombre y número en un pedazo de papel, agradecí su hospitalidad, nos despedimos y después regresé a casa. Estaba feliz de conocer a alguien tan amable en mi vecindario. Cuando llegué a casa, le conté a mi familia lo ocurrido. A Leonel le pareció extraño lo que yo le contaba, entonces me preguntó:

—¿Qué pasaría si esta mujer llamara mañana y dijera que quiere vender la casa? —indagó con una sonrisa tortuosa en su rostro.

—No lo sé —dije y puse mis manos en mis caderas.

—¿Eh? ¿Con qué dinero planeas comprar una casa?

Leonel se puso serio.

—No quiero arruinarte el día, porque pareces muy entusiasmada, pero el abogado llamó hace apenas un rato para pedir más dinero...

Nuestro proceso de inmigración era cuestión de esperar y era algo con lo que nunca fui muy familiar, nunca tuve paciencia para esperar. El abogado nos informó que esto iba a llevar algún tiempo, pero no imaginé que fuera tanto, lo único positivo era que ya teníamos números de seguro social y permiso para trabajar. Lamentablemente, bajo ninguna circunstancia podíamos salir del país; si pensábamos en hacerlo, no podríamos regresar. Esto solo significaba que el ver a mi madre no sería en un futuro cercano. Hasta que nuestra residencia no fuera aprobada, ninguno de nosotros podía abandonar el país.

*
*

En un abrir y cerrar de ojos había pasado un año más. Esa tarde recibí una llamada de un número desconocido. Para mi sorpresa, era la mujer que había conocido cuando salía a correr. ¡No lo podía creer! Ella había cumplido su promesa, me dijo que estaba vendiendo la casa, pues tenía la intención de mudarse a Florida. Me preguntó si quería ir con mi esposo a ver la casa. Estaba muy nerviosa pero feliz. Sin pensarlo, le contesté que sí. Cuando llegó Leonel a su casa, le conté lo sucedido. Se quedó en silencio durante un rato, parecía desinteresado.

—¿Qué quieres que te diga? —preguntó con frustración en su voz.

—Quiero que vengas a ver la casa conmigo.

—¿Estás segura que quieres hacer esto?

Decidí no contestarle, lo empujé a través de la puerta y los dos salimos. Tan pronto como entramos a la casa, Leonel entendió lo que yo decía: a él también le gustó mucho, me miró a los ojos y supe exactamente lo que estaba pensando. Ninguno de los dos sabía de dónde íbamos a sacar el dinero, lo único que era claro para mí era que de alguna forma haríamos hasta lo imposible por comprarla.

Empezamos los trámites. Rápidamente solicitamos un préstamo, aprovechando la oportunidad de adquirir una propiedad por primera vez, donde solo era cuestión de reunir el cinco por ciento de la cuota inicial. Esperar la aprobación del banco era la parte más difícil: el primer banco negó el préstamo, pero renunciar a aquella ilusión no era una opción para mí. Después de intentarlo nuevamente, finalmente nos aprobaron el préstamo y pudimos comprar la casa. Mis hijos estaban eufóricos porque finalmente podrían tener su propia habitación; el garaje lo dividimos: una mitad era un salón de peluquería y la otra mitad la bodega de Leonel.

Mi hijo Orlando, después de la escuela, trabajaba medio tiempo en McDonald's y con su propio dinero compró todo lo de su dormitorio. Nosotros solicitamos una tarjeta de crédito en Ikea, compramos todo lo que necesitábamos, dado que sus precios estaban dentro del presupuesto. Aunque los artículos tenían un precio razonable, nunca imaginamos que los muebles fueran tan difíciles de armar. Las instrucciones eran complicadas de entender. El proceso fue tedioso, pero valió la pena. A medida que pasaron los meses, la casa se veía muy linda. Lo más importante para mí era que mis hijos finalmente pudieran tener un lugar consistente para crecer, sin tener que mudarnos nuevamente.

*

*

Escuché a Orlando gritar eufóricamente. Corrí por las escaleras para ver qué estaba pasando. Javier decidió cortar el pelo a Orlando mientras él dormía. Mi pobre hijo tenía huecos por todos lados en su cabeza. Le llamé la atención a Javier por lo que había hecho y él sencillamente respondió…

—Solo hice lo que tú le haces a diario a tus clientas.

Cuando estaba disciplinando y gritando a Javier, Orlando me pidió que no me enfadara con él. Orlando sabía que no iba a poder salvar nada de su cabello y que iba a tener que afeitarse su cabeza por completo, así fue como él tuvo que ir a la escuela el día siguiente.

CAPÍTULO 29

Al obtener mi certificado como esteticista, me dio la oportunidad de entrar en el mundo del cuidado de la piel. Ahora hacía tratamientos faciales. Mi jefe estaba complacido por el aumento significativo en las ventas de los productos de belleza. Después de cada tratamiento facial hacía las recomendaciones necesarias con la idea de que los clientes adquirieran los productos idóneos que ayudarían a mejorar su piel. Yo estaba a cargo de toda el área relacionada con los cuidados del cuerpo y demás. Mis horarios eran extensos en el salón de belleza: trabajaba de 9:00 a.m. a 5:00 p.m. Me tomaba media hora llegar a casa, hacía las tareas con Javier, lo bañaba y leía una historia; luego, se dormía como un angelito. Después, me iba al garaje, donde ya me esperaba mi primera clienta. Por ende, trabajaba hasta las 11:00 p.m. Mi hijo Orlando generalmente regresaba a la misma hora de su trabajo de medio tiempo, compartimos un rato, tratando de no hacer mucho ruido, ya que su padre debía levantarse muy temprano en la madrugada.

Comprendo que todo en la vida tiene un precio y el estar lejos de tu familia es un gran sacrificio. Después de mudarte a Estados Unidos y vivir aquí por varios años, te vas acostumbrando a su cultura y terminas haciendo raíces fuertes de cortar. Como fuese, esta era mi realidad, la suerte estaba a mi favor y no era justo quejarse, solo podía estar agradecida por todo lo que la vida me había regalado hasta ahora.

*

*

Le prometí a mis hijos que un día iríamos a Disney World, así que comencé a ahorrar todas mis propinas que generosamente me daban mis clientas. Lo curioso fue que nuestro primer crucero nos condujo a una nueva tradición familiar en la que acordamos en que esto solo sería posible si mis hijos mantenían sus calificaciones altas; de lo contrario, no habría vacaciones. Esta fue una idea que me dio buen resultado. Yo creo que la educación es el mejor tesoro que puedes dejarles a tus hijos, además de brindarles todas las oportunidades posibles para que atesoren con entusiasmo y compromiso, sumado al gusto por estudiar y aprender nuevas cosas que serían las herramientas útiles para su vida futura.

Recuerdo nuestro primer crucero. Para esa época, mi hermano Julio había solicitado su visa de turista y se la habían aprobado, ya que él quería venir a visitarnos. Yo estaba muy emocionada, pues después de once años vería a alguien de mi familia. Yo sabía que no podría dedicarle calidad de tiempo por el ritmo de trabajo que ya tenía, así que me pareció oportuno invitarlo a que fuera con nosotros en el crucero. En verdad fue una semana muy linda para todos.

Mi hermano Julio iba a quedarse con nosotros dos semanas más en Nueva York, esto solo le dio la oportunidad de ver con sus propios ojos la realidad que vivíamos a diario, sus expectativas se verían defraudadas significativamente al ver nuestro ritmo de vida. Para una persona extranjera, vivir en Estados Unidos era un sueño, pero poco sabían del precio a pagar. Vivíamos en una casa cómoda, teníamos dos automóviles, nuestros hijos asistían a buenas escuelas. ¿De qué podría quejarme? Lo primero que mi hermano Julio empezó a notar fue el poco tiempo que pasábamos en casa. Y cuando yo estaba en casa, continuaba trabajando en el garaje hasta altas horas de la noche.

Realmente le pareció aterrador. Recuerdo que un día me dijo lo siguiente:

—El sofá de tu sala es hermoso.

—gracias —contesté.

Me miró a los ojos y pronunció:

—¿Recuerdas cuándo fue la última vez que te sentaste en él?

Suspiré, guardé silencio y después de un momento le respondí:

—Probablemente fue en la Navidad pasada.

Mi hermano Julio no se mostraba muy feliz con mi respuesta. El ritmo de vida que llevaba requería de sacrificios, era la única manera de lograr todas mis metas, tenía que colaborar en mi hogar y estar pendiente de mi madre, las dos cosas eran una prioridad para mí.

Cuando terminaron sus vacaciones, fue triste despedir a mi hermano, nuestros ojos se llenaron de lágrimas, anhelando la próxima vez que volveríamos a vernos de nuevo. Julio regresó a Colombia. Lo primero que hizo fue contarles a mis familiares las dificultades de vivir en América, pero desafortunadamente nadie le creyó.

Finalmente, después de una larga y paciente espera, en enero de 2001 me aprobaron la *green card*. Estaba más que agradecida y feliz con Dios, pues por fin podría volver a ver a mi madre. El abogado me explicó que, si continuaba contribuyendo a la sociedad, pagando mis impuestos y no tenía problemas con la ley, estaría bien encaminada para convertirme en residente permanente y aplicar para la ciudadanía americana.

—Cuando sea ciudadana, ¿entonces podré llenar la aplicación para la petición de mi madre? —pregunté al abogado.

—Sí. Mientras tanto, si desea que su madre venga de visita, puede venir con una visa de turista.

Eso lo habíamos intentado muchas veces, pero por alguna razón siempre se la negaron. Mi familia en Colombia no tenía la menor idea de lo difícil que fue este proceso para mí. Hay una idea errónea sobre la vida en Norteamérica, en la que se cree que los estadounidenses caminan sobre aceras hechas de oro con dinero colgando de los árboles y fluyendo hacia las calles. Las personas que nunca han estado aquí no tienen idea de lo difícil que puede ser vivir en un país extranjero. Desafortunadamente, es una experiencia que tienes que vivirla personalmente para entenderla y poder dar testimonio de ello.

Después de tener mi estatus legal en orden, comencé a preparar mi viaje, estaba feliz de poder regresar y compartir con mi familia, habían pasado casi trece años después de mi partida, no podía dormir imaginando ese momento en que tuviera a mi madre en mis brazos; fui de compras, quería llevarle a cada uno un regalo, especialmente a los niños. Por desgracia, en ese momento solo podía viajar yo, así que solo pude comprar mi boleto de avión.

Cuando llegué a Colombia, todo estaba muy cambiado. Había mucha construcción, nuevos edificios, la capital estaba más congestionada que antes. Ver a mi familia por primera vez después de todos esos años fue muy emocionante: entre lágrimas, abrazos, besos y sonrisas celebraron mi llegada. Lo primero que me dijo mi madre fue lo siguiente:

—Estás muy delgada.

—Tú también lo estás, madre.

La abracé todo el tiempo, desde que salimos del aeropuerto hasta que llegamos a casa; la extrañaba más de lo que ella imaginaba. Cuando por fin llegamos a donde mi madre vivía, fue muy doloroso para mí ver con mis propios ojos las condiciones tan duras en las que se encontraba, estaba muy triste, molesta, puesto que no la había dejado viviendo de esa manera antes de irme a Estados Unidos. Mi familia trató de explicarme que la situación económica en Colombia estaba peor que cuando me fui. Supuse que el dinero que enviaba no era suficiente. Mi madre vivía con Luis, mi hermano menor, puesto que mis otros hermanos ya tenían sus propias familias; aun así, me era difícil entender por qué no la estaban cuidando como yo esperaba.

A mi madre lo único que le preocupaba en ese momento era que Luis tomaba trago más de lo debido, a veces desaparecía por días y esta situación la mantenía en un estado de preocupación.

Yo nunca hubiera querido que mi madre viviera en esta constante angustia, no era bueno para su salud. Las dos nos sentamos a conversar, ella me contaba sus penas y yo las mías; las dos lloramos juntas por un buen rato. ¡Necesitábamos tanto estar juntas de nuevo!

Al siguiente día, me levanté temprano, mi prioridad principal era mi madre y mi tiempo estaba limitado. De inmediato, comencé a buscar un apartamento, debía asegurarme por mí misma de dejar a mi madre bien antes de salir nuevamente del país. Después de varias llamadas, encontré exactamente lo que estaba buscando: un apartamento en un vecindario agradable donde ya habíamos vivido antes de que yo me fuera del país. Pagué seis meses de renta por adelantado; con el dinero que me sobró, le compré lo más esencial: ella escogió su cama, juntas decoramos el lugar, todo lucía hermoso. Le mandé a hacer un examen físico y su presión estaba descontrolada debido a que nunca tomaba sus medicamentos a tiempo. Después de las recomendaciones del doctor, nos fuimos a casa, me reuní con todos mis hermanos y personalmente les pedí colaboración en no darle problemas a mi madre y especialmente fui muy directa con Luis: él me prometió cambiar su comportamiento.

Deseaba pasar tiempo con mi familia, anhelaba más tiempo de calidad con mis sobrinas y sobrinos, pero nada de esto fue posible, el tiempo corría demasiado rápido y yo debía regresar a Nueva York.

Me sentía más tranquila porque había dejado a mi madre en mejores condiciones, ya se acercaba la hora de regresar a mi hogar, me invadía la tristeza de tener que dejarla nuevamente, pero era una realidad que tenía que enfrentar. Le prometí a mi madre que, tan pronto obtuviera mi ciudadanía, empezaría los trámites para su petición, lo que yo más deseaba era que pudiéramos vivir juntas de nuevo. Recuerdo que mi madre sonrió y con lágrimas en sus ojos me dijo:

—Hija, no te preocupes más por mí, yo estoy feliz donde estoy ahora.

Justo en ese momento le sugerí a mi hermana que se mudara

con mi madre, así nos podríamos apoyar mutuamente. Yo estaría más tranquila si vivieran juntas y de paso sería más fácil para mí ayudarlas económicamente.

Cuando regresé a Estados Unidos, solo había un pensamiento en mi mente: quería comprarle una casa a mi madre, se lo prometí desde que yo era una niña y no iba a descansar hasta lograrlo. Ahora más que nunca debía asegurarme que no volviera a pasar necesidades.

A mi regreso, mis hijos estaban felices de verme nuevamente en casa. A pesar de que solo estuve diez días fuera, ya extrañaba mi entorno, mis clientas me esperaban con ansias y yo necesitaba trabajar mucho más que antes. Teniendo presente la meta que ya estaba en mi cabeza, comencé a trabajar los siete días, fue así como en un año pude reunir la cuota inicial para comprarle la casa a mi madre. En verdad valió la pena. Este logro trajo mucha tranquilidad a mi vida. Mi hermana Sandra y mi madre nunca más volvieron a separarse, ella siempre cuidó de mi madre hasta sus últimos días.

El tiempo pasaba tan rápido que, sin darme cuenta, ya habían transcurrido tres años desde mi viaje de regreso a Colombia.

Un día tomé una clase de Historia en la biblioteca con el ánimo de presentar mi examen para mi ciudadanía estadounidense. Las clases eran extensas y fue una experiencia linda conocer la historia del país.

Mientras yo me preparaba para mi examen de ciudadanía, recibí una llamada telefónica de mi familia en Colombia. Las noticias no fueron muy alentadoras: mi madre estaba muy delicada de salud, los médicos habían encontrado un aneurisma en su cerebro y debía ser intervenida lo antes posible. Tal como lo imaginé, mi madre estaba en contra de la operación, se negaba a operarse. En ese momento colapsé de la angustia. Los médicos explicaron que, si no se sometía a la cirugía, su vida correría grave peligro. Después de varios diálogos con ella, finalmente accedió a someterse a la cirugía. Por desgracia, mientras ella se encontraba bajo los efectos de la anestesia, sufrió un derrame cerebral y quedó parcialmente paralizada, perdiendo toda sensibilidad en el lado izquierdo de su cuerpo. Los médicos hicieron todo el esfuerzo posible por salvar su vida, pero lo que no pudieron evitar fue el derrame que la dejó parapléjica. Todo sucedió tan rápido que parecía un mal sueño. Aquel episodio en la vida de mi madre me hacía sentir culpable y afligida, aún más al encontrarme lejos y no poder ayudar a mi familia como lo hubiese querido.

Ante el quebranto emocional que padecí por no poder estar al lado de mi madre en tan difíciles circunstancias, lo único que me restaba como alivio era enviar dinero para sufragar los gastos en las medicinas y demás cosas que mi madre necesitara para su recuperación y sus cuidados. Si volvía a Colombia para cuidar de mi madre, me sentiría obligada a gastar dinero que no tenía. Quedarme aquí al menos me daba la opción de enviar lo que estaba financieramente disponible y así poder darle los mejores cuidados. Además, tenía la suerte de contar con mi hermana Sandra, que siempre cuidó de ella con mucha dedicación; saber que mi madre no estaba sola me tranquilizaba un poco...

Los días se hicieron largos y desafiantes. Después de dos semanas de haber sido intervenida, la enviaron a casa con la esperanza de que mediante fisioterapia los médicos esperaban que ella recuperara aún más sus movimientos. Después de varios meses de lucha, notaron que la fisioterapia no estaba funcionando como los médicos esperaban. Durante el proceso de recuperación, comprar una silla de ruedas fue mi siguiente paso. Saber que mi madre nunca volvería a caminar fue una dura realidad tanto para ella como para todos nosotros.

CAPÍTULO 30

Un día, después del trabajo, recogí el correo antes de entrar a casa, me llegó una carta de inmigración: habían aprobado la petición de mi madre. Se suponía que este sería el día más feliz de mi vida, pero me sentía en medio de un campo de fuego cruzado. Obviamente anhelaba con todas las fuerzas de mi alma que ella estuviera conmigo, pero ahora ya no estaba segura si viajar sería conveniente para ella. Pensaba en mi ritmo de trabajo que me generaba no estar en casa el tiempo suficiente como para cuidar de mi madre; mi cabeza me daba vueltas, solo sabía que nada de esto era justo, pero siempre he creído que las cosas de Dios son perfectas y dejé todo en sus manos: lo que tenía que pasar iba a pasar. Con todo y eso, le envíe toda la documentación a Julio, incluyendo la fecha y hora de la entrevista a la que mi madre debía presentarse personalmente.

Después, decidí hablar con mi madre para que fuera ella quien tomara la decisión final. Admito que yo no estaba muy segura de que ella quisiera ir a la entrevista, pero para mi sorpresa, mi madre me expresó que estaba muy feliz y dispuesta a ir a la cita. Me emocionó saber que aún su espíritu de guerrera se mantuviera viva en ella. Al escuchar su respuesta afirmativa, en medio del crujido de su voz, mis lágrimas comenzaron a rodar por mis mejillas sin que ella pudiera notarlo.

Después de la entrevista, el proceso de residencia fue realmente rápido, sin embargo, yo no quería que mi madre se sintiera obligada a estar aquí conmigo. El hecho de casi perderla cambió mi perspectiva, solo deseaba verla feliz, así que dejé que las cosas fluyeran por sí solas, debía tener mucho cuidado en no lastimarla.

—¿Estás segura de que quieres vivir conmigo en Estados Unidos? —pregunté vacilante, asustada de su respuesta.

—He esperado muchos años por este día. Por supuesto, quiero ir a los Estados Unidos y finalmente conocer a Mickey Mouse —respondió con su simpático humor.

Mi madre estaba experimentando mucho dolor físico y emocional, especialmente después de enterarse de que nunca volvería a ser la misma de antes. Me sorprendía su optimismo. Tan pronto su residencia fue aprobada, le compré el pasaje para que viajara cuando ella quisiera. Comencé a preparar la habitación para su llegada, la decoré con mucho entusiasmo, compré todo nuevo. Quería que mi madre lo tuviera todo, que se sintiera bien y su estadía fuera lo más amena posible. A mi hermana Sandra le preocupaba que yo no pudiera cuidar de ella, mi hermana sabía mi ritmo de trabajo; por eso, siempre que hablábamos me recordaba que mi madre estaba en una silla de ruedas y que ya no era la misma de antes.

Cuando llegó el día en que mi madre viajó, se suponía que debía estar muy feliz, pero en cambio, fue una de las experiencias más dolorosas de mi vida. Ahí estaba yo en el Aeropuerto Internacional John F. Kennedy esperando ansiosamente a que mi madre llegara. Cuando por fin pude verla a lo lejos, empecé a temblar, mi estómago sentía como un eco lanzándome desde un abismo en donde logras dimensionar aquella profundidad. Las yemas de mis dedos estaban congeladas y mis palmas sudaban. Sentía que iba a desmayar. Corrí al baño del aeropuerto, mi cabeza cayó sobre mis manos. Empecé a sollozar desconsoladamente. Mi hermana tenía razón: esa persona no era mi madre. En seguida, susurré a Dios:

—¿Por qué a mi madre?

Ella no merecía estar en estas circunstancias. No podía creer que ella hubiese encontrado la fuerza suficiente para hacer el viaje sola. Me puse de pie, limpié mis lágrimas, puse agua fría en mi rostro para cambiar el semblante, tomé toallas de papel y me sequé. Regresé con una sonrisa en mi cara a donde ella y la azafata me esperaban. Luego, me arrodillé frente a mi madre, estiré mis brazos para abrazarla y lloramos juntas por un buen rato.

Cuando llegamos a casa, mi madre parecía exhausta. Le sugerí que se acostara y ella accedió. Mientras dormía, le preparé sopa de pollo. Cuando despertó, comió muy poco, ella trataba de conciliar el sueño, pero no lograba hacerlo, yo permanecía a su lado y pude notar la dificultad que tenía para respirar. Alrededor de la media noche, no pude esperar a que amaneciera, así que llamé a la ambulancia.

Después de estar en la sala de emergencias por un tiempo, esperando noticias sobre su estado, el médico finalmente habló conmigo: él me explicó lo urgente que era intervenir a mi madre, ella necesitaba un marcapasos para poder sobrevivir. La cirugía estaba programada para el día siguiente, pero habían tenido que poner uno temporal en su garganta. Quería creer que todo esto era un mal sueño, tenía que mantenerme fuerte. Por fortuna, mi madre estaba en buenas manos y recibía la atención que necesitaba. Tenía miedo de que este procedimiento fuera a causar más daño, pero los médicos me aseguraron que mi madre gozaría de una mejor calidad de vida con el marcapaso.

Estuve en el hospital durante el procedimiento, viviendo cada momento de angustia. Cuando me aseguré de que ella estaba fuera de peligro, pude ir a casa a cambiarme para ir a trabajar. Mi madre estuvo en el hospital diez días. Aquel ritmo de vida y los cuidados apremiantes para ella me llevaron a perder diez kilos, estaba exhausta, el estar en el hospital en las noches y trabajar en el día en verdad era muy difícil, pero ese no era un problema, lo más triste de todo fue saber que mi madre se sentía infeliz al estar aquí. De hecho, estaba muy enfadada conmigo. De alguna manera era como si ella me estuviera culpando por lo que le había ocurrido. Mi madre me pedía que la sacara del hospital, ella quería regresar a Colombia. Cada vez que el equipo de médicos iba a verla, debido a la barrera del idioma, se confundía aún más, porque no tenía idea de lo que le estaba pasando. Yo siempre entendí el porqué de su estado de ánimo. Mi madre había pasado por mucho en el último año, estaba triste e irritable, lloraba todo el tiempo y me pedía que la regresara a casa.

Era claro que mi madre no se sentía a gusto en el hospital y menos en este país, ella extrañaba a mis hermanos y sus costumbres, no quería estar conmigo, todos los días me pedía lo mismo:

—¡Quiero regresar a casa!

Me fue difícil entender que era yo la que no sabía vivir sin ella. Mi madre ya se había acostumbrado a vivir sin mí y yo tenía que aceptarlo, así que le prometí que tan pronto los médicos le dieran de alta podría volver a casa. Es increíble recordar que no pasaba un día sin que ella preguntara por mis hermanos, especialmente por Luis; me costaba entender que mi madre quisiera regresar a Colombia, pero nunca se lo hice saber, preferí guardar silencio; yo la amaba demasiado como para verla infeliz. Si enviarla de regreso a Colombia era lo que ella anhelaba, eso exactamente sería lo que haría.

Cuando mi madre fue dada de alta del hospital, hablé con ella, le prometí que regresaría a Colombia, pero ella debía colaborar con su recuperación. A mi madre no había que decirle las cosas dos veces, en cuestión de dos semanas estaba más fuerte que nunca, la operación había sido un éxito total, le dije que quería llevarla a Florida antes de que regresara a Colombia, yo sabía cuánto deseaba ver a Mickey Mouse. En este punto yo no sabía cuándo podría verla nuevamente, así que cada minuto que estuviese con ella haría que valiera la pena. Ella estuvo de acuerdo. Dos semanas después fuimos al médico para ver si le autorizaba viajar.

Decidí tomar una semana libre en el trabajo, empacamos maletas y junto a mis hijos nos fuimos a Disney. Iba a aprovechar cada segundo para que ella estuviera feliz.

Para mi sorpresa, tan pronto como llegamos al parque de diversiones, mi madre quería subirse a una atracción mecánica. No sabía si esa era la mejor idea y le manifesté mi preocupación, pues creía que era demasiado para su cuerpo. A ella no le hizo gracia nada de lo que dije.

—Si voy a morir, que muera feliz —contestó.

La mire a los ojos, yo sabía que no la haría cambiar de opinión. Ella susurró en mi oído con una sonrisa en su rostro.

—Iremos juntas, ¿verdad?

Nos montamos en aquel monstruo de hierro al que yo no podía esperar a bajarme. Cuando finalmente paró, mi cabeza me daba vueltas, solo deseaba correr al baño a vomitar, sin embargo, estaba feliz, hasta se atrevió a proponerme que subiéramos de nuevo. La verdad no sabía si reír o llorar. Siempre voy a recordar ese viaje, nunca la vi tan feliz.

Una semana más tarde estábamos de regreso en Nueva York. Tan pronto fue posible, cumpliendo mi promesa, compré su pasaje de regreso a Colombia. El destino nos volvió a separar, era lo que ella deseaba y yo tenía que aceptarlo así me doliera que se marchara.

Después de su partida, tuve que trabajar mucho más, pues ahora tenía una deuda que pagar al hospital, pero lo hacía con gusto, valió la pena saber que mi madre podía respirar y dormir mejor, su calidad de vida había mejorado significativamente gracias al marcapaso. Todos los días llamaba a mi madre, necesitaba escuchar su voz, saber si estaba bien; siempre le preguntaba si necesitaba algo en específico, pero nunca pedía nada para ella, siempre me decía que ayudara a mis hermanos. Para mi sorpresa, ese día que hablé con ella me pidió un pájaro. Su pedido fue un poco específico, quería uno con los colores amarillo y rojo. De inmediato, llamé a Julio y le conté del extraño pedido de mi madre. Julio me contestó entre risas:

—¿Dónde exactamente crees que voy a encontrar a ese pájaro?

—No lo sé, solo espero que el pájaro esté mañana en la casa de mi madre.

Nunca supe lo que tuvo que hacer Julio, pero de alguna manera, al siguiente día, el pájaro estaba en casa de mi madre. Yo estaba dispuesta a hacer cualquier cosa para poner una sonrisa en su rostro. Poco tiempo después, se enamoró de un cachorro en un comercial de televisión, ella quería ese perro en casa. Nuevamente volví a buscar al loco de Julio, le pedí que consiguiera ese cachorro y se lo llevara a mi madre; mi hermano accedió a mi pedido y consiguió el perrito, se lo llevó a casa como ella lo deseaba, pero dos semanas después me dijo que no quería saber nada de ese pobre cachorro porque le había mordido sus pantuflas y todas sus cosas personales, estaba muy molesta. Otra vez llamé a Julio.

—Debes encontrar un hogar para el cachorro —pedí ayuda a Julio.

Julio estaba molesto con la situación, mis hermanos pensaban que mi madre era una malcriada y estaba muy consentida, sin embargo, siempre terminaban obedeciendo sus pedidos. Así que tuvieron que buscar un hogar para el lindo cachorro.

En la visita regular al médico, el doctor recomendó que mi madre debía tomar leche de cabra. En efecto, encontrar leche de cabra no era fácil, así que hice lo que cualquiera habría hecho en mi lugar: le mandé a comprar una cabra. Mis hermanos pensaron que estaba loca, pero aceptaron. Mi madre tuvo su cabra por mucho tiempo y tenía leche para beber todas las mañanas. Siempre me aseguré de proporcionarle todo lo que necesitaba sin importar lo que fuese. No obstante, siempre me arrepiento de no haber pasado más tiempo con ella, haberla visitado con más frecuencia. Cuando yo iba a Colombia a verla, siempre era porque estaba hospitalizada o muy enferma; pensé que, si enviaba dinero, en vez de visitarla más a menudo, ella se beneficiaba más, pero estoy segura de que mi madre hubiese preferido lo contrario.

Con el tiempo, su frágil cuerpo se deterioraba aún más, no tenía fuerza para alimentarse por sí misma; también aparecieron úlceras en sus piernas. Los médicos intentaron curarlos con ungüentos medicinales, pero nada funcionó. Sugirieron una cirugía que mejoraría su condición, pero era muy costosa y el seguro médico no la cubría.

En consecuencia, no podía soportar la idea de que mi madre continuara sufriendo. Cuando mis hermanos me contaban de sus gritos desgarradores, mi corazón quedó destrozado.

En realidad, me sentía desesperada e iba a hacer lo que fuera necesario para asegurarme de tener el dinero para cubrir la cirugía, así que la única solución que tenía era usar mi tarjeta de crédito y después pagarla poco a poco. Si la posibilidad de un trasplante de piel mejoraba las úlceras, yo haría hasta lo imposible para reunir el dinero de la cirugía.

Mi madre se encontraba en cuidados intensivos. Le expliqué la situación a mi jefe y él entendió. De inmediato, abordé el próximo vuelo a Colombia para verla. Cada fibra de mi cuerpo rezaba para llegar a tiempo. En esta oportunidad, hablé con los médicos y sin duda un trasplante de piel era la única esperanza para sanar las heridas de las piernas. El doctor sugirió quitarle piel de los glúteos y trasplantar a sus piernas, pero no estaban seguros si el cuerpo de mi madre aceptaría el injerto de piel o, por el contrario, este lo rechazaría. Sería un riesgo que debíamos correr. Le practicaron la cirugía, me quedé con ella unos días, estaba sanando muy bien y fue dada de alta. Todos estábamos muy felices, aunque era inevitable frustrarme al tener que regresar a casa; para mí era urgente que lo hiciera, tenía que asumir los cobros en mi tarjeta de crédito, mis deberes y obligaciones; cada vez que tenía que dejarla se me partía el corazón en mil pedazos. Además, debía trabajar aún más para pagar los tratamientos adicionales que con frecuencia ella requería, así que tan pronto como le dieron de alta, tuve que partir de nuevo, dejándola al cuidado de mi hermana.

CAPÍTULO 31

Debía volver a trabajar de inmediato. Poniendo siempre una sonrisa fingida en mi rostro, lograba que nadie notara mi tristeza. Todos los días me repetía a mí misma: *"Las clientas vinieron aquí para relajarse, no para escuchar mis problemas. Mi vida personal era solo eso, personal, tenía que mantenerla alejada del trabajo"*. Sumado a esto, me sentía como una terapeuta sin título. Cuando las clientas estaban en mi silla, eran ellas las que se desahogaban conmigo, contándome sus problemas. Increíblemente, yo entendía que solo querían ser escuchadas por alguien. Cada persona es un mundo y cada mundo tiene una historia que contar. De cierta forma no estaba sola, entendí que no importaba el estatus social o cuánto dinero podían tener, todos —sin excepción— tenemos que cargar nuestras propias tristezas las cuales llevamos en nuestras espaldas.

Debía continuar hacia adelante, siendo más fuerte que aquellas piedras que se atravesaban en mi camino. Sé que trabajaba demasiado, pero nunca tuve otra opción. De alguna manera debía balancear mi tiempo para que todo pudiera funcionar en casa.

Cada vez que llamaba a mi hermana me entristecía saber que mi madre no mejoraba y continuaba sufriendo con las heridas en sus piernas; así yo quisiera darle todo lo que ella necesitara, su calidad de vida no era la mejor y su salud se deterioraba cada vez más. Por lo mucho que amaba a mi madre, estaba confundida y le pedí a Dios que, si lo mejor para aliviar su dolor era que se acordara de ella, ¡yo la ponía en sus manos! ¡Se supone que Dios es una figura buena y poderosa que cuida de los suyos! Si Dios es tan bueno, ¿cómo es que tantas personas sufren? El coraje y la impotencia humana que experimenté por ver cómo mi madre se diluía como el agua a través de los dedos, sumado a mi dolor y aflicción, hacía que cuestionara a Dios, sabiendo que no era correcto.

En mi hogar, la convivencia era igual, siempre y cuando se siguieran las reglas; mi esposo nunca hacía preguntas, de ninguna índole; su silencio era cruel, él es un hombre tranquilo y nunca se quejó de nada. Ser tranquilo y no conflictivo estaba en su naturaleza, yo lo acepté, pero nunca compartí esa forma de ver la vida y quizás, sin imaginarlo, su silencio me hacía mucho daño.

Aquella tarde llamé a mi hermana, pero las noticias no eran buenas.

—La cirugía no tuvo éxito, el cuerpo de mi madre rechazó el injerto de piel —expresó ella en medio de lágrimas.

Los médicos pensaban que amputarle la pierna era la única solución, pero nosotros sabíamos que mi madre nunca estaría de acuerdo. Por ello, pensamos que la medicina natural era una buena alternativa, ayudarle a controlar el dolor era lo más importante. El tratamiento era costoso, pero lo íbamos a intentar. Por suerte, mi hermana Sandra era la que cuidaba a mi madre, siempre estuvo para ella, la atendió con amor y dedicación, nunca se quejó; constantemente tenían que cambiarla de posición para evitar que salieran nuevas úlceras en su frágil cuerpo. Pasaron más de seis meses, los tratamientos de medicina alternativa le habían controlado el dolor, pero las heridas nunca sanaron. Los suplementos líquidos de Ensure fueron la única nutrición que ella toleró. Su movilidad física era casi inexistente, debía ser cargada hacia el baño. Las llamadas telefónicas significaban todo para mí, su voz era frágil, se notaba su cansancio, pero pedía hablar conmigo, aunque fuese por poco tiempo.

—Madre, ¿quieres que vaya a visitarte? —pregunté, sintiéndome siempre culpable por no estar con ella.

—No, hija, tu lugar es con tu familia. Ellos te necesitan —hizo una pausa porque necesitaba un descanso—. Tu hermana me está cuidando bien, no te preocupes por mí.

Mi corazón se partía en pedazos cuando escuchaba su frágil voz, pero en realidad era muy poco lo que yo podía hacer por ella si regresaba a Colombia. Mi madre tenía razón, no tenía sentido volver.

Para esta época, solíamos tomar nuestras vacaciones familiares, estaba más preocupada por la salud de mi madre que lo olvidé por completo. Fue mi esposo quien tuvo que recordármelo, mis hijos siempre esperaban ansiosos por ese día, pero yo sentía un mal presentimiento, no sabía si debía irme de vacaciones con mi familia o regresar a Colombia a ver a mi madre. Antes de hacer las maletas, necesitaba hablar con mi hermana; cuando logré comunicarme con ella, me aseguró que todo estaba igual y que yo debía pensar en mi familia también; ella me prometió cuidar de mi madre y siempre tenerme al tanto de todo, ya habían pasado más de seis meses y las condiciones de mi madre eran iguales, sin embargo, hablar con mi hermana me dejó más tranquila, pero aun así no sentía si estaba tomando la decisión correcta.

Dos días antes del viaje, Sandra me llamó para decirme que algo andaba mal. Mi madre estuvo tosiendo toda la noche, me dijo que iban para el hospital. De inmediato, pedí hablar personalmente con ella.

—Madre, ¿quieres que vaya? —pregunté, esperando que ella dijera que sí, para darme una verdadera razón de hacer ese viaje.

Lamentablemente, no fue así, ella fue directa conmigo.

—No, hija, no quiero que vengas; no te preocupes más por mí, esta vez voy a estar bien.

Una vez más mi corazón se hizo pedazos, ella no paraba de toser, así que le expresé:

—Madre, regálame tu bendición.

Esto era algo que siempre le pedía después de hablar con ella, sin embargo, ese día fue diferente.

—Dios te bendiga hoy, mañana y siempre; tú eres lo mejor que le pasó a mi vida.

Colgamos simultáneamente y en un instante las lágrimas corrían por mi rostro. Algo simplemente no se sentía bien. Minutos después, volví a llamar y Sandra contestó de inmediato. Yo le pregunté si había escuchado lo que mi madre me había dicho y ella me dijo que sí; le pedí que lo repitiera, pensando que había entendido mal. Cuando mi hermana me lo dijo de nuevo, rompí en llanto.

—Compraré los pasajes ahora y mañana me iré a Colombia.

Estaba desesperada, mi hermana trataba de tranquilizarme y volvía a repetirme lo mismo…

—No lo hagas. Esta no es la primera vez que mi madre está en el hospital. El doctor acaba de decir que es solo un resfriado. Ella estará bien y, cuando mejore, la enviarán a casa. Siempre es igual y lo sabes, no sé por qué te angustias tanto.

—¿Estás segura? —cuestioné sin saber qué decisión debía tomar.

—Sí, la van a tener toda la noche en observación médica porque ha estado tosiendo; ella está bien, créeme —dijo con voz serena.

Al instante, asentí como si ella pudiera verme.

—Quédate tranquila, no se te ocurra cancelar tus vacaciones, te recuerdo nuevamente que esta no es la primera vez que hospitalizan a nuestra madre.

—Está bien, te llamaré mañana. Si las cosas empeoran, le diré a mi esposo que se vaya con mis hijos al crucero y yo regresaré a Colombia a reunirme contigo.

Mi familia estaba tan feliz por nuestras vacaciones, esperaban todo un año por ellas; mis hijos habían tenido buenas calificaciones, no era justo cancelar las vacaciones, pero yo me sentía inmune.

Al otro día, cuando tuve la oportunidad de hablar con mi

hermana Sandra, sentí un gran alivio, pues me dio buenas noticias. Mi madre estaba mucho mejor. Incluso había pedido sopa de pollo para el almuerzo. Aunque Sandra me hizo saber que mi madre estaba mejorando, aún yo tenía la sensación en la boca del estómago que no me dejaba tranquilizarme.

A pesar de la situación de mi madre, mi familia y yo abordamos el crucero. Le dije a Sandra que mi teléfono celular no tendría señal, ya que estaríamos en medio del océano, pero si era necesario, podría llamar directamente al crucero. Yo debí haber estado feliz de ir a México Riviera en un hermoso crucero con mi familia, pero no puedo mentir, no fue así. Al contrario, mi alma se sentía agotada y apenas podía concentrarme. Estaba recostada en una silla cerca de la piscina, abrí un libro para tratar de distraerme, pero nada funcionaba, me costaba tranquilizarme. Mis hijos estaban tan felices, que era lo único que aliviaba mi angustia. Era nuestro tercer día en el crucero y en verdad solo deseaba que terminara pronto. Esa noche, después de la cena, regresamos a la habitación; me resultó curioso ver la luz roja parpadeante en el teléfono. Alguien había dejado un mensaje. Asumí que eran mis hijos tratando de comunicarse con nosotros, apreté el botón ansiosamente, escuché la voz de mi compañera de trabajo.

—Hola, Esperanza. Intentamos llamarte, pero no hemos podido comunicarnos personalmente contigo. Lamento mucho tener que dejar este mensaje. Tu madre acaba de fallecer, comunícate con tus familiares.

En ese instante, sentí que el mundo a mi alrededor se movía muy rápido como las luces rojas de una sirena y el ruido se desvanecía, tan solo sentía un silencio súbito en mi mente y en mi interior. Mi esposo se encontraba en el baño. Sin pensar lo que estaba haciendo, tomé mi bolso y salí de la habitación, corrí hacia el ascensor y busqué la salida. Estábamos en un barco en medio de la nada, pero en ese momento lo olvidé, yo solo sabía que tenía que irme a Colombia. Solo recuerdo que mi corazón comenzó a latir más y más y más y más lento. ¡Boom! De repente, todo se volvió negro. Luego, desperté en el consultorio médico del barco, mi esposo estaba junto a la camilla.

—¿Qué me pasó? —pregunté.

—Saliste corriendo a la cubierta del barco y te desmayaste en los brazos de este amable caballero, él te trajo aquí —explicó Leonel con mucha angustia.

—Creí que ibas a saltar a las profundidades del mar; me diste un gran susto —añadió el caballero que me salvó.

Después de agradecerle y disculparme, traté de cerrar mis ojos e intenté recordar, no entendía nada; pasaron pocos minutos, cuando de repente recordé todo: mi madre ya no estaba en este mundo. En seguida, comencé a llorar desconsoladamente sin que nadie pudiera aliviar mi dolor. Luego, me contaron que supuestamente estaba caminando hacia el agua y que si ese hombre no me hubiese detenido podría haberme caído al vacío. En realidad, hasta el día de hoy, no puedo recordar nada de lo que me pasó.

En fin..., estaba enojada y decepcionada conmigo misma por no escuchar mi instinto. Ahora estaba en medio del océano y tenía que encontrar la manera de llegar a Colombia. Sentí que mi madre no quería que yo estuviera en su lecho de muerte o en su funeral, parecía que ella tenía planes diferentes para mí, solo que eso no era lo que yo quería.

Pocos minutos después, hablé con el capitán del barco. El capitán, después de expresar su sentido pésame por mi pérdida, me dijo que tenía que esperar un día más para estar lo suficientemente cerca de Cuba y desde allí podría volar a Miami para luego viajar a Bogotá. Así fue. Me preparé para abandonar el barco, necesitaba darle el último adiós a mi madre o nunca me lo iba a perdonar.

CAPÍTULO 32

Finalmente, cuando pude ponerme en contacto con mi familia, les pedí que esperaran por mí un día más, esto me daría tiempo suficiente para llegar a su entierro. Esa noche fue muy difícil para mí. Mi mente me teletransportó cuando era niña: estaba sentada en la hierba y veía pasar los aviones, añorando los días en los que podría viajar en uno de ellos. Sin embargo, allí estaba todos estos años después con el corazón roto esperando tomar un avión para asistir al funeral de mi madre.

A la mañana siguiente, recién desperté, mi cuerpo se sentía rígido, apenas había dormido; yo estaba viviendo en una neblina que no me permitía tener claridad y mi mente colapsaba a cada instante. Al darme la vuelta, vi a mi esposo que dormía plácidamente; me alegré de que él estuviera ahí conmigo y pudiera hacerse cargo de mis hijos. De repente, él abrió los ojos, se volvió hacia mí y pronunció unas palabras que paralizaron todo mi ser.

—Hagamos el amor…

Pensé por un segundo que yo no estaba escuchando con claridad.

—¿¿¿Qué??? —pregunté, confundida.

¡No había forma de que el alma gentil y de buen corazón de mi esposo me hubiera pedido algo semejante en los días más difíciles de mi vida! No sé cuál era mi cara en ese momento, tan solo recuerdo lo que él mencionó.

—¿Cuál es el problema? ¿Por qué no podemos hacerlo? —cuestionó.

Sentí morir. Estaba terriblemente sórdida. La imagen de mi esposo perfecto se había esfumado. Hubiese deseado que él me abrazara con todas sus fuerzas, porque necesitaba un abrazo reconfortante para mi alma. Sin decir una palabra, me levanté de la cama, tomé una hoja de papel y un bolígrafo, salí de la habitación, me fui a la terraza del barco y comencé a escribir.

Mi madre siempre me preguntaba por mi felicidad, a lo que nunca respondí. Entonces, reflexioné. Estaba acostumbrada a vivir una vida tan a la ligera que nunca tuve tiempo de preguntarme si era feliz; mis hijos me trajeron mucha alegría, son la luz de mi vida. *"¿Y tú eres feliz?*, me pregunté por primera vez. El único sentimiento que me rodeó fue un vacío profundo. Me dolía físicamente cada centímetro del cuerpo. Cuando la pluma tocó el papel, le escribí un poema a mi madre.

Madre, donde quiera que estés, aquí estoy pensando en ti, fui testigo de todos tus sufrimientos.

No importa el dolor que yo estoy sintiendo ahora, debo aceptar tu partida.

Sé que tú estarás en un lugar mejor que aquí, trataré de ser la mejor versión de ti.

Me siento aquí y pienso: "¿Cómo podré continuar mi vida sin ti?", cuando un agujero fue colocado en mi corazón con tu partida.

Ayúdame a no extrañarte, para no sentir que ya no vivo.

Cuando finalmente me llené de fuerzas, limpié mis lágrimas y me reuní con mis hijos. Mi hijo Orlando me prometió que iba a cuidar de Javier. Dejé a mi familia en el barco y me dirigí al aeropuerto cubano, volé a Miami y luego a Bogotá. No pude conciliar el sueño durante el viaje, mi mente estaba llena de recuerdos, pero lo más increíble fue que unos minutos antes de anunciar el aterrizaje en el aeropuerto El Dorado, inexplicablemente me quedé profundamente dormida. Mientras dormía, sentí que alguien me besó la frente; cuando me desperté, ya habíamos aterrizado, fue cuestión de segundos, solo sé que así sucedió. ¡Fue mi madre! Lo sé, porque ese beso logró que mi dolor desapareciera al instante, entonces recordé todo lo que le había prometido. A mi madre le desagradaba profundamente cuando iba a cualquier funeral y veía a las personas llorar, gritar y tirarse al suelo; ella creía que eso significaba que se sentían culpables por algo; ella quería que su funeral fuera una celebración; quería que sus hijos fueran fuertes.

Yo se lo prometí y cumpliría su deseo. Cuando llegué a la funeraria, reuní la fuerza suficiente y entré con una sonrisa en mi cara. Lo primero que hice fue hablar con ella. Sandra estaba muy molesta conmigo, especialmente cuando comencé a tomar fotos. Ella no podía compartir la forma en como yo estaba expresando mi duelo, me hizo saber que no era un cumpleaños, era un funeral, pero yo celebraba que mi madre ya no estaba sufriendo más.

Lo que yo desconocía era la expectativa que mis hermanos tenían a mi llegada. Todos pensaban que, cuando yo viera a mi madre en el ataúd, no lo soportaría, esperaban la peor reacción de mi parte; ellos estaban preparados para lo peor, por eso fue una sorpresa para todos la forma en la que yo actué. Aprovecho esta oportunidad para disculparme, yo solo estaba cumpliendo la promesa que personalmente le hice a mi madre meses atrás. Sé que a mi hermana Sandra le tocó la peor parte, pues tiempo después supe que, cuando mis hermanos me estaban recogiendo en el aeropuerto, ella tuvo que enfrentarse sola a mi padre; con sorpresa, él se atrevió a llegar a la funeraria, pidiendo ver a mi madre, aunque fuese por unos minutos. Sin embargo, mi hermana le pidió que se fuera y respetara nuestro duelo, no había razón para que él estuviera ahí, su presencia no era bienvenida, lo mejor era que se fuera antes de que nosotros llegáramos.

Aunque fue difícil para todos, sabíamos que mi madre finalmente estaba en paz, su sufrimiento había acabado, dejándonos con su partida una herida que para nosotros sería muy difícil de sanar. Pude ver a mi tío Abraham, sentado en la esquina de la sala, con la cabeza agachada, sosteniendo una servilleta empapada de lágrimas, estaba desconsolado. Él y mi madre tenían una relación hermosa, se amaban. Así que me acerqué a él y lo abracé. Le dije que mi madre no aprobaría verlo triste; también le agradecí por ser tan buen hermano con ella, pero él estaba desconsolado.

Su funeral fue exactamente como ella hubiera querido: sin drama, en una paz absoluta; la despedimos como la reina que siempre será para nosotros. Según mis familiares, durante toda la semana había llovido, pero el día de su funeral el sol salió y brilló para ella. Con su partida, nos dejó enseñanza y sabiduría. Solo el tiempo nos dará la fuerza de vivir sin su presencia, porque mi madre siempre estará viva en cada uno de nosotros.

Cuando finalmente regresamos a la casa, entré a su habitación, ahí estaba la silla de ruedas que fue su compañera durante tanto tiempo; también había una botella de refresco de durazno, supuse que fue lo último que tomó; en el asiento de la silla estaba una manta, la tomé y la sostuve contra mi pecho, inhalé su aroma, perdí todas mis fuerzas, me desvanecí junto a su pequeña cama, sollocé incontrolablemente. Lloré hasta quedarme dormida.

Estábamos preocupados por Luis, él estaba tomando todos los días y llegó al funeral llorando incontroladamente; él no solo era el menor de todos, si no que estaba muy apegado a mi madre. No queríamos que hiciera algo de lo que pudiera arrepentirse. Sandra nos contó que, cuando mi madre estaba hospitalizada, Luis le había confesado a ella que si mi madre se moría él atentaría contra su vida, así que toda la atención estaba puesta sobre él.

Al otro día, preparé mi viaje de regreso a Nueva York; mis hermanos vinieron al aeropuerto, nos despedimos entre lágrimas y, sin promesas de regresar, volvía a partir sin mirar atrás.

CAPÍTULO 33

Aunque mi padre aún vive en alguna parte del mundo, no estoy interesada en averiguarlo, porque nunca tuve la oportunidad de tener ninguna relación con él. Perder a mi madre fue como si una parte de mí hubiera muerto con ella, había tocado cada fibra de mi ser, nadie a mi alrededor tenía idea de mi dolor, yo me sentía completamente huérfana.

Al regresar a casa, no tenía idea de cómo mi familia me ayudaría a sobrellevar y comprender la pérdida que yo acababa de tener en mi vida, yo puse todo de mi parte para que todas las cosas continuaran como de costumbre, pero no lograba contener mis emociones, estaba viviendo un luto donde me sentía totalmente sola.

Javier no tuvo la oportunidad de compartir tiempo con su abuela debido a las circunstancias en las que tuvimos que salir de Colombia. Cuando mi madre tuvo la oportunidad de visitarnos, estaba muy lejos de ser una abuela cariñosa, como las que mi hijo veía en las películas. Para entonces, mi madre estaba en silla de ruedas y recuperándose de la cirugía del marcapaso. El tiempo que pasó con nosotros no fue el suficiente para que mis hijos compartieran con ella. ¡Cómo me hubiera gustado! Pero sí recuerdo varias anécdotas. Una noche, mi madre estaba en su cuarto descansando; en cuestión de minutos, Javier comenzó a gritar, corría por toda la casa como si acabara de ver un fantasma. Había entrado en la habitación de mi madre y, al encontrar su dentadura postiza sumergida en un vaso de cristal, vio algo que nunca había visto antes, estaba aterrado.

—¡Dientes! ¡Hay dientes nadando en el vaso! —gritó Javier mientras irrumpía en el baño.

No pude contener mi risa. Le expliqué a mi hijo por qué y él me dijo con su voz dulce:

—¡Nunca más volveré a beber jugo en ningún vaso de cristal que haya en casa!

Javier tenía la impresión de que mi madre los usaría todos; su paranoia era tanta, que como resultado del incidente de la dentadura postiza, tuve que comprarle vasos desechables solo para él. Javier siempre fue dulce y divertido, pero a mi madre no le daba gracia su comportamiento, al contrario, ella pensaba que mi hijo estaba muy consentido por todos, no le gustaba su humor y lo encontraba irrespetuoso. En una ocasión, mi madre llamó a Javier a su habitación para que la ayudara a encontrar sus anteojos. Mientras miraba alrededor, Javier le sugirió a mi madre revisar debajo de la almohada. Ella obedeció, pero no tuvo suerte en su búsqueda. Sin embargo, cuando se miró en el espejo, se dio cuenta que los tenía en su cabeza, algo que ella no encontró para nada gracioso, pero Javier pensó que era divertido jugar con su abuela.

Mi hijo Orlando tampoco lo encontró adecuado y él le llamó la atención a su hermano, no permitía que Javier la molestara. Mi madre lo amaba. Recuerdo que esperaba hasta muy tarde por él. Orlando trabajaba en McDonald's y, cuando llegaba a casa, se sentaba en la cocina con ella, le gustaba escuchar las historias que mi madre le contaba. Yo solo escuchaba sus risas desde el garaje de la casa donde yo atendía clientas hasta muy tarde de la noche; me hacía muy feliz saber que mi madre se llevaba tan bien con mi hijo.

Yo nunca esperé que a mis hijos les afectara la muerte de mi madre, puesto que el tiempo que compartieron con ella fue muy poco y las circunstancias no fueron las mejores. Sé que era muy difícil para ellos entender mi duelo y que no podrían dimensionar la profundidad del dolor que yo estaba atravesando; por ello, no puedo juzgarlos, sin embargo, lo que sí añoraba era el consuelo de mi esposo.

    Leonel había perdido a su madre unos meses antes de conocerme. Yo no tuve el placer de conocerlos. Sus padres nunca fueron realmente un tema de conversación entre nosotros y menos si se trataba de su pasado o algo doloroso para él, así que siempre fui muy respetuosa con estos temas. A pesar de ello, para él no era desconocido la relación, el amor y la admiración que siempre sentiré por mi madre; por ello, me extrañó no haber podido contar con su apoyo emocional. De alguna manera él creía que, si ignorábamos la pérdida de mi madre, mi dolor desaparecería con el tiempo. Por desgracia, ignorar esos sentimientos solo sirvió como catalizador para un problema mucho mayor: al sufrir en silencio, no pude superar mental y físicamente mi dolor, que se mantenía permanente en mi pecho y, por más que trataba, no lograba aliviarlo con nada, no podía concentrarme en el trabajo, luchaba por mantener una sonrisa a diario en mi rostro, pero ya era tan evidente que todos empezaron a notarlo. En mi trabajo, en dos ocasiones fui llamada a la oficina, algo que nunca pasó en más de quince años de trabajar en el mismo lugar. Mi jefe me pedía que me concentrara más en lo que hacía y que cambiara mi actitud. También me sugirió que me tomara un tiempo libre. Yo entendía perfectamente la posición de las personas a mi alrededor, pero era algo que cada día me era más difícil de manejar. Nada estaba bien: no solamente tenía problemas en mi trabajo, mi esposo también estaba molesto porque nada en casa estaba funcionando como se esperaba. Esta situación logró hacerme sentir culpable, responsable por la inestabilidad que estaba causando a mi alrededor. Pero por más que ponía de mi parte, cada día que pasaba me sentía más vacía que el anterior. En muchas ocasiones y, sin que nadie lo notara, llamaba a Colombia, con la esperanza de que mi madre volviera a contestar mi llamada y yo pudiera escuchar su voz. En realidad, pensé que estaba enloqueciendo.

Mi pérdida de peso era notoria, no tenía apetito y no dormía lo suficiente. Con estas acciones, tampoco estaba funcionando bien en casa y mucho menos en el trabajo, hasta que llegué a un punto en el que no quería levantarme de la cama e inventaba excusas para no ir a trabajar, solo deseaba dormir y no ver a nadie.

Ante tal situación, mi jefe me llamó por tercera vez a su oficina, se notaba que estaba molesto. Fue directo conmigo.

—No podemos continuar trabajando de esta forma y lo sabes, has faltado al trabajo varias veces, pienso que lo mejor para todos es buscar a alguien más que te ayude, necesito que entrenes a una persona nueva y le enseñes tus conocimientos, ella ya está esperando por ti.

En ese momento, sus palabras no significaron nada para mí, yo me sentía como un zombi, solo lo obedecí y empecé a entrenar a la nueva cosmetóloga. Dos semanas después de haber terminado el entrenamiento, mi jefe quiso hablar conmigo nuevamente.

Recuerdo tanto ese día... Sin respetar que mi hijo estaba conmigo, me llamó a su oficina y sarcásticamente me sugirió que me tomara unas vacaciones. Me sentí muy mal en ese momento, porque lo menos que hubiera querido era que mi hijo estuviera presente y fuera testigo de lo ocurrido. Sin decir una sola palabra, fui a mi área de trabajo y frente a todos mis compañeros recogí mis certificados, tomé todas mis cosas y las puse en mi auto. Mi hijo Javier y yo partimos sin mirar atrás.

Durante tres semanas me levanté de la cama solo para enviar a mi hijo Javier en el bus escolar y para usar el baño. Orlando era el mayor y siempre fue muy responsable. No tomé una ducha por diez días, lo único que deseaba era dormir todo el tiempo. Para que mis hijos no notaran nada fuera de orden, ponía la alarma en la mañana y en las tardes para despertarme antes de que llegaran a casa de la escuela. Cuando mis hijos preguntaban a su padre "¿Por qué mamá se va a la cama tan temprano?", él les respondía:

—Ella no se siente bien.

Al respecto, mi esposo me sugirió que fuera al doctor, porque era obvio que algo no estaba bien conmigo. Hice la cita. Cuando fui con el doctor, a él le tomó mucho tiempo notar mi estado de depresión. De inmediato, me sugirió que viera a una psicóloga, pues él pensaba que si hablaba con una especialista me haría bien. Yo no estaba muy de acuerdo con la sugerencia. ¿Cómo se suponía que iba a hablar con un desconocido, alguien que no tenía ni idea de quién era yo? No necesitaba a nadie con quien hablar, nunca lo necesité y no pensaba hacerlo ahora, así que tomé la decisión de enfrentarme sola a lo que estuviera pasando conmigo. A la mañana siguiente, me desperté muy temprano y me duché; luego, limpié la casa y coloqué flores frescas en la mesa. Nunca fui buena en la cocina, pero recuerdo que preparé algo de comer para todos.

Como era un día tan agradable, decidí caminar hasta la playa, algo que antes disfrutaba hacer en las mañanas. En mi camino de regreso a casa, sentí un frío en todo mi cuerpo. De repente, todo me daba vueltas, sentí que iba a desmayar, no podía respirar... Me asusté mucho, entonces me senté un rato en la hierba, tratando de respirar despacio; no estaba segura si llegaría a casa, sentía como si un auto me hubiera atropellado, no tenía fuerza en mi cuerpo para levantarme de nuevo. Haciendo mi mayor esfuerzo, pude llegar a casa. De inmediato, corrí al baño y vomité todo lo que tenía en mi estómago. Luego, por mucho tiempo, desvanecí en el piso del baño; cuando volví en sí, solo deseaba regresar a la cama y nunca despertar. Ese mismo día, ya en horas de la tarde, mi esposo entró a la habitación, se sentó a mi lado y susurró....

—No sé cómo manejar esto, tú no puedes seguir así, debes buscar ayuda profesional como te lo sugirió el doctor. Si no lo haces por ti, hazlo por nuestros hijos.

Al otro día, hice una cita con la psicóloga que me recomendó el doctor. No sabía qué esperar, pero no tenía más opciones, tenía que intentarlo. Durante la llamada telefónica me hicieron varias preguntas, las cuales respondí lo mejor que pude; estaba aturdida, mi cabeza me dolía mucho después de que terminé la sesión. No estaba segura de cómo lograría salir de este hueco oscuro en el que estaba, solo sabía que ya tenía programada una cita para la siguiente semana. Si bien no estaba emocionada por ir, se hizo necesario, dado lo horrible que me estaba sintiendo, era claro para mí que ya no podía controlar mi situación y necesitaba ayuda profesional.

Cuando llegó el día de la cita, tomé un baño y recogí mi cabello. Aún no sé cómo pude manejar mi estado de ánimo, solo recuerdo que estaba sentada frente a un completo extraño que me hacía mil preguntas. Yo solo pensaba: *"He pasado por muchas cosas en mi vida y pude salir adelante, todo esto será temporal, todo volverá a hacer como antes"*, todo esto mientras la psicóloga trataba de entablar una conversación conmigo. Yo solo pensaba y me cuestionaba: *"Es mi culpa. ¿Por qué dejé que las cosas llegaran hasta este punto? ¡Cómo deseo que todo esto termine!"*. Mi madre era mi fuerza, mi luz; ahora me sentía naufragando en un barco sin rumbo. Eso era todo. Ir a ese lugar era una perdedera de tiempo, no podía esperar a salir de la oficina de la psicóloga, solo deseaba regresar a casa, pero era evidente que yo no estaba bien. La muerte de mi madre había dejado un vacío en mí que me estaba costando superar. La psicóloga parecía preocupada por las ojeras en mi rostro.

—Señora Ortiz, ¿usted está durmiendo bien?

—Para ser honesta, no muy bien. ¿Te importaría regalarme un poco de agua, por favor? Mi garganta está muy seca todo el tiempo —solicité.

—No hay problema.

Luego, se levantó de su escritorio y me pidió que esperara por ella. Minutos después, volvió a entrar en la habitación con un vaso de agua, pero en esta ocasión la acompañaba otra mujer; ella se presentó de inmediato.

—Soy la doctora García —o como yo la llamaba: «mi ángel de la guarda»—.

Me preguntó mi nombre, conversamos casi por una hora; después me dijo que mi diagnóstico era un «desequilibrio químico». Tal enfermedad puede ser tratada con medicamentos. Todo esto era desconocido para mí, nunca antes escuché de tal enfermedad. Regresé a casa con una dosis de Prozac 20 miligramos que debía tomar una vez al día, además de asistir a terapia dos veces a la semana. Admito que mi ignorancia era completamente nula acerca de este tema, estaba muy confundida, pensaba en ir a las terapias, pero no me tomaría el medicamento. Cuando mi esposo llegó a casa, le expliqué lo que me había dicho la doctora García.

—Debo tomar medicina e ir con la psicóloga dos veces por semana.

Mi esposo se alegró por mí y fue a la farmacia a traer el medicamento, sin embargo, fui yo la que decidió no tomarlo, lo escondí en mi mesa de noche, pero sí continué yendo a la terapia. Dos semanas más tarde, no veía ninguna mejoría en mí, al contrario, todo se me olvidaba, ya no quería levantarme de la cama y no tenía ninguna intención de volver a las terapias.

Ante tal contexto, mi esposo volvió nuevamente a llamarme la atención, pero yo no estaba preparada mentalmente para tener otra conversación. A pesar de ello, él insistió.

—Quiero hablar contigo —se le notaba su frustración por mi estado, hizo una breve pausa y continuó—. Se supone que tú eres el modelo a seguir aquí y no sé si entiendes, pero tu estado nos está afectando a todos.

Mientras tanto, yo mantuve los ojos cerrados, porque no podía soportar la vergüenza y la humillación que sentía. Mi familia no tenía la culpa de que mi madre ya no estuviera en este mundo y yo no tenía ningún derecho de desestabilizar mi hogar de esa forma, me sentía ruin y responsable. Cuando abrí los ojos, recuerdo su mirada: él estaba muy molesto conmigo, tenía en sus manos mi medicina, ya se había dado cuenta que no la estaba tomando.

—¿Cómo quieres mejorar si no tomas las medicinas? ¿Acaso olvidas que Javier es aún muy joven? ¡Él te necesita más que nunca!

No podía decir nada, él tenía razón.

—Si los médicos te aconsejan que tomes el medicamento, entonces debes hacer lo que dicen.

De inmediato, dejó escapar un suspiro como cuando sacas el último aliento antes de asumir una derrota...

—Todo está en tus manos —concluyó, se levantó y salió de la habitación sin decir una palabra más.

Antes de darme cuenta, estaba llorando incontrolablemente. Ni siquiera sabía por qué. De alguna manera me levanté de la cama, preparé una taza de café y tomé por primera vez los medicamentos. Mi cuerpo comenzó a temblar, me sentía agotada como si hubiese trabajado todo el día. Tuve que regresar a acostarme nuevamente.

Una semana más tarde, cuando tuve un poco más de fuerza de voluntad, volví a las terapias, que de paso comenzaron a hacerme bien; sin imaginarlo, poco a poco me sentía más fuerte para enfrentar mis demonios.

Un mes después, sentí un cambio total en mí. La ansiedad se fue por completo; mi concentración mejoró; empecé a ver la vida con colores que extrañaba. Gracias a Dios, pude volver a conciliar el sueño y la presión en mi pecho desapareció por completo, sentía como si hubiese nacido de nuevo.

CAPÍTULO 34

Recuerdo que ese fin de semana fuimos todos a la iglesia —como antes— y después quise hacer una barbacoa. Mi esposo estaba sorprendido, no podía creerlo, habían sido dos largos meses para todos. Mi ánimo estaba tan bien que incluso esa semana fui al cine con Javier: vimos *Marley y yo*. Sentí que todo estaba volviendo a la normalidad, aunque me aterraba pensar que todo fuera temporal o por causa de los medicamentos. Como fuera, no deseaba regresar nunca al estado en el que estuve.

Para entonces, yo había perdido mi empleo. Dieciséis años de lealtad, trabajando seis días a la semana y en ocasiones siete... no habían servido para nada, la persona que entrené ocupaba mi puesto y mi presencia ya no era necesaria, entonces recordé lo que mi jefe me dijo:

—Nadie es indispensable y todo el mundo es reemplazable...

La vida debía continuar, como fuese me volvería a levantar de nuevo, sin importar cuántas piedras estuvieran en mi camino.

Debía seguir colaborando en casa, los gastos no esperaban. Así que volví a atender a mis clientas en el garaje de mi casa. Poco a poco empezaron a regresar nuevamente, estaban felices de saber que las volvía a atender y aproveché la oportunidad para ofrecer el servicio de faciales, esperando que les gustara y de paso yo me beneficiaría más.

*

*

En casa siempre estuvieron prohibidas las discusiones, los gritos o las malas palabras. Si mi esposo o yo estábamos en desacuerdo en algo, deberíamos discutirlo en privado y cuando nuestros hijos no estuvieran presentes. Por esta razón, ellos nunca escucharon agresiones físicas o faltas de respeto entre nosotros. Si por alguna razón yo subía mi tono de voz para originar una pelea, mi esposo me dejaba hablando sola.

—Para pelear se necesitan dos y yo no seré parte de ello.

Más adelante, él salió de casa. Cuando regresaba, yo sabía que no se volvería a hablar de ese tema y todo debía volver a la normalidad.

Admito que era frustrante para mí, pero estuve de acuerdo con su razonamiento por muchos años, dado que supuestamente beneficiaba a nuestros hijos. Fue en terapia donde descubrí que nada de lo que yo hacía en casa era normal y estaba lejos de ser saludable para mis hijos. En realidad, era normal que las parejas discutieran, no hay nada malo con la confrontación. Discutir no siempre es negativo, sino que demuestra que la tolerancia y el diálogo son primordiales para que las cosas funcionen mejor; mantener las emociones y los sentimientos reprimidos no es saludable para nadie. Pretender mantener un ambiente casi perfecto en el hogar es imposible, especialmente cuando ellos tienen que enfrentarse a la vida por sí mismos. Cuando compartía estas charlas con mi esposo, no le agradaba nada de lo que yo decía, solo recuerdo algunas cosas que me decía:

—Ojalá estas terapias te ayuden en verdad, porque lo que estás diciendo no hace sentido para nada, ¿o acaso no puedes ver por ti misma los resultados? Nuestros hijos son excelentes y es gracias a la estabilidad que les hemos dado, así que creo que es importante que no te confundas.

En cada una de mis terapias recuperaba una parte de mí, me podía expresar sin temor, podía ser yo misma sin esperar la aprobación de nadie, ya no quería ser la persona que pedía permiso para todo, la que seguía reglas todo el tiempo, cuidando cada cosa que quería o sentía miedo a la confrontación. Tenía tantas cosas reprimidas en mí, que desconocía todo, me sentía como una hija más en casa de mi esposo y no como su compañera y menos su esposa.

Siempre amé estar cerca al océano, su olor, sus olas, la sensación del aire en mi cara me hacía sentir libre, sin miedo a volver a recaer; así que cuando estaba enojada, triste o emocionada, salía a correr a sus alrededores y disfrutaba las olas del mar, que afortunadamente tenía cerca. Estar tranquila, cuidando más de mí, lograba que me adaptara al estilo de vida en casa, sabía que era muy difícil que mi esposo cambiara de opinión, ya que el ambiente en el hogar era mi responsabilidad y esto no era negociable para mi esposo.

Llegó septiembre de 2003. Trabajar desde casa me estaba funcionando bien, me hacía feliz ver a mis hijos cuando llegaban a casa de la escuela, ya que pocas veces había disfrutado de su compañía. Estaba muy animada, arreglé la habitación del primer piso para los faciales en el cuarto que con tanto amor decoré para mi madre. Fue difícil estar en la habitación, pero yo estaba en el proceso de enfrentar la verdad y esta era una buena oportunidad para hacerlo.

La habitación solo necesitaba cambios menores para convertirla en un lugar agradable, todo estaba impecable, coloqué velas de olor y lucía como un spa cinco estrellas. Para mi sorpresa, todas las clientas de mi antiguo empleo comenzaron a llamarme para hacer citas conmigo, se notaba en verdad las ganas que tenían de apoyarme. Trabajaba seis días a la semana, desde muy temprano hasta altas horas de la noche. Salía a correr temprano en la mañana; los lunes iba a terapia con la doctora García; los domingos todos debíamos ir a la iglesia y después desayunábamos. Sin darme cuenta, pasó un año así... En una sesión con mi psiquiatra, ella me preguntó:

—Entonces, señora Ortiz, ¿cómo ha sido la transición de trabajar a tiempo completo desde casa?

—Me complace mucho estar en casa, ver más a mis hijos cuando llegan de la escuela, pero creo que estoy trabajando más de lo que quisiera.

Por su reacción, era evidente que deseaba que hablara más sobre el tema, ella tenía curiosidad sobre el apoyo emocional que tenía en casa y sinceramente no estaba segura de cómo responder.

—A mi esposo lo veo muy poco y sostener una conversación con él es casi imposible pues sale a su trabajo de madrugada y yo siempre estoy ocupada con mis clientas.

—¿Cómo se siente su esposo acerca de todo esto?

—Para ser honesta, no estoy segura de cómo se siente él. Creo que está contento con el progreso que estoy teniendo —dije sin mayor emoción.

Nuestros horarios eran completamente diferentes. Mi esposo se acostaba temprano mientras yo terminaba mi trabajo muy tarde. Cada amanecer, mientras yo dormía, él ya no estaba. Después de un largo silencio, pronunció:

—Si tu esposo estuviera frente a ti en este momento, ¿qué te gustaría decirle?

Instantáneamente, me eché a reír, no porque la pregunta fuera graciosa, sino porque empezaba a sentirme incómoda y nerviosa. La risa comenzó a apagarse cuando las lágrimas comenzaron a gotear por mi rostro y se formó un nudo en mi garganta. Este era mi punto débil y un tema que me resultaba doloroso comprender, asimilar, expresar y prefería evitarlo. Era como un piano con una tecla rota que se camufla con el resto, porque nunca se usa para tocar las melodías, se ve «bien», pero simplemente ocupa un espacio, solo eso: un espacio.

—Señora Ortiz, si su esposo estuviera frente a usted en este momento, ¿qué le gustaría decirle? —insistió.

—Siempre me he sentido como el tercer hijo de la casa. Creo que le diría: ¿por qué te cuesta tanto verme como tu esposa? —lo dije con acierto y desahogo.

Después de la muerte de mi madre, por supuesto necesitaba apoyarme en mi esposo, estaba devastada y caí en una depresión que desconocía. No me atrevo a culpar a nadie en aquella tormenta que de paso quiso acabar conmigo, pero me hubiera gustado sentirme más apoyada por él.

—¿Y tu esposo sabe cómo te sientes? —preguntó.

—No…, no creo —respondí de inmediato.

—¿Te gustaría mejorar la relación con tu esposo?

—Sí, claro que sí, me gustaría mucho que pudiéramos comunicarnos más —contesté.

—¿Por qué no lo invitas a tu próxima terapia? Les ayudaría mucho a ambos —sugirió la doctora García.

Pensé que sería una gran oportunidad para trabajar en nuestra relación. Estaba dispuesta a hacer cualquier cosa para mantener nuestro matrimonio. Incluso cuando estábamos tan distantes, teníamos toda una vida juntos: veinticinco años valían la pena para no arrojarlos a la basura, éramos dos seres humanos con valores y teníamos dos hermosos hijos. No creía que divorciarse era la solución, de solo pensarlo me causaba malestar.

Después de la terapia, no podía parar de llorar; mientras conducía a casa, las lágrimas simplemente brotaban sin deseos de parar. En la terapia había tocado un tema que realmente me lastimaba y yo solo quería evitarlo, aunque haber llorado tanto me hizo bien, sentí una paz enorme dentro de mí.

Cuando llegué a casa, desde mi auto vi que mi hijo Orlando estaba poniendo las luces navideñas, aunque solo el *Día de Acción de Gracias* las ponía con anticipación. Orlando sabía que a su padre le encantaba ver la casa alumbrada en Navidad. Cuando entré a la cocina, mi esposo sostenía en sus manos el pavo para la cena de *Acción de Gracias*, me pidió que lo sazonara como de costumbre. Luego, subió la escalera y se retiró a su cuarto como siempre solía hacerlo. Nunca me preguntó si había pasado un buen día o cómo me había ido en mi terapia. Quizás debí contárselo sin que me preguntara, pero tampoco me dio el tiempo suficiente para hacerlo, yo más que nadie conocía su rutina: él subiría a su cuarto y ya no lo vería más.

El *Día de Acción de Gracias* es una fiesta estadounidense tradicional, siempre lograba levantarme el ánimo. Al vivir tantos años en Estados Unidos, la festividad y sus tradiciones crecieron en mí y se convirtió en una festividad habitual en mi hogar. En realidad, es una celebración muy bonita. El pastel de calabaza era imprescindible ya que es el plato favorito para los estadounidenses. Esta fecha es la ocasión en donde familiares y amigos se reúnen y manifiestan la gratitud por el año que ya pasó, el hogar, la familia y los amigos.

*

*

Javier ya no era un niño, se estaba convirtiendo en un hombre. Gracias a Dios tuve la fortuna de vivir en un país lleno de oportunidades para él. Javier estaba en el último año de la escuela secundaria camino a la universidad. Una parte de mi corazón se sentía vulnerable al verlo crecer tan rápido ante mis ojos, porque el tiempo se había esfumado sin darnos cuenta. Mi hijo siempre fue un niño obediente, nunca nos dio problemas de ninguna clase, se esforzaba con gran empeño, motivación y enfoque para tener las mejores calificaciones en la escuela; siempre estuvo en la lista de los mejores estudiantes; también participaba en actividades extracurriculares como fútbol, donde él y su equipo se destacaban constantemente. Gracias a su comportamiento y persistencia en cada cosa que hacía logró abrirse puertas por sí mismo; todo esfuerzo extra que él hiciera valdría la pena para su futuro; sé que en muchas ocasiones le exigí demasiado, pero yo sabía que él tenía la capacidad de hacerlo. Debía estar muy enfocado, pues el siguiente año era primordial para él, debíamos comenzar a programar citas, visitar universidades, hacer recorridos por diferentes campus y reunir toda la documentación necesaria para el proceso de solicitud de ingreso a la universidad. Ahora más que nunca mi hijo me necesitaba, lo que significaba que tenía que dejar de pensar en mí y enfocarme en lo más importante: Javier. Y fue exactamente lo que hice. Después de las festividades, empezamos a llenar las aplicaciones en diferentes universidades. Gracias a Dios mi hijo tenía más conocimientos que yo para llenar formularios y demás, siempre trabajamos en equipo, donde lo más importante para mí era que él supiera que no estaba solo; darle a Javier las oportunidades que yo no tuve era lo único que me interesaba en ese momento y haría lo que fuera necesario para que él fuera a una buena universidad.

Cuando Javier nos dijo que había la posibilidad de vivir en la universidad, a mi esposo no le pareció una buena idea, no le hizo ilusión que se fuera de casa, no solo porque los dos compartían un vínculo muy estrecho, sino que la sola idea le aterraba.

En esta ocasión no pude estar más que en desacuerdo, yo confiaba plenamente en los principios que le habíamos dado a nuestro hijo y creí firmemente que él merecía vivir su propia experiencia, él necesitaba cometer sus propios errores y aprender de ellos como lo habíamos hecho con su hermano Orlando; nunca estuve dispuesta a cortar las alas a ninguno de mis hijos, tenían que aprender a volar por sí mismos. Admito que finalmente no fui yo quien convenció a mi esposo, fue Javier el que le pidió que lo dejara vivir esta experiencia y él aceptó.

Mi hijo Orlando estaba a punto de graduarse de la Escuela de Pilotos, su sueño más grande se estaba haciendo realidad. El día que nos llevó en una avioneta rumbo a Manhattan, con motivo de su graduación, estábamos muy emocionados: todos abordamos la nave, mi hijo era el piloto, fue un día inolvidable para mí, estaba muy orgullosa de su logro, todo sacrificio que hubiera podido hacer lo volvería a hacer de nuevo.

Orlando siempre fue un niño noble, que siempre ama la vida y la vive a profundidad. Jamás ha perdido la fe en el amor y siempre que tiene la oportunidad de amar y ser amado lo vuelve a intentar sin temor a nada.

Orlando y Javier crecieron juntos, puedo decir orgullosamente que nunca hubo celos entre ninguno de ellos, los amo y los amaré siempre por igual; el amor y respeto que se tienen uno al otro ha sido el mejor regalo que me han dado, ellos son mi mayor orgullo y mi más preciado tesoro.

Cuando recibimos la noticia de que Javier había sido aceptado en la universidad a la que él deseaba, entre lágrimas y risas celebramos con él. Fue un mes muy estresante para mí, trataba de no olvidarme de nada que le pudiera hacer falta a mi hijo. Cuando finalmente tuvimos que dejarlo en la universidad, sentí que me moría, pero evité que me viera llorar.

La doctora García había llamado a casa, me dejó un mensaje, estaba preocupada porque yo había faltado a varias de mis terapias. Mi mente estaba tan distraída con los trámites de la universidad de Javier que perdí la noción de todo, no sé cómo pasó el tiempo, que ni siquiera pensé en cancelar mis citas, le debía una disculpa a la doctora y ese mismo día hice una cita con ella.

La última vez que estuve en terapia, la conversación terminó cuando la doctora me sugirió que mi esposo viniera conmigo. Pensé que se le había olvidado, pero para mi sorpresa, lo primero que me preguntó cuando entré a su oficina fue eso...

—Entonces, señora Ortiz, pensé que su esposo vendría...

—No, quizá la próxima vez.

—¿Por qué, señora Ortiz? —preguntó como tratando de tocar el tema.

Después de un momento de silencio, indagó:

—Entonces, ¿cómo te sientes?

—Para ser honesta, me siento entumecida, no puedo sentir nada. Me concentro en lo que necesita mi prioridad, lo resuelvo de la manera que puedo y continúo, creo que es lo que hago siempre.

En seguida, sonreí y le conté por qué había faltado a mis terapias. Ella solo me escuchaba, pero ese día me expresó un mensaje...

—Señora Ortiz, recuerde que usted es la prioridad más importante. Ahora que sus hijos ya no están en casa, tómese un tiempo del día para sí misma. Haga cualquier cosa que no haya podido hacer antes —enfatizó con elocuencia.

Todo comenzó a registrarse en mi cabeza y pensé que era una buena idea. Tenía esperanzas de que un día no tendría que depender de los medicamentos, que en realidad me habían ayudado mucho en su momento, pero sentía que ya estaba lista para dejar de tomarlos. La doctora continuó...

—Señora Ortiz, la próxima vez espero que venga con su esposo y es importante asistir a sus terapias —ratificó.

Cuando llegué a casa, tomé fuerzas y le dije a mi esposo que era importante que habláramos. Tan solo por su reacción facial, supe que aquello no sería fácil. Me dio una mirada como si me estuviera volviendo loca otra vez.

—¿Estás tomando tu medicamento? —me dijo con un tono de fastidio.

Lo encontré ofensivo, pero me llené de paciencia y volví a intentarlo.

—No entiendo qué tiene que ver una cosa con la otra. Todo lo que me gustaría saber es si podemos hablar. Si te parece, podríamos salir a comer.

—Tengo trabajo, mañana debo levantarme temprano. ¿Es extremadamente importante o esta conversación puede esperar? —mencionó y me miró como quien no quiere confrontar nada.

—No…, no es importante, pero sí me gustaría que habláramos —respondí y me retiré para que él pudiera descansar.

Para mi sorpresa, cuando llegó la tarde del sábado, mi esposo fue el que me preguntó si me gustaría salir a cenar. No lo podía creer, estaba tan sorprendida…

—Sí, me encantaría —respondí sin pensarlo ni un segundo.

Después de mucho tiempo, él y yo estábamos sentados en un restaurante. ¡Deseaba tanto que nuestra conversación fuera positiva y tomara el rumbo que yo tanto deseaba! Él me miró a los ojos y empezó a hablar.

—¿Qué pasa? Háblame, te escucho…

La verdad no sabía cómo empezar…

—Me gustaría pedirte un favor y hacerte una pregunta —pronuncié con bastante nerviosismo.

Yo sabía que con él no se podía andar con rodeos, debía ser directa, como si fuera una venta al mayor. Me llené de valor y le dirigí la palabra.

—El favor que quiero pedirte es que me acompañes a mi terapia la próxima semana.

—O sea, ¿crees que tenemos problemas en nuestro matrimonio?

Después de un tenso silencio, volví a intentarlo de diferente forma.

—Ahora que nuestros hijos no están en casa, sería importante para los dos comunicarnos más, ¿no crees?

Cuando terminé de hablar, me miró seriamente y contestó:

—En nuestro matrimonio no hay ningún problema, todo está en tu cabeza, no sé de qué te ha servido ir a terapia por tanto tiempo, aún no te has dado cuenta que el problema aquí lo tienes tú. Yo soy un buen padre, no fumo, no tomo, no salgo con amigos, siempre te he sido fiel. Más bien, yo te tengo una pregunta: ¿qué le pasó a mi esposa? Siento que estoy viviendo con una extraña, ya ni siquiera tenemos intimidad. ¿Para qué tener a una esposa así? Eres tú la que se debe preguntar qué es lo que quieres y, cuando lo sepas, me lo dejas saber.

Fue triste escucharlo hablar con tanto resentimiento, mi intención no era despertar el enojo de mi esposo, pero eso me sirvió para darme cuenta que estaba muy molesto conmigo; para mí ya era ganancia, puesto que él nunca expresaba nada de lo que sentía, siempre prefirió guardar silencio.

—Agradezco tu sinceridad. Estoy feliz de oírte hablar, de saber lo que sientes. Ya que estamos siendo sinceros, ¿podrías responder a mi pregunta? ¿Crees que tenemos problemas que resolver en nuestro matrimonio?

—No, no hay nada de malo en nuestro matrimonio. Hay algo malo, pero en tu cabeza, tú tienes en tus manos la felicidad de esta familia, depende solo de ti que todo sea como antes —expresó con frustración y pidió la cuenta sin haber terminado de comer.

En seguida, salimos del restaurante y condujo el auto en completo silencio; cuando llegamos a casa, se fue a su habitación como de costumbre. Al siguiente día, se despertó y actuó como si no hubiéramos tenido una conversación el día anterior. Yo había perdido toda esperanza de llegar a un diálogo con él, así que me dediqué a hacer lo que mejor sabía hacer: «trabajar»…, era la única forma que tenía de desconectarme de mi realidad. Seguí asistiendo a mis terapias con la única ilusión de poder dejar la medicina, me era difícil aceptar que tenía que tomarla siempre.

Salía muy poco de casa, trabajaba largas horas, había vuelto a mis viejos hábitos. Todos los que me rodeaban siempre me veían con una sonrisa, pero solo yo sabía mi realidad, el único espacio donde me sentía libre para expresar lo que sentía era mi terapia. Fue una época difícil, mis hijos ya no estaban en casa, me sentía más sola que nunca, especialmente cuando terminaba mis largas jornadas de trabajo.

Para la sociedad, mi vida era perfecta: me casé con un buen hombre, tenía mi casa, mis hijos estaban en la universidad. *"La vida había sido generosa conmigo, ¿qué más podría pedir?*, pensé. No tenía derecho a quejarme, pero realmente lo único que yo deseaba era recuperar a mi mejor amigo. Más allá de la «perfección de un hogar», deseaba una relación entre dos personas adultas que habían luchado a la par por tener una familia y, ahora más que nunca, debíamos tener como prioridad cuidar el uno del otro. Yo no tenía una varita mágica para desaparecer por arte de magia los problemas o desacuerdos que habíamos tenido en nuestro hogar, pero deseaba salvar mi matrimonio. Vivíamos bajo el mismo techo, pero yo me sentía más sola que nunca, mi única diversión, después de largas jornadas de trabajo, era sentarme en la cocina a mirar la novela con la televisión en un volumen muy bajo, porque si estaba muy alto interrumpiría el sueño de mi esposo y él se enfadaría. Así pasaban mis días, sin que nada cambiara. Quizás a él no le agradaba esta nueva versión de mí y por eso cada día nos dividíamos más.

CAPÍTULO 35

Abrí el correo y encontré una invitación para nosotros, una de mis clientas nos invitaba al matrimonio de su hija. Después de abrir el sobre, lo cerré y lo puse en un cajón de la cocina, hacía mucho tiempo no asistimos a nada, él había sido claro la última vez que nos invitaron a una celebración: si yo quería ir, podía hacerlo, pero él no deseaba atender a ningún evento, prefería quedarse en casa. En muchas ocasiones fui sola, pero no me sentía a gusto, especialmente cuando me preguntaban por mi esposo, ya no sabía qué excusas darles. Constantemente nos invitaban a barbacoas, cumpleaños, bautizos y fiestas de compromiso, pero su excusa era la misma: *"Debía trabajar al siguiente día y la asistencia a la iglesia los domingos era una prioridad"*. Pero en esta ocasión tenía deseos de asistir, esta familia era muy especial para mí, por lo que decidí preguntarle:

—¿Por qué cada vez que alguien nos manda una invitación tú no quieres asistir?

—Ya hemos hablado de esto antes. El que yo no quiera ir no significa que tú no puedas asistir, yo prefiero quedarme en casa. ¿Qué hay de malo con eso?

—Pero tú eres mi esposo. ¿No se supone que debemos asistir

a estos eventos juntos? ¿Por qué tengo que ir siempre sola? —expresé.

—¿Te recuerdo la última vez que asistimos juntos a una fiesta? Estabas muy molesta porque te pedí que nos retiráramos después de la cena.

—¡Claro! Me molesté porque alguien que te invita a su fiesta no puedes simplemente ir a comer y luego irte de inmediato. Tienes que tomarte un tiempo para hablar con los demás, tratar de tener una conversación. ¡Apenas empezaba la fiesta y tú ya querías retirarte! ¡Ayúdame a entender por qué has cambiado tanto! Tú tampoco eres el hombre con el que yo me casé, solo quieres estar en casa y ver televisión.

Luego de mi desahogo, caminé hacia la cocina, queriendo evitarlo, pero él me siguió. Luego, me preguntó, confundido…

—¿Por qué estás llorando?

—Estoy tan frustrada como tú. ¿Qué nos está pasando? Lo único que hacemos es trabajar, dormir y comer. ¿Es esta la vida que quieres para nosotros? —dije con lágrimas en mis ojos y con un nudo en la garganta…

—Todo el mundo hace lo mismo. Nosotros nos vamos de vacaciones todos los años, mientras que muchas familias no pueden darse ese lujo. No entiendo de qué te quejas. Después de un largo silencio, lo encaré.

—Uno de mis clientes nos invitó a la boda de su hija mayor y me gustaría que fuéramos.

—¿Todo este alboroto porque quieres ir a una boda? No hay problema, iremos a la boda.

Leonel siempre se las arreglaba para mantener la compostura incluso cuando estaba enojado.

*
*

Mi hijo Orlando vivía en Newark (Nueva Jersey) y Javier estaba en la universidad. Ellos eran los que mantenían la alegría en casa, que ahora estaba más vacía que nunca, podía sentir la soledad en todos los rincones. Un día estaba en el cuarto de

Javier, lo extrañaba mucho, pero fui yo la que lo apoyó a que se fuera. Estaríamos separados por cuatro años, solo me conformaba con saber que él aprendería a vivir sin nosotros, experimentando la vida por su cuenta; sabía que se convertiría en un hombre de bien, porque yo había dado lo mejor de mí. No quería llorar, pero tampoco podía evitarlo. Me puse mis tenis y decidí ir a caminar a la playa, me hacía bien despejarme un poco. Al llegar a casa, subí las escaleras, escuché las carcajadas de mi esposo, veía uno de sus programas favoritos. Nunca entendí cómo él lograba desconectarse de todo y pensar por un segundo que todo estaba bien en casa. Siempre estaba feliz, sereno, quizás tenía razón y verdaderamente yo era el problema. No sabía cómo, pero tenía que hacer el último esfuerzo para convencerlo de ir a terapia conmigo.

Un lunes, después de mi terapia, de regreso a casa, una de mis clientas me esperaba en su auto, ella pasaba con frecuencia. Yo desconocía que a mi vecina le molestaba mucho que yo atendiera a mis clientes en casa, en verdad no creí que molestara a nadie, pero mi vecina lo encontraba inapropiado para su gusto, entonces ella decidió llamar al *City Hall* para que ellos me hicieran una visita, yo estaba ajena a lo que estaba por ocurrir, hasta que un día recibí una citación a la Corte. Admito que estaba aterrada, lejos de saber que estaba cometiendo un crimen.

De esta manera fue como estuve en una Corte por primera vez. El juez me preguntó qué clase de negocio tenía. Yo le dije la verdad.

—Trabajé para un salón de belleza durante dieciséis años. Perdí mi empleo hace más de un año, tengo que ayudar a mi esposo con los gastos de la casa, así que empecé a cortar pelo en el garaje y a hacer faciales en el cuarto de huéspedes.

El juez sonrió...

¿Tienes licencia para operar?

—Sí señor. Tengo cuatro: la de cosmetología, *skincare, lasertech* y profesora.

—¿Pagas tus impuestos?

—Sí y los tengo conmigo.

Después de tenerlos en sus manos, el juez intervino:

—Me alegra saber que tiene todo en orden, el único problema que tengo, señora Ortiz, es que usted vive en una zona que no es comercial. Lamento informarle que no podrá seguir operando desde su casa. Hoy no pienso asignarle una multa, pero si vuelve a operar desde su casa, entonces sí tendrá problemas.

Sin nada más que decir, le agradecí su generosidad.

Después de regresar a casa, estaba preocupada y muy ansiosa de no saber qué debía hacer, tenía que buscar una solución y rápido; pensé que las cosas pasaban por una razón, de pronto era hora de abrir mi propio negocio. *"Mañana iré al pueblo y buscaré un local, algo pequeño"*, pensé. Cuando le conté a mi esposo lo que me estaba pasando, me animó un poco.

—Si hay alguien que pueda lograr cualquier cosa que se proponga eres tú.

En verdad me hicieron bien sus palabras, se notaba que como profesional aún me admiraba. En menos de un mes, el alcalde Tom Zuasi cortó la cinta de mi negocio. *'Hope Aesthetics'* fue el nombre que le di a mi negocio, fue un día de celebración y triunfo para mí, pues uno de mis sueños se había hecho realidad.

Por experiencia propia sé que todo comienzo requiere sacrificios. Empecé a operar siete días a la semana, esto no era nada nuevo para mí, solo que ahora había adquirido un compromiso mayor: debía pagar una renta y cosas que vienen por añadidura cuando tienes tu propio negocio. En verdad fue un año duro. Mi lugar de trabajo era donde pasaba la mayor parte de mi tiempo, el sitio de escape a todo lo que en realidad era mi vida.

Profesionalmente estaba bien, mi negocio había sido todo un éxito total, mi clientela siempre me apoyó, solo podía darle gracias a Dios y a este país que me dio la oportunidad de crecer y hacer realidad mis sueños.

Aprovecho este momento para agradecer a todas mis clientas por su cariño, paciencia, lealtad, generosidad y, sobre todo, por haber creído siempre en mí como profesional... Mil gracias a todas ustedes. También quiero agradecerle a mi vecina, si ella no hubiera hecho esa llamada al *City Hall*, quizás yo nunca me hubiera atrevido a crecer como profesional y de paso hacer uno de mis sueños realidad.

Ir a mis terapias era prioridad para mí, sobre todo ahora que la doctora García había empezado a bajarme la dosis de medicamento, solo era cuestión de tiempo para lograr no depender de ellos.

Recuerdo un día que fuimos a hacerle una visita a Javier en la universidad, fue un viaje de tres horas. Dado que estábamos solos, pensé que era el momento perfecto para conversar un poco, algo que también habíamos dejado de hacer. Cuando subimos al auto, mi esposo encendió la radio para escuchar música, yo insistí en sostener un tipo de conversación, así que comencé a hablar. Para mi sorpresa, él me interrumpió.

—No te escucho porque la radio está encendida.

Entendí lo que significaba..., así que cerré mis ojos, fingiendo dormir durante el recorrido. No hubo una palabra más entre nosotros. Cuando por fin llegamos, Javier vino a nuestro encuentro y lo abrazamos. De inmediato, mi esposo irradiaba felicidad, era una persona completamente diferente al hombre que había estado conduciendo el auto horas atrás. Admito que siempre ha amado a sus hijos con todo su ser y no habrá nada más importante para él que ellos. Compartimos juntos la hora del almuerzo. Javier nos contaba en detalle que nuevamente estaba entre los primeros estudiantes del año. Nuestros ojos se llenaban de orgullo. En esa ocasión, Javier expresó su interés en aprovechar la oportunidad de estudiar fuera del país, de hacer un intercambio estudiantil que la universidad ofrecía, quería ir a España durante un semestre. Para ello, el único requisito era mantener un buen nivel académico y hablar español. Le prometimos que lo pensaríamos.

En el viaje de regreso pasó exactamente igual, así que cerré mis ojos y solo pensé que estaba siendo castigada otra vez. Cuando llegamos a casa, tomamos nuevamente caminos separados: él a su habitación y yo a la mía.

En la próxima visita a mi terapia, la doctora me preguntó lo siguiente:

—¿Cómo se siente sin el medicamento?

—Doctora, estoy bien. Espero no volver a usarlo.

Compartí con ella la visita que habíamos hecho a Javier a la universidad. Le expresé que me encantaría que mi esposo asistiera a una de las terapias, pero no sabía cómo volver a mencionarlo. Ella se mostraba complaciente al escucharme.

—Podría decirle que es importante que venga, porque esto ayudará a tu progreso.

Me pareció una idea perfecta, así que cuando llegué a casa, me acerqué a su habitación, donde yo era una extraña.

—Quería contarte que desde hace tres meses no tomo la medicina para la depresión. ¿Te importaría asistir a una de mis terapias?

—OK.

¡No lo podía creer! Esa semana fue larga para mí, estaba ansiosa, solo deseaba que ese día llegara.

El día de la terapia llegó. Ambos estábamos sentados frente a mi psiquiatra, en un completo silencio que frisaba todos los rincones de la habitación. La doctora García rompió el silencio.

—¿A quién le gustaría empezar?

—Señor Ortiz, ¿le gustaría hacerle alguna pregunta a su esposa?

—No, yo no tengo nada que preguntarle —contestó de manera directa y cortante.

—Señora Ortiz, ¿y usted tiene algo que decirle a su esposo?

Después de un suspiro, tomé fuerzas y hablé.

—Honestamente, no estoy segura por dónde empezar.

Estaba ansiosa, miraba directamente a los ojos de mi esposo.

—La razón por la que estamos aquí es porque desde hace mucho tiempo no hay comunicación entre nosotros. Hemos construido una vida juntos, formado una familia, con dos hijos maravillosos. Hoy no sé qué tan importante es nuestro matrimonio para ti ahora…

—¿Nuestro matrimonio? —cuestionó él con sarcasmo—. Yo no sabía que era un tema de discusión en tus terapias. Tenía la impresión que estábamos aquí para arreglar tus conflictos —agregó con mucha molestia.

En realidad, era fácil notar su enojo. ¡Cuántas emociones reprimidas tenía hacia mí y nunca las supo expresar! Mi esposo continuó con su intervención.

—En este matrimonio los cambios los has hecho tú, lo único que yo he hecho es respetar tus decisiones, de las que ahora no te quieres hacer cargo. Para serle sincero, doctora, yo ni sé por qué estoy aquí.

Yo permanecí callada, era importante que él hablara, que sacara toda su frustración. Después de un largo silencio, la doctora García volvió a intervenir.

—Señor Ortiz, ¿le gustaría tener una sesión con una especialista de pareja? Creo que les beneficiaría mucho a ambos. No es mi especialización, pero puedo recomendarlos con una de mis colegas.

—La verdad, doctora, agradezco su tiempo, pero no lo creo necesario.

Debido a que el ambiente estaba tenso, mi esposo se levantó de su silla y estrechó la mano de la doctora, como cuando él cerraba uno de sus negocios. La doctora García, dirigiéndose a mí, pronunció:

—Señora Ortiz, nos vemos la próxima semana.

Durante el camino a casa le volví a preguntar a mi esposo si le gustaría ir a una terapia de pareja.

—Si las terapias funcionan para ti, ve las veces que quieras, pero a mí no me vuelvas a invitar. Me trajiste aquí para ridiculizarme. ¿Acaso era muy difícil para ti tener esta conversación en casa?

Perdiendo toda esperanza, por primera vez me atreví a enfrentarlo.

—Si no vamos a una terapia de pareja, lo mejor es que nos divorciemos.

La coraza que él había puesto en su corazón no le permitió expresar sus emociones, solo me miró a los ojos y habló:

—Como tú quieras y hasta cuando tú quieras. Desde hace

tiempo me he venido preparando para este momento, porque siempre supe que iba a pasar.

¡Yo no podía creer lo que estaba escuchando, mi esposo se preparaba para cuando yo quisiera divorciarme y yo luchaba por salvar mi matrimonio! Crecí sin un padre presente en mi vida y jamás hubiera querido que mis hijos vivieran una vida como la que a mí me tocó. Nunca pasó por mi cabeza divorciarme hasta ese momento en que él no me dio otra salida. Cuando fui a salir del auto, me dijo:

—Piensa muy bien lo que vas a hacer y cuánto podría afectar la vida de nuestros hijos. Te agradecería que cualquier decisión que tomes esperes por lo menos hasta que Javier termine la escuela de leyes. Lo está haciendo bien, no me parece justo que le demos este disgusto ahora.

Fui a mi habitación, me senté en la cama, permanecí inmóvil por mucho tiempo, estaba perdiendo una batalla, quizás la más importante en mi vida y lo peor era que ya no tenía a mi madre para que me diera un consejo sabio. Me levanté y fui directo a la habitación de mi esposo.

—Tienes toda la razón: bajo ninguna circunstancia haré nada que dañe la estabilidad mental de mis hijos, considerando el estrés de Javier por terminar su carrera. Lo haremos a tu manera.

Desde ese día, nuestras conversaciones se centraron en lo que tuviera que ver con nuestros hijos y de gastos en el hogar.

CAPÍTULO 36

Hope Aesthetics estaba funcionando muy bien, no me podía quejar. Trabajaba más de lo que debía, era lo único que me desconectaba de mi realidad. Por fortuna siempre he tenido pasión por mi trabajo. Aprendí a escuchar, es increíble lo bien que el ser humano se siente cuando alguien lo escucha, creo que es como perder muchas libras en tan solo unos minutos. De cierta forma entendí que cada persona tiene una historia que contar. En realidad, me hacía sentir bien que pudieran desahogarse contándole sus problemas mientras yo les prestaba un servicio: *hair therapist*, así me llaman.

De un día para otro, empecé a tener cambios extraños en mí: me costaba conciliar el sueño, me sentía continuamente mareada y con un fuerte dolor en el cuello; pensé que estaba trabajando demasiado y lo que me preocupaba era el dolor en mi pecho, sentía un peso donde no lograba respirar con tranquilidad, no podía concentrarme, por ejemplo: buscaba las llaves y las tenía en la mano. Mis clientes me preguntaban si me pasaba algo debido a mi aspecto de cansancio. Para evadir preguntas, me cubría los ojos con maquillaje. Me preocupaba pensar que tenía una enfermedad que no fuese curable.

En mi siguiente visita con mi psiquiatra, manifesté el quebranto de salud que venía sintiendo. Inmediatamente, la doctora García me recomendó que volviera a tomar la medicina. En seguida, rompí en llanto y le pregunté qué había pasado con todo el progreso que había logrado para dejar las pastillas...

La doctora entendía lo que yo le decía. Sin ofenderme, me recordó lo que era un «desbalance químico».

—Señora Ortiz, nuestro progreso no ha sido en vano, sus circunstancias son las mismas, le daré una dosis muy baja para que las cosas no tomen otro curso y no tenga que pasar por otra mala experiencia.

De la forma como la doctora me lo explicó, me hizo entender que un desbalance químico puede ser tratado las veces que sea necesario, así que la escuché y volví a tomar la medicina. También me sugirió que me tomara unas vacaciones.

Por ello, pensé en la posibilidad de visitar a mi familia en Colombia, habían pasado más de tres años y los extrañaba. Nadie en mi familia tenía la menor idea de lo que estaba pasando con mi matrimonio y muchísimo menos con mi salud. De alguna manera, siempre fui protectora y lo que menos deseaba era tener que darle preocupaciones a nadie. Mi matrimonio era un tema delicado para mí. Por tal motivo, consideré que lo mejor era mantener todo lo que me estaba pasando bajo total discreción. Además, así lo acordamos.

Por sugerencia de mi psiquiatra, me inscribí a un gimnasio, algo que me hizo muy bien, necesitaba hacer actividades que no solo fuera trabajar.

Una de mis clientas me había ofrecido desde hacía tiempo la oportunidad de certificarme en su escuela de buceo, algo que siempre deseaba hacer, pero siempre tenía una excusa para no hacerlo, así que ese mismo día la llamé y le dije que estaba lista para empezar.

Decidí desafiarme a mí misma y obtener mi certificación, fue una experiencia maravillosa, ese mismo año tuve la oportunidad de ser parte de uno de sus viajes que realizaban en grupo. Guardé todas mis propinas para pagar el viaje, fuimos a *Bonaire*, una isla para bucear, el viaje duró una semana. Dicha aventura me permitió generar relaciones de trabajo y conocer gente nueva con intereses similares a los míos.

Recordé mi infancia: crecí junto a un río y aquella experiencia de contacto con el agua siempre me dio una sensación de libertad, fue verdaderamente gratificante para mí haber tomado la decisión de hacer ese viaje.

De regreso a casa, mi esposo no hizo una sola pregunta, ahora más que nunca estaba convencida: "*Si quería cambios en mi vida, tenía que ser yo quien los hiciera; de otra forma, todo permanecerá igual*".

Volver a mi trabajo era la mejor terapia para mí; además, no me disgustaba, mis clientas eran mi segunda familia y en verdad las extrañaba.

Después de la pérdida de mi madre, cada uno de mis hermanos tuvimos que vivir su ausencia de manera individual, la cual imagino no fue nada fácil para ninguno. Siempre tratamos de mantenernos unidos así fuese telefónicamente. Con mi hermana Sandra hablaba más seguido, ella era quien me mantenía informada sobre todo lo que pasaba con mis hermanos. Recuerdo que esa tarde en la que conversamos me sorprendió lo que me contó: me dijo que podíamos recuperar la propiedad donde habíamos pasado nuestra infancia. Mi hermana estaba muy emocionada, yo la escuchaba atentamente y podía entender el motivo de su alegría, porque para mí no fue nada agradable la noticia. Lo primero que pasó por mi mente fueron todos los malos recuerdos que tenía de ese lugar. Ese lugar no tenía ningún valor para mí, mi madre ya no estaba con nosotros, no quería saber nada que me recordara mi pasado, así que fui sincera con mi hermana y le dejé claro que no deseaba saber nada de esas tierras. Cuando le conté a mi hermano Julio, él tuvo la misma reacción que yo, dijo que no quería saber nada al respecto. Sin embargo, cada vez que hablaba con mi hermana Sandra volvía a insistir en lo mismo; le pedí que me escuchara para que pudiera entenderme. Mi hermana Sandra me escuchó atentamente.

—Ahora escúchame tú... Entendemos que esas tierras

pueden ser nuestras. Ahora, tienes razón en una sola cosa: tú no quieres regresar, ¿pero te has preguntado si mi hermano Edgar, Luis, Joaquín y yo queremos lo mismo que tú? Nosotros sí queremos regresar. Si mi madre estuviera viva, estoy segura que estaría de acuerdo con nosotros. Tú solo recuerdas lo peor. Es un lugar hermoso y el clima es increíble.

Yo solo la escuchaba y no entendía por qué querían regresar. En verdad yo no tenía derecho de reaccionar de esa forma o tomar decisiones por ellos, así que le pedí una disculpa a mi hermana, sabía que lo único que ellos querían era mi aprobación. Le dije que hicieran lo que ellos creyeran conveniente. Así fue como de inmediato comenzaron los trámites de legalización, los cuales legalmente no les fue difícil poner a nombre nuestro.

No pude evitar pensar por qué aquellas tierras donde vivimos parte de nuestra dolorosa infancia tenían tanta importancia para mis hermanos, especialmente para mi hermano Edgar, que estaba dispuesto a vender su casa para invertir todo lo que él tenía y construir su casa en esas tierras. Cuando la propiedad pasó a nombre nuestro, me sorprendió más aún oír que ya tenía un nombre: *«Balneario La Esperanza»*. En verdad existen cosas difíciles de explicar y esta era una para mí.

Mis hermanos tenían planes, hablaban de abrir un taller de mecánica, construir un restaurante con piscina; mi hermana quería hacer una cabaña para pasar los días festivos con sus hijas. Yo los escuchaba, pero me mantenía alejada del tema.

De inmediato, sin perder un solo minuto, empezaron con la demolición de la horrible casa que me traía malos recuerdos. De manera seguida me mandaban fotos y videos de la demolición de las paredes viejas, como si trataran de exorcizar los malos recuerdos que ahí habitaban y buscar crear una nueva historia en el ahora *«Balneario La Esperanza»*. Edgar y Luis trabajaron arduamente por varios meses, querían hacer de ese lugar un paraíso, sembraron árboles, flores y frutos. Mis hermanos me pidieron que regresara a Colombia, esta vez tomé fuerzas y acepté viajar.

Miles de sensaciones pasaban por mi cuerpo. Cuando llegué al aeropuerto El Dorado, mis hermanos esperaban por mí; entre abrazos y lágrimas nos reunimos nuevamente. Después, viajamos juntos hacia el «*Balneario La Esperanza*». Mis manos estaban frías, pasaban por mi mente miles de recuerdos. Cuando por fin llegamos, fui yo la más sorprendida: nada era igual, frente a mis ojos solo había belleza, árboles listos para dar frutos y una construcción a punto de terminar. Ellos habían hecho de ese lugar un paraíso, no sabía si llorar o reír. Siempre admiré y respeté a mi hermano Edgar, pero lo que estaba haciendo con esta propiedad era impresionantemente admirable. Mi hermano Edgar se acercó a mí y me preguntó:

—¿Qué te gustaría hacer ahora? Pídeme lo que quieras —mencionó y yo sonreí.

—Ya sé lo que quiero: mañana me gustaría hacer un asado, quiero que haya mucha comida y que invites a todo el que quiera asistir.

Mi hermano soltó una carcajada y me dijo que, para que eso fuera posible, yo tendría que matar una vaca. Cuando se dio cuenta que yo estaba hablando en serio, volvió a mencionar:

—Si eso es lo que quieres, así lo haremos.

Mi hermano mató una vaca, hubo abundante carne para todos; ese día, ancianos, niños y adultos comieron en el «*Balneario La Esperanza*»; cada uno de ellos no dejaba de dar las gracias por nuestra generosidad; cuando los niños corrían en nuestra propiedad, solo recordaba nuestra niñez, la que fue tan difícil y se me venía a la mente que nada era imposible, si uno es más fuerte que cada cosa que se interponga. Mi hermano también me prometió que nunca le negaría un plato de comida a nadie que lo necesitara. Ese día supe que en cualquier lugar donde mi madre estuviera estaba orgullosa de nosotros.

El viaje a Colombia me hizo bien, especialmente por ver que mis hermanos se mostraron tan animados con su proyecto que me dio mucha satisfacción por ellos.

De regreso a mi casa, continué con mis terapias, iba al gimnasio dos veces a la semana; los miércoles jugaba golf y ahorraba todas mis propinas para planear mis vacaciones con el grupo de *Scuba*: el buceo es en verdad algo que amo con pasión, no tenía tiempo para pensar en nada negativo. Todo lo que estaba pasando en mi vida era bueno, especialmente con mis hijos, se encontraban bien y eso era lo más importante para mí.

En Colombia, mis hermanos continuaban su proyecto. Pasaron pocos meses después de mi viaje a mi país. Recuerdo que ese día mi hermano Luis me llamó, conversamos un buen rato, estaba emocionado con la construcción, me contó de su proyecto de abrir su taller de mecánica y pasar más tiempo con mi hermano Edgar. Nunca lo había oído tan feliz y entusiasmado. Antes de despedirnos, me dijo que se estaba preparando para viajar a Bogotá, habían pasado varios meses y extrañaba a sus hijos; le prometí que iría a visitarlos cuando la construcción terminara y el restaurante estuviera abierto al público. Antes de colgar la llamada le dije cuánto lo amaba.

Luis llegó a Bogotá esa misma noche, se quedó en casa de mi hermana Sandra. En la mañana, desayunaron juntos; después, fue a jugar fútbol con sus amigos. En ese tiempo estaba saliendo con una mujer que vivía en Bogotá y decidió quedarse con ella esa noche. A la mañana siguiente, Sandra recibió una llamada de ella. Parecía desesperada y le dijo a mi hermana que Luis no se sentía bien y no se levantaba del sofá. Sandra salió desesperada, ella no entendía lo que pasaba en ese momento… Cuando mi pobre hermana llegó a donde estaba Luis, él estaba tirado en el sofá, completamente sin fuerzas, como le habían dicho por teléfono. Sin hacer preguntas, lo llevó de inmediato al hospital, donde se negaban a atenderlo; mi hermana entró en pánico, veía a mi hermano desvanecerse en sus brazos; Luis estaba muriendo y nadie los ayudaba; ella no se dio por vencida, hizo una llamada al hijo mayor del tío Isaías. Mi primo Manuel tenía dos hijas enfermeras en el hospital, gracias a ellas mi hermano pudo recibir atención. Al darse cuenta de su crítica condición, lo trasladaron en ambulancia a la Clínica Santa Clara. Un par de horas más tarde, los médicos le explicaron a mi hermana lo que estaba pasando: mi hermano Luis tenía un aneurisma en el cerebro, la inflamación extrema y el tiempo que había esperado en recibir atención no lo favorecía en nada; el objetivo de los médicos era drenar la sangre y esperar a que el cerebro desinflamara para poder intervenir y así operar el aneurisma. Destrozada, Sandra llamó a mi hermano Edgar para explicarle la situación. Él, sin pensarlo, viajó a la capital.

Al enterarme de la desagradable noticia, no lo podía creer; ¿apenas había hablado con él y luego estaba agonizando? Nadie lo hubiera imaginado, sentí morir, no podía con eso, era demasiado para mí. ¿Cuántas piedras más habría en mi camino? Toda esa situación era demasiado dolorosa, no era justo, nada tenía una explicación coherente para mí.

Al otro día, mi hermano Edgar llegó a Bogotá. Él, personalmente, necesitaba hablar con los médicos, era nuestro hermano menor, era imposible que fuese él que estuviera en esa cama. Luis estaba lleno de vida, sueños y ahora solo era un vegetal en una cama de hospital. Mi hermana Sandra me aconsejó que mantuviera la calma, ella estaría informando sobre el estado de salud de Luis. Ahora, él estaba nuevamente conectado a una máquina luchando por su vida, como cuando era solo un niño. Todos teníamos fe, estábamos seguros de que Luis saldría triunfante de esta prueba tan grande; él era un guerrero fuerte, solo sería cuestión de esperar a que su cerebro se desinflamara para que los médicos pudieran practicar la cirugía. Mis hermanos me pidieron que esperara un poco más para viajar a reunirme con ellos; tan pronto dieran la orden de operar, yo viajaría.

A medida que pasaban los días, las noticias no parecían prometedoras: la inflamación de su cerebro no disminuía, solo había una pequeña posibilidad de que Luis saliera con vida y, si lo hacía, sería un completo vegetal; la única esperanza era poder operarlo. Lo más triste de todo era que mi hermano Luis sabía lo que estaba pasando, él podía oír y ver lo que sucedía a su alrededor, mi hermana lo supo cuando le hablaba y le pedía que apretara su mano y él lo hacía. Yo solo pensaba en nuestra última conversación, sonaba tan feliz y lleno de vida, haciendo planes para su futuro. ¿Por qué la vida estaba siendo tan cruel y tan dura con nosotros?

Mi hermano Edgar estaba destruido, se tomó muy mal la

noticia, la situación en la que se encontraba Luis era desgarradora; entre lágrimas expresaba que hubiera preferido que fuera él mas no nuestro hermano menor. Mis pesadillas comenzaron de nuevo y seguía soñando lo mismo: alguien estaba llamando a mi puerta y cuando abría no había nadie.

Ese mismo día empecé a preparar mi viaje. Al otro día, recibí la noticia que me rompería nuevamente en mil pedazos... Mi hermano Julio golpeó en mi puerta, solo vi su cara, no me tuvo que decir nada más: mi hermano Luis había muerto apenas unas horas.

Era casi imposible encontrar un vuelo a Colombia, porque estábamos en época de fin de año. Independientemente de eso, sabía que necesitaba estar allí para apoyar a mi familia, así que, como fuera, iba a llegar a su funeral. En mi corazón sabía que Luis no hubiese querido que mi último recuerdo de él fuera en una cama de hospital, era un día oscuro y sombrío para todos, llovió toda la tarde. Yo apenas podía respirar, cada parte de mi cuerpo dolía, pensaba en silencio: *"Tal vez si hubiera estado allí podría haber hecho más por él"*. Pero ya era demasiado tarde para pensar así, Luis ya no estaba con nosotros y mi familia necesitaba de mí, tenía que ser fuerte, volver a levantarme y seguir luchando. Desde que me mudé a Estados Unidos, soñaba con pasar la Navidad y el Año Nuevo con mi familia en Colombia. La temporada navideña se considera la época más feliz del año, la gente organiza fiestas, bailan toda la noche, tocan música, hay fuegos artificiales y gritan continuamente en las calles: "¡Feliz Año Nuevo!", emocionados por lo bueno que traería el próximo año, sin que miles de personas imaginaran nuestro dolor. Y ahí me encontraba yo junto a mi familia en pleno Año Nuevo, en una funeraria velando a mi hermano menor. La funeraria estaba llena, mucha gente vino a darnos el pésame, rostros desconocidos para mí, pero cada uno de ellos tenía una anécdota que contar de cómo mi hermano Luis había tocado sus vidas de una u otra forma. Hubo una anécdota que llamó mi atención: un caballero nos contaba que hacía muy poco tiempo lo había conocido; el hombre relató que él y su familia habían salido de vacaciones un fin de semana y en plena carretera su auto dejó de funcionar, llevaban más de dos horas pidiendo ayuda, pero nadie los auxilió. Luego, llamó a la capital y una grúa le tomaría llegar al siguiente día. El joven estaba desesperado, cuando de pronto Luis apareció de la nada en su moto, paró y le ofreció su ayuda. Después de revisar el auto, le dijo que una parte del arranque estaba rota y que él iría a la capital a comprarla. El hombre agradeció, pero nunca creyó que él regresara. Transcurrieron dos horas y Luis regresó con la parte que estaba rota. Mi hermano, después de reparar el auto, le dio su tarjeta de presentación y le dijo que, cuando necesitara de sus servicios, lo llamara. Así era mi hermano: servicial, amable, cariñoso, siempre tenía una sonrisa en su rostro, era muy raro verlo triste, vivía cada momento con intensidad, como si el mañana nunca existiera para él, creo que a su manera fue una persona feliz.

Si bien traté de ser el «pegamento» que mantuvo unida a mi familia, me di cuenta que era yo quien ya no podía más. ¡No sabía cómo iba a procesar este dolor! De pronto, sentí que alguien apretó mis manos; cuando levanté la mirada, era mi hijo Orlando. De alguna manera él siempre estuvo ahí para mí cuando más lo necesitaba, su amor apaciguaba este duro momento. Lo único que me consolaba era saber que mi madre y mi hermano estaban juntos. Mi madre nos crio con la mentalidad de siempre ser unidos, aunque las cosas fueran difíciles, pero esta prueba era muy dura para todos, me sentía cansada de luchar, todos estábamos desconsolados, cansados de llorar nuestros muertos. Es la ley de la vida, ¿pero por qué mi hermano menor?

Cada uno de nosotros vivió el duelo a su manera: procesar la pérdida de mi hermano nos cuesta aún aceptarlo, el tiempo era lo único que nos quedaba para sanar tanta tristeza. Después del funeral de mi hermano, regresamos a casa, yo me fui de inmediato a una habitación y pasé allí el resto del Año Nuevo, estaba lastimada, mi familia estaba incompleta, pero necesitaba estar sola.

A su vez, tenía que regresar de inmediato a Nueva York.

Decirle «adiós» a mi familia nunca fue fácil para mí, pero no había otra salida, la vida continuaba... Sentada en el avión, pensaba: *"¿Dónde estaba mi casa en verdad?* Mi hermano Edgar y mi hermana Sandra continuaron la construcción, la cual aún no sé cómo tuvieron fuerzas para hacerlo.

En casa todo era igual, yo tenía claro que la única persona que podía cambiar las cosas era yo, así que tenía que tomar una medida drástica en mi vida; el tiempo corría en mi contra, los años pasaban frente a mí y yo no hacía nada por tratar de ser feliz.

Mis hijos ya eran hombres profesionales: Orlando era piloto de aviación y Javier era abogado. ¡Cuántas excusas más iba a tener para empezar a pensar en mí!

CAPÍTULO 37

Sentada en la playa, en la arena, pensaba en la última conversación que había tenido con Sandra.

—Enterramos a nuestra madre y después a mi hermano. Ya ha pasado más de un año y aún no vienes a visitarnos, parece que te hubiera enterrado a ti también. No sé lo que tengo que hacer para que vuelvas a Colombia.

A mi regreso a casa, pensé que Sandra tenía razón, así que era hora de regresar. Me enfrenté nuevamente a mis miedos y viajé a verlos, sabía que, al hacerlo, lo primero que ellos iban a pedir era que fuera al pueblo. Regresar a Soatá, después de la pérdida de mi hermano Luis, me daba un malestar difícil de explicar, pero ya no tenía más excusas, habían terminado la construcción y mis hermanos deseaban que yo la viera. Cuando por fin llegamos, rompí en llanto, pero mis lágrimas no eran de tristeza, estaba tan orgullosa de ellos por todo lo que habían hecho en tan poco tiempo. Mi hermano Edgar, con sus propias manos, hizo su sueño realidad: cada árbol fue sembrado por él; el restaurante ya estaba funcionando al público y familias enteras lo visitan los fines de semana, deleitándose con sus deliciosos platos y un baño en la piscina.

Mi hermana Sandra también había empezado a construir, estaba muy animada; ella me propuso que termináramos de construir la cabaña para que nosotras la disfrutáramos en un futuro, pero en realidad lo hicimos pensando más en nuestros hijos por si un día quisieran un lugar para pasar unas buenas vacaciones. «*El Balneario La Esperanza*» los estaría esperando.

En mi viaje a Colombia tuve la oportunidad de cenar con un gran amigo al que respeto y admiro como profesional, además de ser humano, me refiero al doctor Ricardo González. Sin ni siquiera imaginarlo, ese día él iluminó mi vida con sus palabras, dándole la respuesta a muchas cosas que no me atrevía a enfrentar. Primero, me preguntó si sabía qué era una «deuda». Yo le contesté que sí sabía: sea una deuda de dinero o quizás un favor, pienso que deben ser pagadas. Yo tuve la oportunidad de pagar muchas de ellas, recordé las veces que mi madre tuvo que irse a escondidas de los lugares donde vivimos porque no teníamos dinero para pagar la renta, pero a mí nunca se me olvidaron estas deudas; yo, cuando tuve la oportunidad, regresé y le pagué a estas personas lo que mi madre no había podido pagarles. Algunos de ellos se acordaban; otros simplemente tomaron el dinero y me dieron las gracias, como si para mí fuera importante hacerlo. Después de escucharme, me miró a los ojos y me volvió a preguntar:

—¿Y tú te has pagado tus propias deudas?

Un escalofrío pasó por mi cuerpo, sus palabras eran poderosas y valiosas. Lo que desconocía era que yo tenía deudas conmigo misma...

—*Cada vez que ponemos en manos de otras personas nuestra vida y renunciamos a lo que realmente queremos, sea por necesidad u obligación, nos cohibimos, nos negamos, nos prohibimos, nos limitamos; y es entonces cuando estamos en deuda con nosotros mismos. Ahora que ya lo sabes, pregúntate a ti misma cuánto te debes y cuándo vas a empezar a pagarte sin sentirte culpable por nada.*

Sus palabras estaban llenas de sabiduría. Tenían muchos significados, especialmente para mí. Estaba en deuda conmigo misma desde hacía muchos años y en verdad no lo sabía. Nos despedimos, siempre con la promesa de vernos de nuevo, pero sus palabras se quedaron conmigo como un tatuaje en mi piel.

De regreso a Nueva York, pensé en lo bien que me había hecho visitar a mi familia, me dejaba muy tranquila saber que estaban bien, pues ahora más que nunca necesitaba pensar en mí. Los que tenemos la oportunidad de despertar cada mañana y ver un nuevo día debemos aprovecharlo al máximo, porque no sabemos si este será el último, solo depende exclusivamente de nosotros volver a renacer; yo nunca he tenido miedo a empezar de nuevo, solo que ahora era diferente: tenía que empezar a pagar mis propias deudas.

No hay personas malas o buenas, solo es cuestión de entender que cada cabeza es un mundo y que de cada mundo se aprende, por más grande o pequeño que sea; lo más importante es respetar a cada individuo, especialmente a aquellos que amamos. Si bien es posible que no podamos entender sus decisiones, debemos respetarlas.

Una semana más tarde, de común acuerdo, mi esposo y yo fuimos a donde un abogado para comenzar el divorcio. Recuerdo que el abogado me preguntó si conocía mis derechos, a lo que yo respondí que sí los conocía.

—¿Y por qué no los estás exigiendo? Tienen negocios, cuentas bancarias, autos, todo se adquirió dentro del matrimonio y debe ser dividido en partes iguales. La casa la puede comprar cualquiera de los dos o pueden ponerla al mercado y partir las ganancias en partes iguales. ¿Alguna pregunta?

Ambos guardamos silencio. El abogado rompió el silencio.

—Como las partes están de común acuerdo, entonces firmen, por favor.

Después de abandonar la oficina del abogado, le dije al padre de mis hijos...

—Te puedes quedar con la casa el tiempo que sea necesario, la pondremos en venta cuando tú lo creas conveniente, yo nunca te voy a exigir nada, al contrario, te doy las gracias por todo lo que hiciste por mí. Yo me iré cuando encuentre un lugar apropiado para vivir.

Luego le dije que me gustaría ser yo, personalmente, quien se lo dijera a mis hijos y él estuvo de acuerdo. En un restaurante, estábamos los cuatro, sentía una tristeza que penetraba mi alma, admito que fue una de las cosas más difíciles que tuve que hacer en toda mi vida, tomé fuerzas y les dije a mis hijos que me iría de casa. Recuerdo muy bien las conmovedoras palabras de Orlando:

—Mamá, aunque te divorcies de mi padre, siempre seré tu hijo. Solo quiero que ustedes dos sean felices. Ambos se lo merecen.

Orlando siempre lograba sorprenderme y su amor infinito que tiene por nosotros. Por otro lado, Javier permaneció en silencio, yo sabía que estaba causándole sufrimiento con mis decisiones, pero debía ser fuerte, el tiempo era lo único que tenía a mi favor para que él pudiera entenderme sin juzgarme. Me había tomado años tomar esta decisión y, si no lo hacía ahora, no lo haría nunca.

Ese mismo fin de semana tomé mi ropa, el álbum de fotos de mis hijos y me fui de casa sin mirar atrás. Me mudé a un pequeño estudio cerca de donde trabajaba. Nada pasa de la noche a la mañana, todo tiene un proceso, había tenido tantas pérdidas en mi vida que me es aún difícil superar, pero mientras yo tenga la oportunidad de ver un nuevo día, estaré siempre lista para volver a empezar.

Nuestro matrimonio legalmente había terminado, pero por encima de todo siempre dejamos claro que podíamos contar el uno con el otro sin importar las circunstancias. Me dolía mucho saber que Javier no lo había tomado nada bien, siempre quise evitarle esta pena, yo jamás hubiera querido lastimar a lo que más amo, esperé a que creciera pensando que fuera menos trágico para él, pero en eso también me equivoqué: no importa qué edad tengan tus hijos, un divorcio siempre será trágico y doloroso para ellos.

Javier cada vez venía menos a casa, prefería que nosotros estuviéramos en el pueblo donde él vivía, sentía que cada día se alejaba más de mí. Tenía que ser fuerte, mirar más allá del dolor y no sentirme tan culpable. Todo lo que podía hacer era darle tiempo, guardar silencio, esperar y siempre que me diera la oportunidad recordarle lo mucho que lo amaba y así le tomara una vida entenderlo, yo lo estaría esperando siempre con mis brazos abiertos.

Nuestras vidas tomaron rumbos diferentes, pero mis hijos siempre van a ser mi prioridad. Ellos son la razón de mi vida. Su padre y yo teníamos una buena relación, esto lograba hacer todo más llevadero, especialmente cuando nos reuníamos con nuestros hijos, ellos lo encontraron curioso, llegaron a pensar que seguíamos fingiendo, pero en realidad no era así, al contrario, siempre que yo pueda voy a ayudarlos en todo. Recuerdo la última vez que nos tomamos un café juntos, me regaló un libro, me sorprendió su título: «*Te amo, pero soy feliz sin ti*». Curiosamente era lo más romántico que él me había dicho en mucho tiempo...

Como pareja no lo habíamos logrado, pero con nuestros hijos sí habíamos logrado sembrar semillas fértiles, su infancia fue hermosa, nunca les hizo falta nada, les dimos la mayor riqueza que fue educarlos. Hoy, con mucho orgullo, vemos el resultado de dos hombres con principios, sin prejuicios, trabajadores y guapos, dispuestos a lograr cualquier cosa en la vida con honestidad y persistencia. Les enseñamos a amar la vida y vivirla a plenitud, donde la prioridad siempre fuera ellos. Sé que no fui la madre perfecta, pero siempre di lo mejor de mí. Aprovecho este momento para pedirles perdón.

La práctica del buceo me permitió viajar y conocer lugares maravillosos como Fiji, Maldivas, Dubái, Bonaire, Florida, La Riviera, El Caribe, San Andrés, Cartagena y Costa Rica. Es uno de mis hobbies favoritos. En ocasiones también servía a la comunidad vulnerable. Tuve la oportunidad de visitar las aldeas y cortar el cabello gratis a sus habitantes, creo que era la parte que me gustaba: servir a los demás.

En uno de los viajes compartí una habitación con una persona encantadora, ella trabajaba en bienes raíces. A través de nuestras conversaciones, mencioné que era peluquera, que tenía mi propio negocio y estaba a punto de reanudar mi contrato de arrendamiento por diez años más.

—¿Por qué rentar cuando puedes comprar?

—No es tan fácil como crees.

—Si fuese fácil, todo el mundo lo haría.

—Hagamos algo, si encuentro un lugar para ti, ¿te gustaría que te lo mostrara?

—Claro que sí, me encantaría.

La primera semana de regreso al trabajo siempre era la más dura, mis clientas esperaban por mí y no tenía tiempo de respirar un segundo, pero poco a poco volvía todo a la normalidad. Se sentía gratificante hacer la diferencia en la vida de las personas, cambiando tan solo el color de su cabello o escuchándolos hablar sobre sus problemas.

*

*

Pasó más de un año desde la muerte de mi hermano Luis. Cuando hablaba con mi hermana Sandra por teléfono, aún podía sentir su tristeza por su ausencia; ella fue una de las cercanas a él y en realidad tenían muchos recuerdos lindos. Cada vez que tenía la oportunidad de ver a mis hijos compartía con ellos, así fuese solo unas horas; cada uno vivía con sus compromisos, pero siempre tratamos de mantener ese lazo de amor entre nosotros.

Semanas más tarde, la señora del *Real Estate* me contactó para decirme que tenía un lugar que le gustaría mostrarme. Me puse nerviosa, yo no estaba preparada, pero me recordaba a mí misma que las oportunidades vienen solo una vez. Recibí la noticia positivamente, pues mi contrato de arrendamiento estaba a punto de vencer. En verdad yo no tenía el dinero para hacer una compra de esa magnitud. Atreviéndome a soñar, esa tarde fui a ver la propiedad.

Ante mis ojos había una pequeña casa que se estaba cayendo a pedazos, necesitaba muchas reparaciones, pero la propiedad estaba en una excelente ubicación.

Por un momento cerré mis ojos e imaginé que mi negocio estaba precisamente en ese lugar. De inmediato, comencé el proceso para solicitar el préstamo al banco. No iba a ser fácil, pero sabía que si no lo intentaba nunca sabría si podría lograrlo.

Los bancos eran extremadamente estrictos. Dado que mis ingresos no eran lo suficientemente altos como el banco los requería, el préstamo fue negado. Por suerte, conté con el apoyo de mi hijo Javier. Cuando él se enteró de mi interés de comprar la propiedad, me brindó todo su apoyo y fue él quien solicitó el préstamo. Ahora debía pensar en la cuota inicial. *"¿Qué ahorros tenía?"*, me pregunté a mí misma. Entre risas y lágrimas me respondí: *"Nada, no tengo nada, porque lo que he tenido siempre lo he compartido con la gente que amo, nunca me he apegado a nada en mi vida"*. Con todo y eso, no tenía tiempo para lamentarme, debía pensar rápido, ya que el préstamo había sido aprobado.

Ante esto, llamé a mi gran amigo y consejero Jeffrey Trugman, lo conocí cuando yo tenía veintitrés años, hablaba muy poco inglés para ese entonces. Jeffrey visitó el lugar donde yo trabajaba y dio una charla a todos los empleados. Justo ahí fue cuando escuché por primera vez los términos: «*SEI ORA - SEI ROTH - SEI TOD*». La verdad entendí muy poco, pero cuando él terminó de hablar, me acerqué a él y le pregunté si hablaba español; me contestó que no, lo que nunca imaginé es que al siguiente día regresaría con un intérprete en español. Luego, se sentó conmigo y me explicó todo lo que yo deseaba saber. Desde ese día, empecé a ahorrar para mi retiro. Cuando llamé a Jeffrey, le conté de mi proyecto; él no solo se alegró por mí, sino que me brindó su apoyo incondicional. También me dijo que podía contar con el dinero y no sería multada, porque lo utilizaría para comprar una casa. A la semana siguiente ya tenía en mi cuenta la cuota inicial. Lo llamé de nuevo para darle las gracias e invitarlo a la apertura de mi salón, le prometí que iba a devolver hasta el último peso a mi cuenta y que solo sería un préstamo. Y eso fue lo que exactamente hice.

La única manera de comprar la propiedad fue contando con el apoyo total de mi hijo Javier, puesto que sus ingresos eran más altos; sin su respaldo tan sólido, hubiera sido imposible adquirir la propiedad.

Después de entregarme la llave de la propiedad, comenzó lo más difícil: remodelar. Durante este proceso, los desafíos de

Roslyn, considerando que es un pueblo estrictamente histórico, eran difíciles, pues en este sitio no se acepta realizar ninguna clase de cambios dado que las intenciones de la municipalidad era mantener el encanto intacto de las viviendas del sector. Mientras hacían renovaciones cosméticas y minuciosas, deseé acatar la normativa y así mantener buena relación como nueva habitante.

El pago del alquiler de mi espacio actual y asumir la hipoteca fue en verdad la parte más dura, en ocasiones pensé que no lo lograría, parecía una lucha interminable bajo mucho estrés. Por momentos sentí ganas de dejarlo todo, pero constantemente me recordaba a mí misma lo guerrera que he sido ante las vicisitudes de la vida.

Un año más tarde estaba sentada en mi auto, admirando mi casa desde el otro lado de la calle. Finalmente, aquel proyecto de remodelación estaba completamente finiquitado y la casa se veía hermosa. Parecía un sueño y no podía creer que esta fuera mi realidad. Empecé a llorar histéricamente, pero eran lágrimas de alegría. Estaba feliz de saber que todo mi arduo trabajo estaba dando sus frutos. Ahora podría decirse que estaba viviendo mi sueño americano. Yo era dueña de mi propia casa junto a un negocio exitoso.

En la apertura de mi negocio, amigos y familiares celebraron mi triunfo. Dos años después todo marchaba mejor de lo yo que esperaba, hasta que llegó ese horrible visitante a nuestros hogares, donde también fui una víctima y por poco pierdo la vida y, sin pedir permiso, arrasó con toda nuestra libertad, dejando tristeza, muerte y dolor a nuestro paso: el COVID-19 acabó con múltiples vidas, destruyó hogares, causó desempleo, terror y dolor en el mundo entero.

Una vez más tenía que levantarme con más fuerza y volver a empezar, ya había sobrevivido a la enfermedad y no iba a desaprovechar la oportunidad de sentirme viva nuevamente.

Un año más tarde, con el apoyo incondicional de mis clientas y Janeth, renacimos. Janeth es la persona que ha estado a mi lado por más de treinta años, la que conoce mis tristezas, derrotas, triunfos y alegrías; ella siempre ha permanecido junto a mí de manera incondicional, llegó a mi vida sin que yo lo pidiera como un regalo de Dios, creció con mis hijos, ha sido como esa hija que no pude tener. Juntas volvimos a abrir *Hope Aesthetics*. Con mucha dedicación y persistencia, logramos nuevamente volver a servir a nuestro público. Todos estamos en esto juntos.

A una edad temprana luché por sobrevivir, en medio de mucha tempestad y con muy pocas oportunidades. La familia significa todo para mí, mi madre fue quien siempre me enseñó a ver la vida como un regalo, donde solo depende de nosotros mismos cambiar el rumbo de las cosas, volver a empezar las veces que sea necesario, enfrentarnos a los obstáculos y sin miedo. Yo siempre voy a estar lista para pelear cualquier batalla, simplemente porque soy la hija de una gran guerrera: *¡mi madre!*

Hoy puedo ver con claridad el camino recorrido en vida. No es importante recordar cuántas veces caí o cuántas piedras encontré en mi camino impidiendo mi paso, lo más importante fue que logré ponerme de pie y seguir adelante. Y cada vez que tengamos la oportunidad de ser felices, vivamos con intensidad cada momento, porque solo tienes una vida y somos los únicos responsables de lo que hagamos con ella.

Solo me queda por decir lo siguiente:

Si yo pude lograrlo, tú también puedes. Solo depende de ti. ¡Atrévete! Tu vida es tu historia, conviértela en un bestseller.

Con mucho cariño para quien tenga la oportunidad de leer mi historia.

Recuerden: ni una sola hoja de un árbol se mueve sin la voluntad de nuestro
    Creador.

EPÍLOGO

¿**Q**ué fue lo que me motivó a escribir esta historia?

Mis metas siempre fueron claras, no sabía lo que el destino tenía para mí, sin embargo, siempre supe lo que no quería en mi vida, dándome así la oportunidad de atreverme a enfrentarme a la vida solamente con el apoyo de mi madre y, sin ni siquiera proponérmelo, mi motivación de poder tener una mejor vida para mi familia. Fue el abandono cruel y desalmado de mi padre, ese ser que se negó la oportunidad de verme crecer, el que nunca le interesó protegerme, aconsejarme y mucho menos darme un poco de amor: gracias a su recuerdo vil y cobarde, pude salir adelante y hoy sé que no necesitaré nunca de él: su abandono me hizo fuerte, me enseñó a cuidarme y cuidar de los míos.

Sé que llevé a mis espaldas una carga muy pesada, que en ocasiones pensé no poder con ella; gracias al tiempo se hizo menos pesada y mucho más llevadera. En ocasiones me pregunto si volvería a recorrer este camino lleno de tantas piedras y mi respuesta es la misma: sí, lo volvería a hacer, porque solo tengo que recordar el rostro y la mirada dulce de mi madre para volver a empezar las veces que sean necesarias.

¿En alguna ocasión alguien me preguntó cómo era mi relación con Dios? En ese momento no supe qué responder...

Cuando estuve a solas, me hice la misma pregunta. Dios es y será mi primer amor: lo conocí desde muy temprana edad, gracias a las enseñanzas de mi madre. Después, entablé una relación muy estrecha con Él; Dios sabía todo de mí; es mi confidente, mi mejor amigo. En muchas ocasiones me peleé con Él porque le exigía una respuesta a lo que no podía entender, me parecía injusto que en los momentos que lo necesité pretendiera no escucharme; muchas veces le pregunté: ¿por qué si mi madre sufrió durante toda su vida, merecía terminar sus días en una silla de ruedas, donde su frágil cuerpo se consumía en medio de llagas que nunca sanaron? ¿Por qué mi hermano menor murió siendo tan joven aún? ¿Por qué tanta pobreza y sufrimiento durante mi niñez? Nunca voy a entender el por qué, pero siempre seguiré creyendo en Él, pues mi vida es triste y vacía sin su presencia; soy yo quien siempre vuelve a buscarle para sentirme viva otra vez. Mi madre me enseñó que debía ir a la iglesia para poder hablar con Dios. El tiempo y la vida me enseñaron que Dios es mi Creador, Mi Padre; yo soy el templo y, donde quiera que me encuentre, podré comunicarme con Él. Así no entienda y esté en desacuerdo con sus decisiones, no sé vivir sin su fuerza, la cual me vitaliza para seguir viviendo cada día como si fuera el último.

AGRADECIMIENTOS

Dirección creativa:
Kathy Pérez.
Corrección de estilo:
Jair Sanabria. (Colombia).
jairsanabriacomunicaciones.com
Agradecimientos especiales a:
Lina, B., Montana, A. Jeannette, F., & María Esperanza Avendaño.

ACERCA DE LA AUTORA

María Esperanza Pinzón creció en Soata, Colombia. Se convirtió en una joven emprendedora para alimentar a sus hermanos y a sí misma, conoció a su pareja y formó una familia. Recibiendo amenazas de muerte, María tuvo que dejar su país y emprender un nuevo viaje para vivir en Estados Unidos, sin comprender la cultura ni el idioma. María encontró una carrera en belleza y moda, comenzando con su formación como esteticista. Esteticista de profesión, María es la fundadora de Hope Aesthetics. Con más de 30 años de experiencia, María ha llenado de alegría a sus clientes al expresar su pasión por la belleza. María es un verdadero ejemplo de una inmigrante que logró el sueño americano. Se casó recientemente y vive con su esposo y sus dos perros en Long Island, Nueva York. Tiene una relación encantadora con sus hijos y espera con ilusión el nacimiento de su primer nieto.

Fotografías

Edgar, Joaquin, Julio, Ma Esperanza, Sandra y Luis

Edgar, Joaquin, Julio, Ma Esperanza, Sandra y Luis

www.ingramcontent.com/pod-product-compliance
Lightning Source LLC
Chambersburg PA
CBHW030545080526
44585CB00012B/271